Ava Minatti

Der Weg der Shekaina

Der männliche und der weibliche Ausdruck der Zentralsonne

Smaragd Verlag

Bitte fordern Sie unser kostenloses Verlagsverzeichnis an:

Smaragd Verlag e.K.
Neuwieder Straße 2
D-56269 Dierdorf
Tel.: 02689-92259-10
Fax: 02689-92259-20
E-Mail: info@smaragd-verlag.de
www.smaragd-verlag.de

Oder besuchen Sie uns im Internet unter der obigen Adresse und melden Sie sich für unseren Newsletter an.

Deutsche Erstausgabe: Januar 2015

Umschlaggestaltung: preData
Satz: preData
Printed in Czech Republic
ISBN 978-3-95531-083-7

Inhalt

Was ist der Weg der Shekaina, der Weg der Schwarzen Sonne? Was bedeutet es, ihn zu gehen?

Der Weg der Shekaina ist der Weg der Neuen Zeit. Shekaina bezeichnet die Urweiblichkeit des Universums: Muttergott. Sie ist der Urgrund des Lebens, dem wir in vielen Mythen verschiedener Kulturen begegnen. Zum Beispiel wird in der altägyptischen Schöpfungsgeschichte die Shekaina-Kraft „NUN" genannt. Sie ist der ursprüngliche Ozean, der vor der Schöpfung bestand und aus dem in weiterer Folge alles Leben geboren wird.

Einer der ersten bekannten Götter war RA oder RE, ein Sonnengott. Sein Hauptheiligtum war in Heliopolis. Die Geschichte erzählt, dass RA zuerst im Grund von NUN ruhte, bis er sich durch seinen reinen Willen daraus erhob und als Sonne erschien. Für uns ist das wie eine Bestätigung dafür, dass im und aus dem Schoß der Shekaina Alles-was-ist entstanden ist, entsteht und weiterhin entstehen wird.

Wie wir wissen, ist unsere Erde ein weiblicher Planet. Deshalb gehört es durch unsere menschliche Inkarnation zu unserer Aufgabe, unabhängig davon, ob wir uns äußerlich eine männliche oder weibliche Körperform gewählt haben, den rezeptiven Weg zu gehen.

Wir leben in einem dualen Universum. Wenn wir von der Neuen Zeit, der Fünften Dimension, sprechen, geht es nicht um eine Auflösung der Dualität, denn dadurch würden wir unser gesamtes Universum *ad absurdum* führen und ebenso auflösen wollen. Vielmehr bedeutet es für uns, Dualität als einen unendlichen Raum der Andersartigkeiten und der Fülle an Möglichkeiten wahrzunehmen und zu erfahren, ohne etwas zu bewerten. Diesen Ausdruck nennen wir geheilte Dualität. Es ist ein Gleichgewicht der göttlich-weiblichen und göttlich-männlichen Schöpferkräfte, das der Kosmische Mensch, der wir sind, immer wieder wahrnimmt, annimmt und manifestiert. Daraus entsteht Freude an den mannigfaltigen Ausdrucksmöglichkeiten, am Leben und am Sein.

Den Weg der Shekaina zu gehen heißt, sich diesem ständigen Spiel der Energien vom Urgrund und dem zielgerichteten Impuls der Bewegung hinzugeben. Denn diese beiden Grundqualitäten und die Einheit, die sie bilden, sind im kleinsten und im größten Verband und in jeder Zelle innerhalb unseres Universums zu erkennen und zu erfahren. Dadurch beginnen wir, unser Schöpfertum zu begreifen. So wird alles, was uns begegnet und zu uns gehört, leichter, spielerischer, lebendiger, spontaner, reicher, erfüllter, liebevoller, friedvoller, freudvoller usw. Das ist also der besagte Weg. Wir gehen ihn bereits – bewusst oder unbewusst.

Einst lebten wir in matriarchalischen Strukturen, darauf folgte das Patriarchat. Während des Venustransit-Seminars im Juni 2012 kreierte die Geistige Welt ein neues Wort für das Zusammenleben in der Neuen Zeit: *MaPa(C)Hat*.

(Weitere Informationen über die Bedeutung und die Auswirkungen des Venustransits können in meinem Buch *Sternenfelder der Heilung*, das ebenfalls im Smaragd Verlag erschienen ist, nachgelesen werden.) Es ist ein Begriff für ein Zeitalter des Friedens und des gleichwertigen und gleichgewichtigen Miteinander-Seins aller Menschen auf dieser Erde.

Wenn wir den Weg der Shekaina gehen, lassen wir das *MaPa(C)Hat* aufleuchten. Es erstarkt und kann sich erheben. Da die Shekaina unsere Schwarze Sonne und somit unser galaktisches Zentrum ist, geht es auf unserer gemeinsamen Reise auch um die Bedeutung der Dunkelheit und der Nacht. Wir sind eingeladen, unsere diesbezüglichen Vorurteile und Ängste abzulegen. Deshalb werden wir beispielsweise Lilith und den Schwarzen Madonnen begegnen. Der Weg der Shekaina lässt uns unsere Wurzeln fühlen, stärkt unsere Intuition und führt uns zu unserem uns innewohnenden Urwissen zurück, damit wir es für unser und das Wohl des Großen Ganzen nutzen können. Der Shekaina-Weg lehrt uns und erinnert uns daran, dass wir hier sind, um das Leben zu ehren und wertzuschätzen. Es ist heilig. Über die Anregungen, Botschaften und Meditationen dieses Buches gehen wir den Weg der Shekaina bewusst weiter. Sei gesegnet.

☼☼☼

Zu diesem Buch

Wir beschäftigen uns mit verschiedenen Themen, Kulturen und Impulsen. Das, was sie alle verbindet, ist die Urweiblichkeit, die immer wieder als integrativer Punkt und somit als allgegenwärtige, wirksame Kraft erscheinen wird.

Ich bin keine Wissenschaftlerin im klassischen Sinn. Wenn, dann bin ich eine Herzens-Wissenschaftlerin. Das heißt, dass ich neugierig bin und gerne erforsche, doch ich benötige keine errechneten Beweise, um etwas für wahr annehmen zu können. Ich höre auf mein Herz. Es weiß genau, was (für mich) stimmig ist, und das teile ich mit anderen Menschen.

Wir sind in einer Zeit, in der wir gerade sehr viel wiederentdecken. In unseren Wurzeln, in unserer Geschichte, in unserem Körper, in unseren Steinen und Pflanzen, in unserer Erde usw. sind so viel Wissen und Weisheit gespeichert. Die Informationen wiederzufinden ist eine unserer Aufgaben als Kosmischer Mensch. Zu bewahren und zu hüten – genauso, wie in die Tiefe hinabzutauchen, um das Verborgene wieder ans Licht zu bringen, sind urweibliche Eigenschaften. Sie gehören mit dazu, wenn wir den Weg der Shekaina gehen. Natürlich gibt es – wie in allen meinen Büchern – auch Meditationen. Darüber übermittelt die Geistige Welt Schwingungen als auch informative Ergänzungen.

Eigentlich bin ich eine Geschichtenerzählerin. Wie wichtig diese Fähigkeit ist und was sie für uns bedeutet, werden wir auf den folgenden Seiten immer wieder erfahren. Denn auch sie ist ein wesentlicher Teil unseres Shekaina-Wegs. Die Meditationen, die die Geistige Welt durch mich anleitet, sind wie Geschichten – Erinnerungsgeschichten, Berührungsgeschichten, Sternenwegegeschichten, Heilungsgeschichten, Liebesgeschichten und,

und, und. Sie sind wie Reisen, manche sind kürzer und andere länger. Also lies sie, lass dich auf sie ein und erlaube ihnen, dich zu berühren und mit ihrer Essenz zu durchwirken.

Unsere persönliche, globale und universelle Entwicklung findet in einer Spiralbewegung statt. Wenn wir in diesem Kontext davon sprechen, einen Evolutionskreis geschlossen zu haben, meinen wir damit, dass wir innerhalb der unendlichen Spirale eine Wendung weitergehen. Damit beginnen wir sozusagen einen neuen Kreis. Jeder von uns kennt die Erfahrung, immer wieder mit den gleichen Themen konfrontiert zu werden. Wir begegnen ihnen auf unserer persönlichen Entwicklungsspirale erneut, weil wir sozusagen auf unseren Rundgängen mehrmals an einer gleichen Themensäule vorbeikommen, allerdings jedes Mal in einer neuen Etage.

Durch den Bewusstseinswandel, den wir als Menschheit im Dezember 2012 vollzogen haben, vollendeten sich ein irdisch-kollektiver und ein universaler Kreis. Wir haben einen neuen Entwicklungskreis begonnen und sind auf unserer Evolutionsspirale „höher" gestiegen. Weil sich, wie gesagt, auch auf der neuen Schleife Themen wiederholen, fordern uns derzeit viele, bereits aus der „alten Matrix" vertraute, heraus, uns mit ihnen auseinanderzusetzen. Das tun wir auch – nur eben in einer neuen Form, weil wir sie von einem anderen Standpunkt aus betrachten und wahrnehmen können. Wenn wir uns ganz auf die Führung der Shekaina einlassen, lautet unser Motto: Der Weg ist das Ziel. Und dieser Weg geht immer weiter. Er ist unendlich – unsere Lebensspirale ist unendlich.

Die vorliegenden Zeilen sind auch eine Sammlung von Informationen, die wir aus unterschiedlichen Wissensspeichern zusammentragen, um daraus ein Bild (das der Shekaina und ihres Wegs) zu formen. Wir springen dabei zwischen den Kulturen, Ländern und Zeitepochen hin und her. Alle diese Spuren sind in uns – in jedem von uns, unabhängig davon, wo wir uns für diese aktuelle Inkarnation hineingeboren haben und derzeit leben. Wir tragen Asien, Afrika, Nordamerika, Südamerika, Antarktika, Europa, Australien und Ozeanien und alles, was zu jedem einzelnen Kontinent zählt, in uns. Und alles ist aus dem gleichen Schoß geboren – aus dem der Shekaina. Somit ist ihr Weg länder-, kultur- und völkervereinend. Er unterstützt uns, mit Allem-was-ist im Frieden zu sein. Durch ihn können wir alles so annehmen, wie es ist.

Das hier übermittelte Wissen ist in keiner Weise vollständig. Das kann es gar nicht sein. Es ist lediglich eine Anregung, um in der Folge möglicherweise dir, den Menschen, die mit dir sind, deinem Ort, deinem Land, der Menschheit, der Erde, dem Leben an sich anders zu begegnen. Vielleicht weckt irgendetwas auf den folgenden Seiten dein Interesse, dein Wissen darüber vertiefen zu wollen. Dann tue es! Denn, wie bereits erwähnt, ist es von Wichtigkeit, dass wir unsere gehüteten Weisheiten wiederfinden, aussprechen, lehren und neu vermitteln – für uns, für uns alle und das Große Ganze. Möglicherweise kann es dir behilflich sein, zu erkennen und zu fühlen, dass alles aus der gleichen Quelle, aus dem Gleichgewicht von Vater-Mutter-Gott, kommt. Das Buch ist eine Einladung, mit den Urkräften des Lebens zu tanzen und unsere Erden-, Sternen- und Ursprungsgeschichte(n) erneut zu entdecken, zu fühlen und zu begreifen. Sei gesegnet.

Geschichten und Geschichte

Eines meiner Lieblingszitate stammt von William Shakespeare: *We are such stuff as dreams are made on, and our little life is rounded with a sleep.* (Wir sind aus solchem Stoff wie Träume sind, und unser kleines Leben ist von einem Schlaf umringt (aus „Der Sturm")).

Der Stoff ist Sternenstaub, ist Liebe und Licht, ist die Schöpferkraft der Quelle. Träume sind Muster, die ein Gewebe, einen Raum bilden und Geschichten formen. Der Schlaf ist die Illusion der Getrenntheit. Deshalb erzählen wir, egal, welche Geschichte(n) wir auswählen, immer von und über uns. Geschichten (dazu zählen Überlieferungen, Sagen, Märchen, Legenden usw.) und Geschichte (Geschichtswissenschaft) bilden eine Einheit. Sie gehören unweigerlich zusammen.

Ursprünglich wurde das Wissen des Lebens in den alten Kulturen dieser Erde über mündliche Erzählungen weitergegeben. In den Sagen, Mythen und Märchen ist es – teils etwas verschlüsselt – nach wie vor erhalten. Erst viel später begannen Menschen, schriftliche Aufzeichnungen zu machen und zu hinterlassen. Unabhängig davon, wie die Überlieferungen bewahrt und weiterentwickelt wurden, wovon sie handelten und wo sie spielten, sind sie in unseren Zellen gespeichert – in unseren physischen, emotionalen, mentalen und spirituellen Gedächtnisspeichern. Unser System ist eine Ansammlung von Erinnerungsspeichern, und gleichzeitig befinden sich unzählige um uns herum beziehungsweise bewegen wir uns in ihnen und durch sie hindurch. Deshalb gibt es sogenannte Archetypen, mit denen wir uns identifizieren können, die in uns allen leben und wirken und die wir auch heilsam einsetzen können. Jede Erinnerung, die wir berühren, aktiviert sich und wird im Hier und Jetzt wieder lebendig. Alle diese Informationen, die in und um uns gesammelt sind, stellen einen großen Schatz dar. Wir sind sehr reich. Und es ist Zeit und gehört zum Weg der Shekaina, das zu erkennen und diesen Reichtum zum Wohl aller zu nutzen.

In den letzten Monaten vermittelte uns die Geistige Welt häufig, wie wichtig es für uns als Menschheit ist, unsere Geschichte(n) wiederzufinden. Denn darin liegt ein großes – bisher eher ungenutztes – Potenzial an Lebens- und somit an Schöpfer- und Manifestationskraft. Wenn wir unsere Geschichte(n) kennen, verändert das unsere Wahrnehmung von uns selbst, dem Kosmos und unseren Kontakt zu feinstofflichen Ebenen, Welten und anderen Lebens- und Seinsformen. Was unsere kosmischen Begleiter damit meinen, wurde uns während eines Seminars, das im Mai/Juni 2013 bei den Externsteinen stattfand, verdeutlicht. Deshalb kehren wir nun gemeinsam dorthin zurück. Sei gesegnet.

☼☼☼

Erdheilung in der Neuen Zeit

Bereits in meinem Buch „Die Kinder des Drachen *oder* die Wiederentdeckung der Weiblichkeit“ (ausZeit-Verlag) sprach die Geistige Welt im Zusammenhang mit dem Thema Erdheilung über die verschiedenen Ebenen, die sich an einem Ort befinden. Bei den Externsteinen, die sehr geschichts- und geschichtenträchtig sind, erinnerte sie uns daran, dass alle Erinnerungen gleichzeitig und parallel vorhanden sind. Es hängt von unserem Fokus und unseren Resonanzen ab, was und wie wir wahrnehmen. Das Äußere ist immer neutral, es übernimmt unsere Färbung und spiegelt sie wider. Es antwortet uns auf das, was wir ausstrahlen.

Es gehört mit in diese Zeit, dieses kosmische Prinzip mehr und mehr zu verstehen, zu verinnerlichen und danach zu handeln. Wenn wir das Wort „Geschichte“ näher betrachten, beinhaltet es genau das, was wir hier beschreiben. Es ist ein Ge-Schichte, also eine Schicht über einer Schicht, über einer Schicht usw. Jede einzelne ist ein Schwingungsraum, mit dem wir verbunden sind beziehungsweise sein können, den wir betreten und mit dem wir dadurch wirken können, wenn wir möchten. Je nachdem, mit welcher dieser Schichtebenen wir kommunizieren, nehmen wir ihre zugehörigen Ereignisse und Energien entsprechend wahr. Jede Ebene ist eine Realität, die wir im Laufe unserer menschlichen Evolution geschaffen haben und die immer noch ist.

Als Kosmische Menschen, die wir sind, ist es unsere Aufgabe, uns unserer Verantwortung für alles, was wir tun und sind, gewahr zu sein und sie bewusst zu übernehmen. Genau dazu fordert uns die Geistige Welt auch auf. Das bedeutet, dass wir, wenn wir bedeutsame Orte, wie zum Beispiel die Externsteine, betreten, eingeladen sind, bewusst zu wählen, mit welcher Erinnerungsschicht wir uns vernetzen möchten. Letztendlich geht es in dieser Zeit dabei um die Frage: Welche fördert das fünfdimensionale Sein? Wir wissen, dass unsere Aufmerksamkeit unsere Energie lenkt, und dort, wo Energie ist, findet Erschaffung statt. Wenn wir uns auf die ursprünglichen Kräfte eines Ortes, auf sein Potenzial ausrichten, beginnt es zu pulsieren und auszustrahlen. Es wird lebendig. Es ist damit vergleichbar, als wenn wir uns auf unseren göttlichen Funken fokussieren. Wenn wir unser wahres Wesen verkörpern, löst sich vieles, was uns sonst bewegt, belastet, ängstigt und schmerzt auf. Warum? Weil wir uns aus Identifikationen lösen, aus der Enge in die Weite gehen und dadurch die Unendlichkeit des Lebens erfahren. Daraus erwachsen die Herzens- und Seelenqualitäten wie Liebe, Frieden, Stille, Güte, Einverstanden-Sein und Mitgefühl. Wir treten in unser heiles Sein und unsere göttliche Vollkommenheit ein.

Der Kosmische Mensch ist immer auf seinen göttlichen Funken ausgerichtet. Er ist sein wahres Wesen. Deshalb ist der Kontakt zu unserem Hohen Selbst, zu unserem Seelenthron, zu unserer göttlichen Essenz, egal, wie wir es bezeichnen, so wichtig und grundlegend in dieser Zeit. Wenn wir uns nun auf das ursprüngliche Sein eines Ortes einschwingen, aktivieren wir dadurch seinen göttlichen Funken. Dieses Sein ist überall, unabhängig von den jeweiligen weiteren „Schichtungen", möglich und spürbar. Dieser ureigentliche Lebensimpuls eines Platzes ist reine Liebe und Licht, ein Ausdruck der Quelle allen Seins. Wenn er leuchtet, durchdringt er alle Ebenen, die zu diesem Ort gehören, und darüber finden bei Bedarf automatisch Klärung, Durchlichtung, Erleichterung und Befreiung statt. So geschieht Erdheilung in der Neuen Zeit. Wir fokussieren uns auf das wahre Wesen eines Ortes, stärken es dadurch, und eine allumfassende Neuordnung findet statt. Er pulsiert in seinem heilen Sein und in seiner göttlichen Vollkommenheit. Dieses Vorgehen ist urweiblich und gehört deshalb zu unserem Weg der Shekaina. So erschaffen wir fünfdimensionales Sein. Wir haben die Wahl.

Kehren wir noch einmal zum Beispiel der Externsteine zurück. Die Geistige Welt bittet uns, wenn wir diesen Kraftplatz besuchen, sein ursprüngliches Licht und seine Weisheit wahrzunehmen und damit zu kommunizieren. Alles andere, was an und um diesen Ort geschehen ist, dürfen wir loslassen, es ist für unser fünfdimensionales Wesen bedeutungslos. Es benötigt keine weitere Nahrung, die es unweigerlich erhält, wenn wir uns ihm widmen. Wir sollen aufhören, alte, schmerzhafte und leidvolle Erfahrungen immer und immer wieder aufzuwärmen. Das hat nichts mit Verdrängung zu tun. Wir wissen, was geschehen ist. Wir können es ruhen lassen und – weil wir etwas daraus gelernt haben – von nun an achtsamer mit gewissen Strömungen umgehen und dadurch ein friedvolles, achtsames und respektvolles Miteinander gestalten.

Wir sind in einer Neuen Zeit, und das erfordert ein neues Betrachten und einen neuen Umgang damit. Wir sind eingeladen, unser altes und gewohntes Denken, Fühlen und Handeln zu verändern. Das liegt in unserer Verantwortung, und die sogenannten Lichtarbeiter dürfen diesbezüglich Pionierarbeit leisten. (Wir haben uns dazu ja auch freiwillig gemeldet ☺) Das heißt also, dass wir, wenn wir an einem Ort sind, der in verschiedenen seiner Schichten disharmonische, manipulative oder missbräuchliche Energien tragen würde, diesen keine Aufmerksamkeit zu schenken. Vielmehr würden wir unser Hauptaugenmerk auf seine Stärke, seine Schönheit, sein Potenzial, sein ursprüngliches Wesen und seine göttliche Vollkommenheit legen. Wenn ein Platz in diesem Kontext zu vibrieren beginnt, nährt er automatisch alle Wesen, die mit ihm in Berührung sind, einschließlich uns selbst. Er wird zu einem Kraftort. Wir erhöhen dadurch in weiterer Folge auch unsere eigene Schwingung. So fällt es uns leichter, das Göttliche in ihm zu sehen. Er pulsiert noch mehr, was uns wieder guttut usw. Es entsteht ein Kreislauf der lebensfördernden und lebensbejahenden Energien. So manifestieren wir Freude, Leichtigkeit, Liebe, Frieden und vieles mehr.

Dieses Prinzip gilt auch für den Umgang mit uns oder mit anderen Menschen. Wir dürfen verlernen, auf die scheinbaren Fehler, Unregelmäßigkeiten, Disharmonien und Schwächen zu schauen und in allem die göttliche Essenz erkennen und fühlen. Heilung folgt und findet von selbst statt. Es ist Zeit, wieder anzunehmen, dass die Lösung vieler Herausforderungen eigentlich ganz einfach ist. Wir üben! Dabei ist es hilfreich und wichtig, uns selbst zu beobachten, um wahrzunehmen, wohin wir unsere Energien lenken. Was denken wir, welchen Glaubenssätzen folgen wir, was beschäftigt uns? Erschaffen und bestätigen wir die Illusion der Trennung oder die Einheit mit Allem-was-ist und die Liebe? Sei gesegnet.

☼☼☼

Über die Externsteine

Nachdem ich die Externsteine erwähnt habe, möchte ich dir natürlich auch kurz davon erzählen. Sie sind einmalig und wunderschön. Sie sind eine besondere Sandstein-Felsformation im Teutoburger Wald und stehen unter Naturschutz. Der Sandstein hat hier einen extrem hohen Quarzgehalt. Deshalb ist es nicht verwunderlich, dass die Externsteine mit den Kristallschichten und der Kristallbibliothek der Erde verbunden sind, worüber wir später noch mehr berichten möchten.

Die Externsteine gelten als germanisches und eigentlich schon keltisches und vorkeltisches Heiligtum. In der Zeit des Nationalsozialismus wurden sie zu einem „Heiligen Hain“, einem Erinnerungsort der Ahnen, ernannt. Die Geschichte der Externsteine besteht aus vielen Geschichten. Je nachdem, wer sie erzählt, bekommen sie unterschiedliche Färbungen. Früher sahen die Externsteine anders aus. Im Laufe der Zeit wurden Teile davon immer wieder zerstört – zum Beispiel von den Römern und Karl dem Großen. Ursprünglich war es ein Initiations- und Einweihungsort. Es standen dort eine Irminsul, für mich eine weitere Darstellung des Weltenbaums, und ein Lebensbaum, die den harmonischen Energiefluss zwischen Himmel und Erde aufrechthielten. Die Irminsul ist mit unserer Wirbelsäule vergleichbar, die auch wie eine Lichtsäule ist, durch die die Schöpferkraft in die Materie und in den Kosmos fließen kann. Man vermutet heute auch, dass es bei den Externsteinen große Gold- und Silberschätze gab. Das, was gefunden wurde, wanderte in das Britische Museum nach London.

Die machtvollen Felsheiligtümer nähr(t)en eine kraftvolle Energielinie, die als eine Drachen- oder Schlangenlinie bezeichnet wird. Sie wird mit der Midgardschlange (Weltenschlange) aus der germanischen Mythologie verglichen. Dort wird sie noch als feindliche Wesenheit beschrieben, die Thor letztendlich vernichten muss. Aufgrund unseres heutigen Wissens ist sie ein Ausdruck der Urweiblichkeit, der Wachstum und Evolution ermöglichte. Jetzt wissen wir, dass sie mit unserer Erdkundalini in Verbindung steht und Teil eines großen Drachen-Schlangen-Kraftnetzes ist, das sich um die Erde spannt und uns mit Lebensenergie versorgt.

Von den Sternenfeldern her sind die Externsteine auf Stier und im Speziellen auf Aldebaran ausgerichtet. Dadurch ist es ein Ort, der die Medialität schult, die Wahrnehmung erweitert, den Fluss des unendlichen Lebens fühlen lässt und Kontakte und Begegnungen mit Sternenebenen und feinstofflichen Kräften und Begleitern fördert. Man weiß nicht genau, woher der Name Externsteine kommt. Manche sagen, er bezieht sich auf Egge, weil das Eggegebirge in der Nähe ist. Andere meinen, dass es von Egester, einem alten Wort für Elster, hergeleitet wurde. Sie werden auch als Echsensteine und somit als Drachensteine übersetzt. Von der Sprachentwicklung her lässt sich „Mutterstein" herauslesen. Sie sind ein wunderbarer, mystischer und heiliger Ort und auf jeden Fall (mehr) als einen Besuch wert! Sei gesegnet.

☼☼☼

Wir müssen nicht immer alles (mental) verstehen

Die Geistige Welt lehrt uns schon seit Jahren, dass die Zeit der Prozesse vorüber ist. Es geht also beispielsweise nicht mehr darum, durch einen Heilungsprozess zu gehen, sondern zu sagen: Heilung ist! und sie darüber Raum nehmen zu lassen und zu manifestieren. Theoretisch ist das klar und nachvollziehbar. Praktisch üben wir es gerade! ☺

Häufig glauben wir, dass wir etwas verstehen müssen, um es lösen, loslassen oder heilen zu können. Wir meinen damit, dass wir es mental erfassen und nachvollziehen möchten. Wir wollen es zu- und einordnen können, wissen, woher es kommt, und meistens auch, wann es endlich wieder gehen wird. Die Geistige Welt sagt dazu, dass das alles gar nicht so bedeutsam ist. Wenn wir diese Informationen bekommen, ist es okay, doch es ist nicht wichtig und schon gar nicht erforderlich, um etwas annehmen, bewegen, in den Fluss bringen oder verändern zu können. Wir brauchen nicht immer alles zu verstehen. Es ist einfach so, wie es ist. Wir müssen nicht immer alles hinterfragen und nach den tieferen Hintergründen suchen. Worum auch immer es sich handelt – ein Gefühl der Traurigkeit oder der Leichtigkeit, eine Freude oder einen Schmerz –, unsere feinstofflichen Geschwister bitten uns, es einfach wahrzunehmen und sein zu lassen. Dieses Vorgehen empfehlen sie sowohl bei persönlichen als auch bei kollektiven Erfahrungen. Dadurch können sich die Themen leichter ausgleichen, harmonisieren und lösen.

Wenn wir etwas unbedingt mental verstehen möchten, lenken wir dabei sehr viel Aufmerksamkeit und somit Energien darauf. Wir verdichten und nähren es. Wir bauen es auf und halten es fest. Veränderungen können auf diese Art und Weise erschwert, behindert oder verzögert werden. Kurz gesagt, bedeutet das, dass wir uns unser Leben manchmal schwerer machen als nötig. Diese Tendenz ist in uns, weil wir gerne (mentale) Kontrolle bewahren möchten. Das gibt uns Sicherheit. Doch genau damit bremsen wir uns. Die Lösung lautet: im Vertrauen sein. Wenn wir vertrauensvoll sind, wirken unsere Kontrollmechanismen nicht. Sie sind sozusagen deaktiviert, und unser Mentalfeld ist dabei entspannt und gelassen. Es stellt kaum mehr Fragen, denn es weiß um die Antworten und unterstützt unser wahres Wesen, damit es das sein kann, was es ist.

In solchen Augenblicken nimmt unsere mentale Ebene an, dass Heilung einfach ist. Es nimmt an, dass es nicht immer alles verstehen muss. Es vertraut und weiß, dass das Herz und die Seele wissend, erkennend und begreifend sind. Das reicht ihm aus, um zufrieden zu sein. Ja, das üben wir in dieser Zeit – einzeln und als Kollektiv Menschheit. Sei gesegnet.

Wir kommunizieren ständig – auch ohne Worte

Hier erwähnen wir noch einmal etwas, das du schon kennst: Alles, was wir sind, schwingt. Unsere Körper und Energiezentren, unsere darin enthaltenen Speicherungen, Glaubenssätze, Wertungen, Erfahrungen und unsere daraus resultierenden Gedanken, Gefühle und Handlungen strahlen aus. Keine Wand und keine Grenze können sie aufhalten. Wir vibrieren vor uns hin und senden ständig Informationen aus. So kommunizieren wir unaufhörlich, ohne dabei sprechen zu müssen. Wenn wir an jemanden oder an etwas denken, tauschen wir uns dadurch mit ihm aus. Wir senden ihm Botschaften. Wie er sie empfängt, hängt von ihm ab. Entsprechend antwortet er – bewusst oder unbewusst. Das ist Teil des Resonanzgesetzes.

Die Geistige Welt bittet uns, die Weite dieser Gesetzmäßigkeit zu erfassen. Wir kennen das Beispiel, dass in Südamerika ein Schmetterling mit den Flügeln schlägt und in Asien dadurch ein Sack Reis umfällt. Wir könnten es in unzähligen Varianten erzählen. Wichtig ist zu erkennen, dass wir durch kleine Bewegungen, Gedanken und Wellen große Wirkungen erzielen können, nicht nur auf der Erde, sondern innerhalb des gesamten Universums. Wir sind kosmische Wesen, und das bedeutet, dass wir nicht nur auf der Erde, sondern überall im Kosmos zu Hause sind. Dieses Wissen und diese Weisheit bringen uns zu uns selbst, in unseren Körper, in unser Sein im Hier und Jetzt, zurück. Sie lehren uns Achtsamkeit, und daraus entsteht ein liebevolles und verantwortungsbewusstes Sein.

Erneut erinnern wir uns daran, dass das, was wir aussenden, also unsere Kommunikation, im Außen sichtbar wird – in unseren Begegnungen und Erfahrungen. Unsere feinstofflichen

Begleiter erinnern uns daran, dass auch ein Ort und die Art und Weise, wie wir ihn wahrnehmen, uns selbst widerspiegelt. Entweder zeigt er uns das, was wir in und für uns noch befreien und heilen möchten, oder das, was in uns bereits erlöst ist und frei fließt. Wir interagieren mit den Plätzen. Wir kommunizieren mit ihnen – schon lange, bevor wir sie physisch betreten und bereisen. Wenn wir jemandem oder einem Ort als das kosmische Wesen, das wir sind, begegnen, zeigt auch er uns sein wahres Wesen. Er kann gar nicht anders.

Die Geistige Welt bittet uns, immer wieder innezuhalten, uns wahrzunehmen und zu fühlen, das, was wir ausstrahlen und alles, was uns begegnet, in Liebe anzunehmen und zu segnen. Wir kommunizieren immer. Es ist wichtig, uns dessen immer wieder gewahr zu sein. Sei gesegnet.

☼☼☼

Unsere keltischen Wurzeln

Üblicherweise sagt man, dass die Kelten vor den Germanen lebten. Die germanischen Stämme entwickelten sich aus den keltischen weiter. Sie waren Mischvölker und sind deshalb sehr schwer einzuteilen. Die Kelten und auch die Germanen sind Sammelbegriffe. Sowohl unsere keltischen als auch unsere germanischen Vorfahren haben nichts aufgeschrieben. Sie gaben ihre Überlieferungen und ihr Wissen mündlich weiter. Sie waren lemurianische Kinder und folgten dem Weg der Großen Göttin. Es waren die Römer, die begannen, ihre Erfahrungen mit den alten Stämmen niederzuschreiben. Diese Schriften spiegeln allerdings die römischen Wahrnehmungen von den Kelten und Germanen wider und enthalten viele Kampfbeschreibungen. Tacitus ist dafür beispielsweise berühmt. Die Römer folgten einem atlantischen Impuls und somit einem männlichen, patriarchalen Weg. Die Kelten und die Germanen waren europäische Hochkulturen. Sie bilden einen Zweig, den wir heute als europäischen Schamanismus bezeichnen können. Sie sind Teil unserer Wurzeln, die wir auf unserem Weg der Shekaina stärken werden.

Über das Germanentum, das Keltentum, kommen wir zu unserem lemurianischen Erbe, wo die Energien der Großen Göttin im Mittelpunkt stehen. Das führt uns noch weiter zurück zu Hyperborea und den Wurzelrassen, auf die wir später noch eingehen werden, und zurück in den Schoß von Muttergott. So schließt sich der Kreis. Zusätzlich ist das Wiederentdecken unseres europäischen Schamanismus wichtig, um kultur- und völkervereinend mit anderen schamanischen Schulen, beispielsweise aus Nord- und Südamerika und Sibirien, wirken zu können.

Das Keltentum war in Österreich, Deutschland, der Schweiz, Frankreich, Irland, England, Schottland, Dänemark, Norwegen, Island und den nordischen Ländern, bis hinein in den slawischen Bereich verbreitet. Die Kelten (und auch die Germanen) waren sehr naturverbunden und betrachteten die Bäume als heilig. Die Große Mutter wurde unter freiem Himmel, in den Hainen, in der Natur, verehrt. Sie werden als matriarchalische Kulturen beschrieben. Die Gleichberechtigung zwischen Männern und Frauen war sehr ausgeprägt. Beide konnten wichtige Ämter und Aufgaben erfüllen. Die Keltinnen und Germaninnen zogen beispielsweise mit in den Krieg, scheinbar zum großen Entsetzen der Römer. Sie feuerten die Männer an und kämpften mit, und die Seherinnen gaben Kampfanweisungen. Das Mutterrecht stand im Vordergrund. Die weibliche Kraft bildete das Zentrum, um das die Gemeinschaft sich sammelte und worauf sie sich immer wieder ausrichtete. Durch verschiedene aufkommende Einflüsse, wie zum Beispiel das Sesshaft-Werden, begann sich diese Grundstruktur im Laufe der Zeit zu verändern. Das Wissen und die Weisheit der alten Stämme und Völker lebten in den Geschichten, Märchen, Legenden und Sagen weiter.

Bei uns in Tirol gab es die Räter. Im Mittelpunkt ihres Lebens stand die Göttin Rätia. Sie war eine Pferdegöttin, wodurch die Pferde als heilige Tiere der Göttin verehrt wurden. Pferde galten als Orakeltiere, und ursprünglich wurde nicht auf ihnen geritten. Rätia war auch als begnadete Tierheilerin bekannt und wurde in diesem Zusammenhang immer wieder um Hilfe angerufen. Die keltischen und germanischen Stämme hatten zu vielen Tieren eine besondere Verbindung und sahen in ihnen die Große Göttin. So war beispielsweise die Kuh heilig und repräsentierte die Göttin Rind. Die Bienen wurden verehrt, weil man in ihrer matrilinearen Gesellschaftsstruktur das Wesen der Großen Göttin erkannte. Ihr Honig war eins der bedeutsamsten Heilmittel. Eine der alten Bienengöttinnen heißt Meduna.

Es ist immer wieder spannend, sich mit unseren Brauchtumsritualen zu beschäftigen, um zu erkennen, wie tief ihre Wurzeln in die keltische Zeit zurück reichen – egal, ob es sich dabei um Karnevalsumzüge, das Aufstellen eines Maibaums oder christliche Feste handelt. Sei gesegnet.

☼☼☼

Dana

Dana wurde von den Kelten und den Germanen die Urmutter, das urweibliche Prinzip, genannt, manchmal auch Danu oder Ana. Sie war auch eine Hüterin des Wassers, nach ihr wurde zum Beispiel die Donau benannt. Es gibt Völker, die als Vorfahren der Kelten gelten. Eins davon heißt Thúatha Dé Danann. Wir finden ihre Spuren beispielsweise in der Bretagne, in Irland sowie in Schottland. Sie werden auch als Kinder der Dana, der Danu oder der Ana bezeichnet. In ihrem Mittelpunkt stand die Verehrung der Urweiblichkeit (der Shekaina). In der Bretagne gibt es einen berühmten christlichen Wallfahrtsort, der Sainte-Anne-d'Auray genannt wird. Hier wird heute die Mutter von Maria und die Großmutter von Jesus, Anna, verehrt. Es ist ein uralter Göttinnenplatz, der früher der Großen Mutter (= Großmutter), Ana (= Anna), geweiht war.

Vor langer Zeit lebten dort auch die Thúatha. Sie waren lemurianische Wesen, deren Wurzeln tief bis nach Hyperborea reichten. Es wird erzählt, dass sie magische Fähigkeiten besaßen. So konnten sie sich beispielsweise unsichtbar machen. Die Geschichten, die es rund um Avalon und in den nordischen Ländern gibt, in denen das sogenannte Kleine Volk oder die Kleinen Leute vorkommen, beziehen sich häufig auf Begegnungen mit den Thúatha Dé Danann. Wir erleben beziehungsweise beschreiben sie als eine fürstliche und königliche Familie innerhalb der Anderswelt, denn sie leben im Zwischenreich, und darüber ist der Kontakt mit ihnen nach wie vor möglich – vorausgesetzt, die Thúatha möchten dieses und zeigen sich.

Dana wurde als eine Urenergie gesehen, die verschiedene Formen annehmen konnte. Dana selbst wurde in ihrer Allumfassenheit nicht personifiziert oder dargestellt – lediglich einzelne ihrer Ausdrucksformen, über die sie sich zeigte. Man wusste, dass Dana etwas viel Größeres ist und sich dieses Bewusstseinsfeld (wir nennen es in dieser Zeit Muttergott) sich unterschiedlich zeigen und materialisieren kann. Dazu wählte sie manchmal auch Tierkörper, weshalb den Kelten (viele) Tiere heilig waren.

Dana wurde beispielsweise in den Schweinen verehrt. Es gibt genügend Überlieferungen, in denen beschrieben ist, dass die sogenannte heilige Muttersau die Kraft der Großen Göttin symbolisiert und in sich trägt. Alte Göttinnen wurden auch in Begleitung von Schweinen dargestellt. Luisa Francia sagt in diesem Zusammenhang in ihrem Buch „Die Göttin im Federkleid“ (siehe Literaturempfehlungen) beispielsweise, dass wir den Begriff „Schweinepriester“ beziehungsweise „Schweinepriesterin“, der bei uns als Schimpfwort genutzt wird, in seiner ursprünglichen Bedeutung verstehen sollten. Es sagt eigentlich aus, dass ein Mensch ein Priester oder eine Priesterin der Dana war – also etwas Positives, Kraftvolles und Weises. In diesem Kontext lebten sie gemeinsam mit den Schweinen im Wald und in der Natur.

Das Gleichnis des verlorenen Sohns, der auf seinem Entwicklungsweg bei Schweinen lebte, erhält dadurch ebenfalls eine neue Interpretation. Er fand zur urweiblichen Energie, zu Muttergott, wir könnten auch Shekaina sagen, zurück. So gesehen sind wir als einzelner Mensch und als gesamte Menschheit in der aktuellen Zeit der verlorene Sohn, der gerade Schweine hütet ☺. Das ist für mich sehr stimmig, genauso, wie die weitere Folge daraus, dass die Kelten keine heiligen Tiere gegessen haben sollen. (Die Germanen begannen dann scheinbar, einiges nicht mehr ganz so „traditionell“ zu nehmen.) Wenn die Kelten ein Schwein gegessen hätten, hätten sie dadurch die

Große Göttin verzehrt. Das war ihnen nicht möglich. Die römische Diana (in Griechenland wurde daraus Artemis) wird mit Dana verglichen, genauso wie die ägyptische Göttin Nut. Die Energie der Großen Göttin ist in allen Kulturen sichtbar. Deshalb tragen wir als Menschen alle das gleiche Urwissen in uns. Es vereint uns. Sei gesegnet.

Botschaft von Dana

Das Licht von Hyperborea durchdringt dich, und darüber beginnt sich die große Kraft der Göttin Dana auszubreiten. Dana, die Formlose, Dana, die alles ist und dadurch jede Form annehmen kann, nimmt Raum und zeigt sich dir so, wie es für dich im Moment stimmig ist. Sie beginnt zu sprechen:

„Geliebte Tochter des Lichts, geliebter Bruder des Lichts, die und der du uns bist, wir heißen dich auf heiligem Boden willkommen. Wir laden dich ein, in deiner Vorstellung niederzuknien und mit deiner Stirn diesen heiligen Boden zu berühren, um darüber den Segen der Großen Göttin zu empfangen, in deren Arme du zurückkehrst.

So viele Zeiten, so viele Epochen hindurch haben wir auf diesen Augenblick gewartet. In Geduld haben wir, die wir ewig sind, gewartet, denn das ist unsere Stärke. Wir haben dich gerufen in deinen Träumen, deinen Meditationen und deinen Visionen, um dich an diesen Platz zurückzuführen. Denn es ist die Zeit des Erwachens, der Rückbindung, gekommen – die Zeit, dich wieder in unseren Dienst einzufinden, wir möchten dieses so bezeichnen. Jetzt.

So grüßen und berühren wir dich wie einen Geliebten, eine Geliebte, der und die endlich in unsere Arme zurückkehrt. Wir beginnen dich zu nähren und dein Drittes Auge mit unserer Kraft zu benetzen, damit die Erinnerungen an unser gemeinsames Sein, als du in der Einheit mit uns über die Lande zogst, erwachen. Erlaube uns, verschiedene Schaltkreise innerhalb deiner rechten und linken Gehirnhälfte wieder zu aktivieren, was das Wiederfinden der Erinnerungen fördert.

Wir erheben dich und bitten dich, dich in deiner Vorstellung aus deiner knienden Position aufzurichten und eine aufrechte

Haltung einzunehmen. Denn wir salben dich nun mit den besonderen Ölen der damaligen Zeit, die wir bis zu diesem Zeitpunkt aufbewahrt haben. Durch diese edlen Essenzen führen wir dich zurück in unseren Kreis. Wir tun dieses jetzt. Dadurch können möglicherweise entstandene Wunden heilen. Sie schließen sich in allen Ebenen deines Seins.

Wir salben die alten Zeichen deiner Priesterschaft, deiner Einweihung – die Symbole, die dich befähigten, Heiler und Heilerin, Seher und Seherin unserer ursprünglichen Völker zu sein. Denn wir sprechen im Namen der uralten Völker, die hier auf der Erde lebten und in das sogenannte Zwischenreich hineingeführt wurden. Wir sind gekommen, um mit dir, der du dich jetzt in der Menschenwelt befindest, eine Brücke zu bauen, die zu diesen deinen Urahnen führt. Sie warten darauf, dass sich auch hier die Schleier der Illusion erheben und Vereinigung und Austausch wieder möglich sind.

Öffne dein Herz. Lass den Bund, der zwischen uns bestand und heilig war, wieder erwachen und von nun an durch alle Äonen hindurch bestehen bleiben. Wir sind ein Ausdruck der Göttin, der ewigen Mutter. Wir sind ein Ausdruck dessen, was als Shekaina bezeichnet wird, und in diesem Kontext nehmen wir dich an. Jetzt. Kehre zurück in unser Schwingungsfeld, in unser Bewusstseinsfeld. Kehre zurück in all das, was wir sind. Erlaube, dass dadurch in dir die Große Mutter und die Göttinnenkraft der alten Zeit erwachen, die Zentrum des Lebens waren, aus der heraus sich der Weltenbaum entwickeln, verwurzeln und sein konnte.

Atme bewusst ein und aus, um die Göttin in dir auf- und anzunehmen und in ihr eingebettet zu sein. Sie ist der Ursprung des Lebens, hier hat alles seinen Anfang, aus ihr wird alles geboren. Nur durch das Zurückkehren in das Bewusstseinsfeld der Großen Mutter kann in dir eine heilige Vereinigung von männlichen und weiblichen Kräften von Dauer sein.

Wir legen unsere Hand auf dein Herz. Mögen Integration und Verankerung des Neubeginns, der Vereinigung mit den Erdkräften, mit den Kräften der Großen Göttin, der Shekaina, sein.

Jetzt halte inne, halte Zwiesprache mit der Göttin, die wir sind. Erneut heißen wir dich willkommen. Wir danken dir für deine Rückkehr in unseren Schoß. Hier sind Geborgenheit und Urvertrauen, ewiglich. Wir sind Dana. Sei gesegnet.“

☼☼☼

Das Kristallherz der Erde

Tief im Erdinneren ruht das Kristallherz der Erde, unsere kristalline Haupt-Erdbibliothek. Da sie von atlantischen Wesen gehütet wurde und die Azoren Überreste von Atlantis sind, können wir über diese Inselgruppe besonders leicht mit ihr in Kontakt treten. Unsere Kristallbibliothek ist wie eine große Empfangs- und Sendestation und ein Sammelbecken für irdische und kosmische Informationen. Die Kristallschichten leiten das gespeicherte Wissen des Herzens weiter. Sie vernetzen die Bibliothek mit kleineren sogenannten Außenstellen und mit Kraftplätzen.

Der Eisenkern der Erde, der die jeweils aktuelle Polausrichtung hält, ist auch mit dem Kristallherz verbunden. Mit diesem Eisen-Erdkern, den Polen und dem Magnetfeld der Erde wirken beispielsweise unsere Raumgeschwister. Sie sind gemeinsam mit ihrem irdischen Bodenpersonal, wie die Menschen genannt werden, die kraftvolle Leben in der Raumbruder- und -schwesternschaft hatten und deren Aufgabe es in dieser Inkarnation ist, mit ihr zusammenzuarbeiten und ihre Botschaften zu übermitteln, für die Stabilität in diesen Ebenen zuständig. Zusätzlich ist dieses Kristallherz in die zwölf Turmalinschichten eingebettet. Die dunkelgrüne Turmalinebene ist ein Eintrittstor in die Schwingungsqualität von Hyperborea.

Die großen, mächtigen Wale sind ebenfalls wichtige Wissensspeicher und Hüter unseres Evolutionsbewusstseins. Sie sind auf die Plejaden ausgerichtet, genauer gesagt auf die plejadische Bibliothek, die auf Alcyone ist. (Jeder Planet und jedes Sternenfeld hat eine zentrale Sammelstelle von Wissen und Informationen, die als Transponder oder Bibliothek bezeichnet wird. Wir vernetzen unser Kristallherz der Erde gerade wieder mit den kosmischen Wissenskammern, weil das zu unserer

Aufgabe in dieser Zeit gehört. In weiterer Folge fördert das den Kontakt mit unseren Sternengeschwistern und feinstofflichen Begleitern und bereitet das bewusste Wirken mit Dimensionstoren vor.)

Das Kollektiv der Wale bildet ein Netz um die Erde, das mit der Turmalinschicht kommuniziert. Es lenkt die Energien von den Plejaden über die Turmalinschwingung in das Kristallherz der Erde und wieder zurück. Physische Orte, die besonders nahe Verbindungen zum Kristallherz zeigen und wo man es deutlich spüren kann (man fühlt den „Herzschlag" beziehungsweise ein Pulsieren), wie zum Beispiel die Azoren oder die Externsteine, weisen häufig im Erdinneren Kristallhöhlen oder Kristallbetten auf. Sie gelten als Einweihungs- und Begegnungsstätten. Meistens kommt es in diesem Umfeld auch zu einer vermehrten Sichtung von Lichtschiffen. Sei gesegnet.

Unsere Gehirnwellen

Über eine Elektroenzephalografie (EEG) können Gehirnwellen aufgezeichnet werden. Diese beschreiben die elektrische Aktivität des Gehirns und sind sogenannte Neuronenbewegungen. Man teilt sie unter anderem in folgende Frequenzbereiche ein:

Deltawellen (bis zu 4 Hz) treten in den Phasen des Tiefschlafs auf. In diesem Zustand ist unser Bewusstsein sehr aufnahmefähig. Er ist optimal für unsere Zellerneuerung. Deltawellen werden in tiefer Trance, beim Channeln und bei Geistheilungen erzeugt. Sie sind für unsere Kommunikation mit der Geistigen Welt wichtig.

Die Thetawellen (von zirka 4 bis 7 Hz) stellen sich in unserem traumlosen, erholsamen Schlaf ein. Sie unterstützen unsere Regenerationsfähigkeit. Wir können diese Wellen auch durch intensive Meditationen aufbauen. Sie verfeinern unser Sinne und Wahrnehmungen und fördern unsere Kreativität. In diesem Bewusstsein können wir erschaffen und kreieren.

Alphawellen (von zirka 8 bis 12, 13 Hz) sorgen für einen entspannten Zustand und helfen, Stress abzubauen und Schmerzen zu reduzieren. Unsere linke und rechte Gehirnhälfte sind ausgeglichen, und wir haben einen guten Kontakt zu allen unseren Ebenen (einschließlich des Unterbewusstseins). Entspannungsübungen, Meditationen und verschiedene Kampfsportarten bauen Alphawellen auf. Bei 8 Hz fühlen wir unseren göttlichen Funken und sind uns unseres wahren Wesens bewusst.

Betawellen (von zirka13, 14 bis 30 Hz) wirken aktivierend, konzentrationsfördernd und sind uns behilflich, uns zu erinnern. Sie kommen im normalen Tagesbewusstsein vor. Es wurde festgestellt, dass wir uns bei 28 bis 30 Hz sehr angespannt, aggressiv und gestresst fühlen. Bei 40 Hz befinden wir uns in Panik oder unter Schock. Falls dieses über einen längeren Zeitraum anhalten sollte, würden sich daraus Erschöpfungszustände, physische Disharmonien, Schlafstörungen, Depressionen und der klassische Burn-out entwickeln.

Reize, Energien und Signale, die auf uns einwirken, sind unterschiedliche Frequenzen und beeinflussen unsere Gehirnwellen. Unser Gehirn versucht, sich dem Impuls, der einströmt, anzupassen. Dieses Wissen setzt man in der Klangtherapie, in der Hypnose, in verschiedenen Meditations- und Entspannungsschulen heute vermehrt gezielt ein. Es ist sehr hilfreich, um unser Wohlbefinden zu fördern. Mittlerweile wurde und wird auch erforscht, dass Kraftplätze, alte Prozessions- und Pilgerwege bestimmte Schwingungswellen aussenden, die sich auf den Menschen, der sich darauf befindet, übertragen. Deshalb können wir uns an manchen Orten so gut entspannen, nehmen dort unsere feinstofflichen Begleiter besonders deutlich wahr und kommen dort leicht mit unserer inneren Führung in Kontakt. Wir haben das Gefühl, dass sie uns aufladen und mit neuer Energie erfüllen. Oder umgekehrt.☺

Wenn wir möchten, können wir auch unsere mentale Kraft dafür nutzen, um uns genau auf die Frequenz auszurichten, die für unsere jeweilige Tätigkeit unterstützend wirkt oder die uns einen nötigen Ausgleich schafft, um unser harmonisches Sein zu fördern. Genauso ist es möglich, uns bei unserer Heilarbeit auf die Gehirnwellen unseres Gegenübers einschwingen, sodass eine tiefe Entspannung möglich ist und die heilsamen Energien tief in den Zellebenen auf- und angenommen werden können. Es ist auf jeden Fall ein interessantes und spannendes Thema, bei dem sich Wissenschaft und Spiritualität verbinden. Sei gesegnet.

Die Wurzelrassen – Die Entwicklungsgeschichte der Erde

Die Geistige Welt bittet uns, uns mit den erwähnten Themen auch in den kommenden Wochen und Monaten noch weiter zu beschäftigen. Sie möchte sie immer wieder ergänzen und aktualisieren. Sie meint, dass wir darüber größere Zusammenhänge erkennen können. Des Weiteren betont sie, dass Informationen, die sie vor längerer Zeit gegeben hat, nach wie vor Gültigkeit haben – nur dass wir sie aufgrund unseres heutigen Entwicklungsstands neu erfassen können.

Unsere Erdgeschichte ist so erfüllt von spirituellem Wissen, das wir endlich zu entdecken und zu verstehen beginnen. Alle Aspekte, auf die die Geistige Welt hinweist, haben in irgendeiner Form mit unseren Wurzeln zu tun. Die Wurzeln der Menschheit sind gleichzeitig auch Teil unserer persönlichen Wurzeln. Wir können das nicht mehr getrennt voneinander betrachten. Alles, was mit unseren Wurzeln in Verbindung steht, gründet im Schoß der Shekaina. Also gehört das Einlassen auf diese Themen mit auf unseren weiblichen Weg. So schließt sich der Kreis erneut.

Helena Petrovna Blavatsky ist nach wie vor eine bedeutende Pionierin, was die Übermittlung und Weitergabe der Botschaften unserer feinstofflichen Begleiter betrifft. Sie wurde im Sommer 1831 in der heutigen Ukraine geboren und verstarb im Mai 1891 in London. Sie war ein Medium, veröffentlichte viele Bücher und gründete 1875 nach einem bewegten Leben gemeinsam mit Henry Steel Olcott die Theosophische Gesellschaft. Sie ist, wenn man so möchte, eine Urahnin aller LichtarbeiterInnen der heutigen Zeit. Sie entwickelte die Theorie der sieben Wurzelrassen, die später von Rudolf Steiner und der Anthroposophischen Lehre aufgenommen und weitergeführt wurde. Diese Wurzelrassen heißen Polarier (vor ungefähr 26 – 35 Mio. Jahren), Hyperboreaner (vor ungefähr 1 – 2 Mio. Jahren), Lemurianer (vor ungefähr 26.000 – 900.000 Jahren), Atlanter (vor ungefähr 13.000 – 500.000 Jahren), Arianni (seit ungefähr 30.000 Jahren), Meruvianer (seit ungefähr 13.000 Jahren) und Paradiesier (seit ungefähr 3.000 Jahren v. u. Z. bis 830 Jahren u. Z.).

Wie auch immer diese Wurzelrassen eingeteilt und bewertet wurden, bittet uns die Geistige Welt, sie heute wie folgt zu verstehen und das Wissen entsprechend zu nutzen: Die Wurzelrassen sind unsere Vorfahren, und jeder von uns trägt ihre Qualitäten in sich, die es in dieser Zeit wieder zu entdecken gilt. Vor den Polariern waren Drachenwesen auf der Erde und hüteten sie. Die Polarier werden als androgyne, noch ätherische Lebensform beschrieben. Die Wesen von Arkturus erwähnten während eines Meditationsabends, dass sie mit dieser Wurzelrasse eng verbunden sind und dass wir über sie mit ihr in Kontakt treten können. Zusätzlich luden sie uns ein, über die Aktivierung des Polarier-Erbes in unserer DNS unsere Körper zu unterstützen, wieder durchlässiger zu werden, als auch unser androgynes Bewusstsein erstrahlen zu lassen. Beides ist in dieser und für diese Zeit erforderlich.

Auch die Hyperboreaner werden als androgyne Wesen bezeichnet. Einige von ihnen zogen sich, nachdem ihre Erd-Hüterzeit vollendet war, in das Innere der Erde zurück. Erst in der späteren lemurianischen Epoche begannen sich menschenähnliche Körper zu entwickeln. Sie wurden etwas dichter, konnten sich aber noch mühelos verändern. Die Körper waren noch sehr „weich“. Erst in der atlantischen Phase „verhärteten“ sich die Körper weiter. Nach der Vollendung der Lemurien-Hüterzeit gingen auch von ihnen einige Wesen in die innere Erde, wo sie immer noch leben.

Die Arianni lebten im hohen Norden und formten dort ein Königreich, das als Thule bekannt wurde. Die vorkeltischen Völker, wie beispielsweise die Túatha Dé Danann oder die Firebolg, kannten die Arianni und ihre Überlieferungen. Die Arianni zogen sich wie einige der atlantischen Wesen in das Innere der Erde zurück. Aus den Meruvianern entwickelte sich das Königsgeschlecht der Merowinger heraus. Sie blieben auf der Erde. Die Paradiesier kehrten nach der Erfüllung ihrer Aufgabe in ihre Sternenheimaten zurück.

Wenn wir die Wurzelrassen einzeln betrachten würden, könnten wir sie wieder in jeweils sieben weitere Phasen und Qualitäten einteilen. Diese zusätzlichen Unterteilungen müssen durchlaufen sein, um eine Wurzelrassenphase vollenden zu können. Damit beschäftigen wir uns im Moment allerdings nicht. Wenn wir den Weg der Shekaina gehen, liegt die Betonung auf dem Weg, nicht auf dem Ziel. Deshalb sammeln wir dabei unterschiedliche Puzzleteile und fügen sie nebeneinander. Da jedes Mosaiksteinchen einen Teil von uns widerspiegelt, vergrößert sich dadurch die Wahrnehmung von uns selbst. Das ist der Grund, warum wir hier so viele verschiedene Themen anschneiden. Sie sind vernetzt. Wir sammeln die Erkenntnisse, dass sie alle miteinander verbunden sind. Das ist der Weg.

Bei den Wurzelrassen gibt es zwei Betrachtungsebenen. Die eine ist linear, die andere holistisch. Beginnen wir mit der holistischen. Dazu gibt uns die Geistige Welt ein Bild: Um uns ist ein Kreis. Wir stehen in seiner Mitte. Auf der Kreislinie können wir um uns herum die Namen der sieben Wurzelrassen setzen. Da sie über den Kreis miteinander verbunden sind, fließen ihre einzelnen Qualitäten so, dass sie immer wieder allen zur Verfügung stehen. Sie bilden ein einheitliches Feld, in dem alles, was sie sind, zusammen kommt. Hier ist es bedeutungslos, wann welche Rasse die Hüteraufgabe der Erde innehatte. Sie stehen alle zur gleichen Zeit zur Verfügung, nämlich im Jetzt. Da wir in der Mitte des Kreises sind, wirken die Energien aller Wurzelrassen gleichzeitig auf uns ein. Wir können unseren Blick zwar auf eine Rasse fokussieren, um ihre spezielle Qualität genauer erfassen oder nutzen zu können, doch alle anderen sind mit dabei. Auf diese Art und Weise strömen ihre Informationen auf uns zu und ein, berühren unsere DNS und aktivieren ihr Erbe in uns. So sind wir gleichzeitig Polarier, Hyperboreaner, Lemurianer, Atlanter, Arianni, Meruvianer und Paradiesier.

Linear betrachtet stehen die Wurzelrassen für Evolutionsphasen, die wir durch das Integrieren der jeweils zugeordneten Fähigkeiten und Qualitäten durchlaufen. Hier gibt es eine persönliche und eine kollektive Ebene. Innerhalb unserer Menschheitsentwicklung befinden wir uns derzeit laut Rudolf Steiner in der Meruvianer-Welle, in der wir auch noch etwas bleiben werden. Für uns bedeutet das, dass wir uns mit den Merowingern beschäftigen werden. Diese wiederum pflegten einen intensiven Bärinnen- und Bärenkult. Die Bärinnen und Bären sind Tiere der Großen Göttin und somit der Shekaina. So schließt sich auch dieser Kreis erneut.

Ansonsten bittet uns die Geistige Welt, wenn wir mit den Wurzelrassen wirken möchten, das erste Bild zu wählen und alle ihre Energien im Jetzt zu fühlen, anzunehmen und in uns aufleuchten zu lassen. Rudolf Steiner sagt, dass zur Zeit der Polarier die Erde und der Mond noch mit der Sonne eins waren. In der Phase von Hyperborea löste sich die Erde aus der Sonne, und während der lemurianischen Welle schlüpfte der Mond aus der Erde heraus. Jetzt befinden wir uns, kollektiv betrachtet, (wieder) in der Meruvianer-Phase. Steiner spricht in diesem Zusammenhang vom Erscheinen einer ätherischen

Menschheit. Wir nennen es heute den Kosmischen Menschen oder die Kosmische Menschheit, der und die gerade erwacht und sich manifestiert.

Steiner berichtet weiter, dass, wenn dieser Zyklus vollendet ist und wir dann in die Paradieser-Welle eintreten, sich die Erde wieder mit der Sonne vereinen wird. Wir sagen heute dazu, dass die Erde aufgrund ihrer Ausrichtung auf die solaren Schöpfer- und Schöpferinnenenergien selbst zu einer neuen Shekaina werden wird. Das Wirken mit den Wurzelrassen bringt uns also mit einem weiteren Teil unserer Wurzeln in Kontakt und unterstützt unseren solaren Weg. Bevor wir uns der Bärinnen- und Bärenkraft, die auch mit den Merowingern und somit mit den Meruvianern in Verbindung steht, widmen, machen wir noch einen kleinen Verständnisausflug in die Innererde, wo wir den Wesen unserer Ur-Rassen begegnen können. Sei gesegnet.

☼☼☼

Innererde

Es gibt die sogenannte Hohlwelt-Theorie, die besagt, dass im Inneren der Erde ein Spiegelbild der äußeren Welt in Form von Städten und Landschaften existiert. Hier leben liebevolle Wesen (beispielsweise aus Lemurien, Atlantis) und andere Sternenwesen in Frieden und nutzen beispielsweise freie Energie für ihre Energiegewinnung. Sie sind unsere Freunde und in gewisser Weise auch unsere Vorbilder. In der nicht-geheilten Dualität erzählte man auch von weniger freundlichen Wesen, die im Inneren der Erde lebten und von dort aus ihre Manipulations- und Machtmissbrauchs-Spiele spielten. Da wir uns jetzt in der geheilten Dualität bewegen, beschäftigen wir uns nicht mehr mit Verschwörungstheorien und Ähnlichem, weil es das in der Fünften Dimension nicht gibt. Alle diese Erfahrungen und Erzählungen beruhen auf Angst, nicht auf Liebe.

Die Schwingungsqualität des fünfdimensionalen Seins ist außerhalb von Bewertung und deshalb eine Ebene der Annahme von Allem-was-ist, wodurch Einverstanden-Sein und Frieden herrschen. Es ist auch ein bewusstes Sein, wo wir uns unserer Schöpfer- und Schöpferinnenkraft gewahr sind und sie nur noch für das einsetzen, was dem Leben – und somit der Liebe – dient. Daraus erwachsen das tiefe Vertrauen, die Gewissheit und die Manifestation, dass uns jeder Mensch, jedes Wesen und jede Energie, die uns begegnet, wohlgesonnen ist.

Agartha wird in der Verbindung mit den Innererde-Theorien häufig erwähnt. Es ist eine Lichtstadt, in der erwachte Wesenheiten leben, die die Erde und ihre Evolution unterstützen. Es wird berichtet, dass Eingeweihte verschiedener Kulturen und Zeitepochen um die Innererde-Stätten wussten und nach wie vor wissen und Zugang zu ihnen hatten und haben. So fand und findet ein regelmäßiger Austausch zwischen den Lebewesen der äußeren und der inneren Welt statt. Viele Menschen berichte(te)n vom Mythos Innererde. So sagt man, dass auch Jules Vernes Roman „Reise zum Mittelpunkt der Erde“, der 1864 verfasst wurde, nicht nur Fiktion ist. In diesem Werk ist der Eingang in das Innere der Erde auf Island zu finden. 1869 soll ein Amerikaner namens Isaac Israel Hayes nach Grönland aufgebrochen sein, um die Länder im hohen Norden zu erforschen. Auch er brachte seine Vermutungen über Leben im Inneren der Erde in seinem Tagebuch zum Ausdruck.

Die Geistige Welt spricht schon seit vielen Jahren von diesen unterirdischen Städten und ihren Bewohnern. Zusätzlich erklärte sie immer wieder, dass es in diesem Kontext auch viele Dimensionstore gibt. Dabei betreten wir beispielsweise eine Höhle, schreiten unbewusst durch das Dimensionsportal hindurch und begegnen dann einem Wesen. Wir haben das Gefühl, uns immer noch auf der Erde, genauer gesagt, in ihrem Inneren zu befinden. Doch durch das Durchschreiten des Dimensionstors wechseln wir die Welten und landen so auf einem anderen Planeten oder in einem Sternensystem innerhalb des Universums, ohne uns dessen bewusst zu sein. Durch das Wiederentdecken unserer Multidimensionalität wird uns der Austausch mit den Wesenheiten der Innererde vertrauter und auch das Reisen durch die Dimensionen, Ebenen und Welten. Wenn wir uns für die Innererde öffnen, öffnen wir uns ebenso für unsere Wurzelrassen-Ahnen und -Ahninnen und somit für die Vertiefung und Erweiterung unserer Wurzeln. Genauso schenkt uns die Beschäftigung mit unseren Ur-Rassen umfassenderes Verständnis für das Wissen der Innererde. Den Weg in dieses Neu- und gleichzeitig Ursprungsland weist uns unser Herz. Wenn wir ihm folgen, können wir dadurch noch viel mehr über uns entdecken. Sei gesegnet.

Der Bärinnen-Clan

Der Bär/die Bärin ist in vielen schamanischen Schulen ein besonderes Krafttier und ein großer Heiler beziehungsweise eine Heilerin. In vielen Erzählungen und Geschichten finden wir seine/ihre Spuren. Hier führen sie uns zu den Wurzeln unseres europäischen Schamanismus. In Baume Les Dames, in der Nähe zur Schweizer Grenze, lebte und wirkte einst eine Frauengemeinschaft, die zum Bärinnen-Clan gehörte. Es ist ein Quellheiligtum und Kraftplatz, an dem die Große Göttin verehrt wurde. Vor langer Zeit war es eine spirituelle Schule für adelige Mädchen und Frauen. Hier wurden sie zu Heilerinnen geweiht. Zu ihrer Einweihung erhielten sie ein Bärenfell, von dem sie sich ab diesem Zeitpunkt niemals mehr trennten. Es war ihr höchstes Gut. Die Könige der Merowinger waren mit diesem Platz und mit der Bärenkraft eng verbunden. Auch sie trugen immer ein Bärenfell und wiesen dadurch auf ihre schamanische Bildung hin.

Der Bärenkult war zur damaligen Zeit in Europa weit verbreitet. Die ausgebildeten Seherinnen und Heilerinnen des Bärinnen- und Bärenkults waren wichtige Beraterinnen von Königen und wurden oft mit diesen verheiratet. Hier ließen sie ihre Kräfte und Fähigkeiten in die Politik mit einfließen. An vielen Orten und in zahlreichen Städten können wir die Spuren der Bärinnen- und Bärenkraft noch immer sehen, beispielsweise in Bern oder auch in Basel. Die Bärenpriesterinnen, die auch der Mondgöttin dienten, waren bis ins neunte und zehnte Jahrhundert nach Christus aktiv. Man geht beispielsweise davon aus, dass auch Hildegard von Bingen eine Eingeweihte des Bärinnen-Kults war. Odilia, die Schwester des Merowingers Dagobert II., wurde in Baume Les Dames ausgebildet und gründete später das Kloster auf dem Odilienberg in Frankreich. Im Verborgenen lebte dort der Bärenkult weiter. Die Legende sagt, dass im Keller des Klosters Bärinnen mit ihren Jungen lebten. Sie waren nicht gefangen, sondern befanden sich aus freien Stücken dort, weil sie in enger Verbindung zu den „Bärenpriesterinnen" standen.

Die keltische Bärengöttin Artio war die Schirmherrin des Bärinnen-Clans. Es wird erzählt, dass die Priesterinnen einmal im Jahr ihre Göttin feierten. Dabei legten sie sich das Bärenfell um und wurden quasi selbst zur Bärin/zum Bären. So tanzten und sangen sie.

Wir werden auf den folgenden Seiten gemeinsam mit der Geistigen Welt unsere Freundschaft mit den Bärinnen und Bären neu beleben. Wir stärken darüber die Heilerin und den Heiler in uns wie auch unsere Wurzeln und erfahren über die Kraft der Bärin und des Bären die Große Mutter, die urweibliche Schöpferenergie. Sei gesegnet.

☼☼☼

Die Bärenhaltung

Um dich auf die Kraft der Bärin und des Bären einzustimmen, möchte ich dir eine rituelle Haltung vorstellen. Dr. Felicitas D. Goodman war eine wundervolle Schamanin, die sich intensiv der Erforschung der Trance und der Trancehaltungen widmete. Dabei entdeckte sie, dass es Haltungen gibt, die uns, wenn wir sie einnehmen, in tiefe Erkenntnisse, Begegnungen und Heilungen führen. Sie stellte fest, dass überall auf der Erde, in allen Kulturen und schon seit undenkbaren Zeiten, rituelle Körperhaltungen bekannt sind, die uns in den Kontakt mit feinstofflichen Ebenen bringen. Eine dieser von ihr erforschten Körperhaltungen ist die sogenannte Bärenhaltung. Rassel- oder Trommelmusik, die einem bestimmten Rhythmus folgt, unterstützt uns beim Einnehmen der und Einlassen auf die Haltungen. Die Zunge ruht dabei leicht am Gaumen.

Bevor wir uns dieser Tranceerfahrung hingeben, geht es darum, unsere Absicht zu klären. Möchten wir in unserem Fall die Bärenkraft bitten, uns bei der Lösung eines Themas behilflich zu sein? Möchten wir sie einfach kennenlernen und in unser Leben einladen? Möchten wir Heilung erfahren oder eine Antwort auf eine Frage erhalten? Dann nehmen wir die Bärenhaltung ein.

Du stehst aufrecht, deine Füße sind parallel, mit einem kleinen Abstand. Die Knie sind locker und nicht durchgestreckt. Die Oberarme liegen entspannt und weich am Oberkörper an. Deine Hände formen eine Faust, als würde sie sich um eine Energiekugel bilden und diese halten. Die Daumen liegen außen auf. Die Fausthände werden über den Nabel gelegt. Dabei berühren sich die Knöchel der Zeigefinger. Die restliche Hand-

position ist so, dass der Nabel frei ist und quasi zwischen den Fäusten ruht. Da sich die Hände nur an den Zeigefingern berühren und sonst etwas schräg nach außen zeigen, entsteht durch sie ein kleines Dreieck, in dem sich der Nabelpunkt befindet. Die Fäuste berühren den Körper angespannt, der Rest deiner Muskeln ist entspannt.

Nun lege deinen Kopf in den Nacken, so weit, wie es für dich (noch) angenehm ist. Der Mund wird geöffnet, die Wirbelsäule und der Rücken bleiben aufrecht und ausgerichtet. In dieser Position verweile ungefähr zehn bis fünfzehn Minuten. Der Atem fließt dabei frei. Lass dich auf die Bären- und Bärinnenkraft ein. Beobachte und nimm wahr, was geschieht und erlaube, dass ein Austausch zwischen dir und der Bärenenergie entsteht, der sich auf deine zuerst geäußerte Absicht bezieht. Abschließend bedankst du dich bei der Bärin und dem Bären und kommst langsam und achtsam aus der Körperhaltung heraus. Halt inne und fühle nach. Atme bewusst ein und aus, um wieder ganz im Hier und Jetzt zu sein.

Wenn du intensiver mit der Bärenhaltung oder mit rituellen Körperhaltungen arbeiten möchtest, empfehle ich dir das Buch mit Musik-CD von Nana Nauwald und Felicitas D. Goodman (siehe Literaturempfehlungen). Sei gesegnet.

Die Vereinigung lemurianischer und atlantischer Kräfte

Wenn wir die Harmonie und den Frieden, die ergänzenden Energien und den Gleichklang zwischen den lemurianischen und atlantischen Kräften in und um uns annehmen, fördert das unsere Fähigkeit, uns auch auf die anderen Wurzelrassen einzulassen. So können wir uns umfassender und ganzheitlicher erfahren, weil wir die Weite und Tiefe unseres Erbes vermehrt zu erahnen beginnen. Bevor wir uns jedoch mit Hilfe der Schwesternschaft der Schilde der Aktivierung unserer schamanischen Bärinnen- und Bärenkräfte widmen, fassen wir noch einige wichtige Impulse der Geistigen Welt bezugnehmend auf die Zeitqualität zusammen.

Unsere feinstofflichen Geschwister vermitteln uns schon seit längerem, dass es keiner schmerzhaften, langwierigen oder leidvollen Prozesse mehr bedarf, um etwas zu erkennen, zu lösen oder zu heilen. Das gehörte in das Fischezeitalter, wo das Motto lautete: Wir lernen über Leid! Jetzt, im Wassermannzeitalter, heißt es für uns: Wir lernen in und über Freude! Da wir wohl alle gerne Schauspieler und Schauspielerinnen sind, fällt es uns zwischendurch schwer, unsere alltäglichen Dramen loszulassen, denn wir identifizieren uns mit ihnen und spüren uns durch sie.

Mit zum Weg der Shekaina gehört es, uns immer wieder bewusst zu werden, dass Mutter-Gott keinen Prozess hat und keine Dramen kennt – Vater-Gott auch nicht. Die Quelle **ist** einfach. In unserem wahren Wesen wissen wir darum, und deshalb richten wir uns immer wieder darauf aus. Es sind nur unsere Gewohnheiten und die damit verbundenen Ängste, die uns immer wieder glauben machen, dass es nicht so einfach sein kann und wir unsere Prozesse und Dramen benötigen. Deshalb fällt es uns manchmal schwer, der göttlichen Ordnung zu vertrauen, etwas sein zu lassen und anzunehmen, wie es ist, ohne etwas tun zu müssen, ohne es einzuteilen, zu bewerten, uns damit auseinanderzusetzen, es zu hinterfragen, zu analysieren usw. Bezogen auf Lemurien und Atlantis bedeutet das, dass die Zeit der Heilung möglicher Verletzungen und Zerstörungen vorüber ist. Lemurien ist geheilt. Atlantis ist geheilt. Wir haben freien Zugang zu dem alten geheilten Wissen beider Hochkulturen, und es ist in uns lebendig.

Lemurien ist mit Atlantis ausgesöhnt, die weiblichen rezeptiven und männlichen dynamischen Kräfte, die sie repräsentieren, sind im Gleichgewicht. Unsere lemurianischen und atlantischen Wurzeln sind kraftvoll, licht- und liebevoll und heil. Das drückte die Geistige Welt in einem Symbol aus, das sie uns gab. Sie nennt es die Vereinigung von lemurianischen und atlantischen Kräften und bittet uns, es immer wieder zu nutzen und damit zu wirken. Es hilft uns beispielsweise, aus unseren Prozessen und Dramen auszusteigen, weil es uns genau daran erinnert, was wir oben erwähnten: Es ist geheilt!

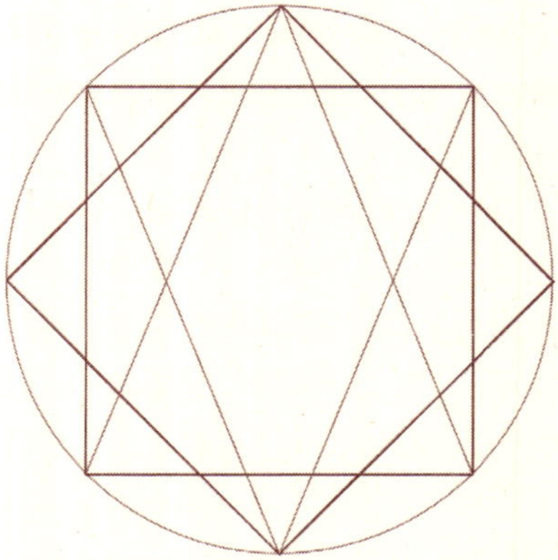

Der Kreis ist ein Zeichen für Lemurien. Er steht auch für die Große Göttin, für die Gemeinschaft, für die Gebärmutter, für den Schoß der Shekaina usw. Er repräsentiert die weiblichen Schöpferinnenenergien. Er wird in Grün gemalt, weil das eine der Farben Lemuriens ist. Im Kreis ist ein Quadrat. Das ist ein Zeichen für Atlantis. Es drückt eine pyramidale Konstruktion aus und ist das Symbol der Materie. Nun wird ein zweites Quadrat über das erste gelegt. Dadurch erweitert es sich, sein Raum- und Wirkungsfeld wird geöffnet. Es entsteht ein achtzackiger Stern, der sich aus dem ersten Erdenquadrat und dem zweiten Kosmosquadrat bildet. Die Quadrate werden in Blau dargestellt, weil das eine der atlantischen Farben ist. Zusätzlich kommen noch zwei Dreiecke hinzu, die einen sechszackigen Stern formen. Es ist das Zeichen des Kosmischen Menschen, der im Gleichgewicht der Kräfte ist. Dieses Zeichen ist rot, weil das für die Liebe im tätigen Tun steht und eine Qualität des Kosmischen Menschen ist.

Meditiere mit dem Symbol. Lege es auf und visualisiere es immer wieder, beispielsweise auf deinen Energiezentren, um das Bewusstsein des geheilten Lemurien und des geheilten Atlantis zu bestätigen, weiterzuentwickeln, Raum nehmen zu lassen, zu verkörpern und zu sein. Die Geistige Welt dankt dir dafür. Sei gesegnet.

☼☼☼

Die Merowinger

Das Königsgeschlecht der Merowinger ist Nachkomme der Meruvianer. Über die Beschäftigung mit der Geschichte der Merowinger finden wir zu einem Teil unserer Wurzelrassen und somit zu unseren eigenen Wurzeln zurück. Ursprünglich ehrten die Merowinger die keltischen und vorkeltischen Traditionen und lebten danach. Erst später wechselten sie zum Christentum über. Im damaligen Christentum, das auch als keltisches Christentum bezeichnet wird, hatten aber die alten Bräuche sehr wohl ihren Platz. Die neuen und alten Lehren standen harmonisch nebeneinander und schlossen sich nicht aus. Die Trennungen und Abwertungen entstanden erst im Laufe der Zeit. In Irland, in der Nähe von Newgrange, gab es beispielsweise eine christlich-klösterliche Einrichtung, in der junge Adelige in das Wissen der Druidenschaft eingeweiht wurden, bevor sie ihre Aufgaben in der Welt übernehmen sollten.

Früher waren die Könige, so auch bei den Merowingern, auch Priester und Eingeweihte. Die spirituelle und die weltliche Macht konnten nicht voneinander getrennt werden. Dagobert II., der auch der Bruder von Odilia war, war der letzte große König der Merowinger, der das alte Wissen wieder vermehrt in den Vordergrund rücken wollte. Er starb in Folge eines Hinterhalts relativ früh. Nach ihm zerbrach die Merowinger-Dynastie aus verschiedenen Gründen. Nach Dagoberts Tod übernahmen die Karolinger die Macht. Sie zerstörten die alten Stätten und verschrieben sich ganz dem neuen Weg, dem Christentum.

Die Merowinger waren für ihre Heil- und Wundertätigkeit weit bekannt. Man erzählt sich, dass allein ihre Anwesenheit ausreichte, um Wunder und Wunderheilungen geschehen zu lassen. Die Biene war eins ihrer wichtigen Symbole. Sie steht für umfassendes

Wissen und übergeordnete Weisheit. Manche Geschichten sagen, dass das Blut der Merowinger Drachenblut gewesen sei. Viele übernatürliche Fähigkeiten werden ihnen nachgesagt. Sie konnten beispielsweise mit den Tieren und den Naturwesen sprechen und das Wetter beeinflussen. Auch bei den Merowingern gab es sogenannte rituelle Schädelöffnungen, als Teil einer Einweihungszeremonie. Bei Trepanationen wurde mit einem Bohrer ein Loch in den Schädelknochen gebohrt. Man wollte dadurch das Dritte Auge aktivieren, indem man die Zirbeldrüse durch das zusätzlich einfallende Licht, das durch das Schädelloch kommen sollte, anregte. Das förderte die Hellsicht, wie man glaubte. Der Schädel von Dagobert II., der ein solches Loch aufweist, wurde versilbert und als Relikt in einem französischen Kloster in Mons aufbewahrt.

Die Merowinger waren auch für ihre langen Haare bekannt, die auch die Männer hatten und die sie immer offen trugen. Sie waren ein Zeichen ihrer Kraft. Einem Merowinger die Haare zu schneiden glich einer Demütigung. Von Childerich III., dem offiziell letzten Merowinger, erzählt man, dass ihm im Gefängnis die Haare gekürzt wurden. Aufgrund dieser Entwürdigung starb er innerhalb von drei Tagen.

Das Königsgeschlecht hatte einen ausgeprägten Bärinnen- und Bärenkult. Es waren ihre Totemtiere. Des Weiteren wird berichtet, dass die Merowinger sowohl von den sogenannten Fischerkönigen als auch von den Gralskönigen abstammen. Als Fischerkönige werden diejenigen bezeichnet die in der Blutlinie von Jesus Christus stehen. Die Gralskönige reichen bis nach Babylon zurück, und aus ihrem Stammbaum kann man eine klare Verbindung zu Avalon und großen Priesterinnen der alten Zeit erkennen. Es gibt noch viele weitere faszinierende Beschreibungen der Merowinger. Usch Henze hat sie, wie ich finde, genial zusammengetragen, und deshalb sind ihre Bücher natürlich in den Literaturempfehlungen aufgeführt. Ja, das Erbe der Merowinger lebt in uns weiter. Wir dürfen uns dessen bewusst sein. Sei gesegnet.

Korton aus der Raumbruder- und -schwesternschaft

Die Wesen der Raumbruder- und -schwesternschaft nehmen Raum und sprechen zu dir:

„Wir sind Korton, und in der Verbindung mit dem Ashtar-Kommando und den Kräften der Legionen von Erzengel Michael, mit dem wir eng zusammenwirken, grüßen wir dich, geliebtes Menschenwesen, geliebtes Menschenkind, das du uns bist. Wir laden dich ein, dich in der Regelmäßigkeit in deinem Lichtkörper, mit deiner sechsstrahligen Stern-Merkaba, die sich als dein aurisches Feld um dich formt, wahrzunehmen. Dadurch beschleunigst du nicht nur deine eigene Evolution, sondern förderst auch die Kommunikation mit uns und allen Wesen innerhalb dieses Universums.

Der Kosmische Mensch ist ein sehr kommunikatives Wesen. Wir teilen dir mit, dass die Raumgeschwister an den verschiedensten Orten dieser Erde immer wieder Lichtschiffe positionieren werden. Das ist für die kollektiven Veränderungen, die auch von Deutschland und anderen europäischen Ländern ausgehen werden, von großer Wichtigkeit. Durch das Ankern und Positionieren eines Lichtschiffes ist es möglich, in regelmäßigen Intervallen Lichtimpulse auszusenden. Wir tun dieses in der Verbindung mit sogenannten Verteilersystemen, zum Beispiel Kraftorten. Wir stellen unsere Frequenzen zur Verfügung, die gestreut werden, um den Neuen Morgen weiter aufzubauen. So wirken wir auch auf die Magnetfelder der Erde und die morphogenetischen Schichten ein.

Wir berühren dein Herz, deine lemurianische und atlantische Harmonie und Ausgeglichenheit und deine Verbindung zu den Sternen. Wir erweitern in dir den Energiefluss, wodurch eine Schwingungserhöhung stattfindet. Sie gleicht einer Erweiterung deines Bewusstseins. Werde dir deiner Würde und deines Wertes gewahr. Werde dir bewusst, welche Fähigkeiten in dir sind, und aktiviere sie darüber. Jetzt. So kreiere deinen Lichtkörper. Nimm ihn an. Verkörpere ihn. Dabei bildet sich deine Merkaba. Die freie und intensive Kommunikation mit allen Wesen des Lichts, die um dich sind, entsteht und ist. Jetzt. Voller Freude erwarten wir das Erfüllen unserer Aufgaben in der Zusammenarbeit mit dir. Wir segnen dich im Namen des gesamten Kommandos, der gesamten Sternenflotte und im Namen von Michael. Wir sind Korton. Sei gesegnet.

Die Schwesternschaft der Schilde“

Die Schwesternschaft der Schilde unterstützt unsere Bewusstseinserweiterung und unsere Entwicklung zum Kosmischen Menschen. Dabei wirkt sie auch eng mit Vesta und der Energie der Zentralsonne zusammen. Die Begründerin und quasi Mutter der Schwesternschaft ist Oktaviana von Alcyone, eine plejadische Wesenheit. Die Gemeinschaft besteht aus Menschen, die schamanische Wurzeln oder eine besondere Verbindung zu dieser Gruppe haben und deshalb eingeladen werden, mitzuarbeiten, als auch aus feinstofflichen Wesen. Früher konnten nur wenige Auserwählte Teil der Schwesternschaft werden. In der Neuen Zeit öffnet und dehnt sich der Kreis, sodass nun für viel mehr LichtarbeiterInnen der Zugang möglich ist.

Der Begriff „Schild“ bezieht sich auf „Kreis“. Eigentlich könnten wir die Vereinigung auch Schwesternschaft des Kreisschildes nennen. Wenn wir einen Kreis linear betrachten, ist es ein Kreis, wenn wir ihn räumlich betrachten, ist er immer eine Kugel. Er ist beides zur gleichen Zeit. Der Kreis/die Kugel ist ein urweibliches Symbol, ein Zeichen der Shekaina. Er ist wie der Schoß, die Gebärmutter von Mutter-Gott, woraus alles entsteht und entstehen kann. Die Schwesternschaft der Schilde weiß um die Bedeutung des Kreises/der Kugel und wie heilsam diese(r) ist. Sie nutzt sie auf verschiedene Art und Weise. Wenn wir mit ihr zusammenarbeiten, bewegen wir uns in einem lemurianischen Schwingungsfeld. Unser Lemurienerbe ist dabei aktiviert, und wir sind eng mit jenen verbunden, die uns vorausgegangen sind.

In der nicht-geheilten Dualität war es mitunter mühsam, mit den Ahnen im Kontakt zu sein. Es war häufig konfliktintensiv und anstrengend. Das hat sich verändert. In der Jetzt-Zeit geht es darum, das Wohlwollen der Ahnen wahrzunehmen, das in ihren Seelenebenen immer da ist, unabhängig von ihren persönlichen Ausdrucksformen, die sie in ihrem menschlichen Sein zeigten. Wir können uns, egal, welche Geschichten innerhalb der Familien spielten und es vielleicht immer noch tun, sicher sein, dass uns die Seelen unserer Ahnen unendlich lieben und uns das jederzeit fühlen lassen, wenn wir dazu bereit sind und uns dafür öffnen. Denn es ist ihr innigster Wunsch, uns zu unterstützen. Sie möchten unser Boden sein, auf dem wir weiterwachsen können.

Die Geistige Welt betont häufig, dass wir keine Prozesse mehr benötigen. Wenn wir möchten, dürfen wir natürlich welche kreieren – das ist unsere Wahl. Doch es ist nicht mehr erforderlich, über Prozesse zu lernen und zu reifen. Für uns bedeutet das allerdings, dass wir eingeladen sind, bisher vertraute Gewohnheiten abzulegen, und das fällt uns nicht immer leicht. Wenn uns etwas wehtat, versuchten wir zu ergründen, welche Botschaft hinter unserem Schmerz sein könnte. Dadurch gaben wir ihm oft sehr viel Energie und Aufmerksamkeit. Wir nährten ihn, bauten ihn auf und hielten ihn fest. Häufig identifizierten wir uns dadurch erst recht mit unserem „Leid“. Wir gaben ihm Gewicht und Bedeutung. Heute geht es darum, ihn wahrzunehmen, ihn sein zu lassen, ihm zu danken und ihn loszulassen. Jetzt geht es also darum, nicht immer alles verstehen zu wollen und zu müssen, nicht immer alles zu hinterfragen, sondern Situationen einfach so sein zu lassen, wie sie sind. Das ist Annahme, und dafür benötigen wir Vertrauen.

Wenn wir unsere Ahnen als eine liebende, unterstützende Energie wahrnehmen können, hilft uns das, vertrauensvoll zu sein. Menschen sagen oft zu mir: „Ich glaube, dass ich noch so viel aufzulösen habe und an dem Thema noch lange arbeiten muss.“ Warum denn? Natürlich lernen wir immer weiter, erkennen umfassender, erfahren tiefer – das ist Evolution. Doch das darf leicht, genussvoll und freudvoll sein. Wir sind vollkommene Wesen, jeden Atemzug und jeden Augenblick. Das sind wir auch, wenn uns etwas schmerzt. Eigentlich müssen wir gar nichts tun – wir sind einfach. Entwicklung findet von selbst statt. Wenn wir uns dafür öffnen und bereit sind anzunehmen, können wir es fühlen. Das Licht, das wir sind, ist immer da – es kann nicht weniger werden und sein, egal, ob ich es gerade deutlich zeige oder nicht. Diese Annahme ist Teil des Wegs der Shekaina.

Bezogen auf die Schwesternschaft der Schilde ist noch etwas wichtig, zu erwähnen: Sowohl Wasser als auch Feuer haben für sie eine besondere Bedeutung. Beide elementaren Kräfte unterstützen und nähren sich gegenseitig. Sie können sich verbinden, um sich gegenseitig zu stärken, so, wie einst in Atlantis. Die Aufgabe der Schwesternschaft der Schilde ist es, behilflich zu sein, dass sich die Energie der Großen Göttin auf der Erde wieder ganz entfalten kann, so, wie es zu unserer Bestimmung gehört. Sei gesegnet.

Vesta aktiviert dein inneres Feuer

Nimm einige bewusste Atemzüge, um alles, was dich beschäftigt, loszulassen. Sinke über deinen Atem tief in deinen Körper hinein, komme in ihm an und fühle ihn im Hier und Jetzt.

Goldenes Licht strömt zu dir. Es hüllt dich ein. Über diese goldene Energie berührt dich die Schwingungsqualität der Zentralsonne. Wir bitten dich, offen und bereit dafür zu sein, dich von der Energie der Zentralsonne durchwirken zu lassen. Nimm dein Becken als goldene Schale wahr. In ihrer Mitte lodert ein kraftvolles Feuer – dein inneres Feuer. Es belebt die Gesamtheit, die du bist. Es nährt dich. Es schenkt dir Inspiration. Es lässt deine Schöpferkraft fließen. Wir bitten dich, dich ganz diesem Feuer zuzuwenden. Es ist ein Ausdruck deiner solaren Energie, und darüber bist du allezeit in Verbindung mit der Zentralsonne. Fühle dein inneres Feuer. Es speist dein gesamtes System, von ihm aus fließt Kraft in deine Körper. Kommuniziere auf deine Weise mit deinem inneren Feuer, tanze mit ihm und lenke die Feuerkraft so, wie sie dir guttut und dich ausbalanciert. Jetzt. Vertraue dabei deiner inneren Führung.

Nähre während deines Alltags immer wieder dein inneres Feuer. Es ist ein heiliges Gesetz der Schwesternschaft der Schilde, diese feurige Lebenskraft zu hüten. Atme tief ein und aus. Vesta nimmt Raum. Sie lädt dich ein, mit ihr auf eine Reise zu gehen. Sie trägt dein Bewusstsein an eine besondere Stätte des Lichts, in einen Tempel der Transformation, einen solaren Tempel der heiligen Feuer. Dort erlaube dir, mit Vesta zu sein. Jetzt. Sieh die große Anzahl der machtvollen Feuer, die hier lodern.

Vesta fordert dich auf, einige der Flammen mit deinen Händen zu berühren. Dadurch geht die Kraft der Transformation auf dich über und steht dir zur Verfügung, wo auch immer du sie benötigst. Jetzt.

Vesta führt dich weiter durch den Tempel. Sie bringt dich zu einem goldenen Feuerthron und lädt dich ein, darauf Platz zu nehmen. Fühle, wie sich die Feuerenergie und das solare Bewusstsein über deine Wurzeln in dir auszubreiten beginnen. Deine Energiezentren, deine Körper, werden von der solaren Feuerkraft durchdrungen. Weitung, Ausdehnung und Expansion ist. Wisse, dass wir gekommen sind, um dich mit dem Feuerelement, deinem eigenen Feuer und somit mit deiner Lebenskraft auszusöhnen. Damit du in weiterer Folge bereit bist, Feuerenergien bewusst zu nutzen und zu lenken. Wir sind gekommen, um möglicherweise noch vorhandene Erfahrungen in der Verbindung mit dem Leben deiner Schamaninnen- und Schamanenkraft, die dich belasten, zu lösen. Trennungsenergien, Unsicherheiten, Selbstzweifel, Gefühle des Ausgeschlossen-Seins, der Gefangenschaft und von Blockaden wandeln sich im Hier und Jetzt. Freiheit nimmt Raum und ist. Wir durchdringen dein Bewusstsein mit solarem Licht.

Atme tief ein und aus. Nimm wahr, wie du, je freier und ausgesöhnter du mit dem Feuerelement bist, mit dem Feuerthron, auf dem du sitzt, verschmilzt. Du dehnst und erweiterst dich, sodass dich die solare Feuerkraft durch und durch erfüllt und du nur noch Feuer und solare Kraft bist. Atme bewusst ein und aus. Gib dich den Sonnenkräften hin. Erlaube dir, zu lodern. Dabei verbrenne in dir das, was nicht mehr benötigt wird. Jetzt. Es ist ein Neubeginn. Er ist befruchtend für deinen Weg.

Für den Moment atme Feuerenergie ein und aus. Lass das Feuer in dir lodern. Erlaube dir, dich dem Feuer hinzugeben und dich ganz darauf einzulassen. Das Sonnenfeuer tanzt durch alle deine Ebenen, durch alle deine Schichten und Zellen. Halte nichts fest. Lass die Transformation stattfinden. Jetzt.

Wisse, dass wir den Energiefluss nun intensivieren, denn wir fordern dich auf, noch viel tiefer in das solare Feuerlicht einzutauchen. Dein Verstand und deine mentale Ebene dürfen den Versuch, Kontrolle aufrechtzuerhalten, loslassen. Sie ist nicht erforderlich. Löse dich in den Flammen auf. Vereinige dich mit dem Feuer, verschmilz mit der solaren Kraft. Sei eins mit dem solaren Feuer, das ist. Das Sonnenfeuer ist um dich, in dir und durch dich.

Verweile in diesem Tempel, so lange und sooft du möchtest. Es stärkt dich und baut dich auf. Es belebt und aktiviert deine Lebenskraft. Dann kehre mit uns zurück und empfange unseren Segen. Halte inne und fühle die goldene Schale deines Beckens, fühle die solare Flamme, die in ihr lodert. Wir danken dir. Das Licht der Zentralsonne segnet dich. Wir sind Vesta. Sei gesegnet.

☼☼☼

Botschaft von Oktaviana von Alcyone

„Wir sind Oktaviana und heißen dich willkommen, geliebtes Kind des Lichts, das du uns bist. Wie lange haben wir auf diesen Augenblick gewartet, um dir erneut die Hände reichen zu können. Wir laden dich ein, wieder Teil unseres Kreises zu werden. Wir dienen der Großen Göttin, um ihre solare Kraft auf die Erde zu bringen. Deshalb ist der Kreis unser Symbol. Wir bitten dich, den Kreis von nun an als eine heilige Form anzuerkennen und ihn entsprechend zu ehren und zu nutzen. Die Kraft der Shekaina drückt sich über den Kreis aus. Er steht für die Unendlichkeit des Lebens und ist ein Zeichen dafür, dass immer wieder Neues geschöpft wird.

Erlaube uns, deinen Thymus zu berühren. Jetzt. Wir möchten in deinem System Veränderungen vollziehen, damit du auf eine bewusste Art und Weise wieder Teil unseres Kreises, der wir als Schwesternschaft der Schilde sind, sein kannst und bist. Wir beginnen nun, plejadisches Licht über deinen Thymus in dein System einzuspeisen. Dieses wird einige Zeit innerhalb der Linearität in Anspruch nehmen. Halt inne und verweile im Kontakt mit uns.

Während die plejadische Energie weiter über deinen Thymus einfließt, lenken wir unsere Aufmerksamkeit auf dein Drittes Auge. Wir berühren es und stellen eine Verbindung zu deinem Stammhirn her. Hier öffnen wir alle Erfahrungen, die es gespeichert hat, in denen du der Großen Göttin gedient hast und den Weg des Herzens, den Weg Lemuriens, gegangen bist. Erkenne, dass dies alles schamanische Wurzeln sind. Schamanismus bedeutet, dem weiblichen Pfad zu folgen. Auch innerhalb dieses Weges führten Verletzungen, die Menschen erfahren haben, dazu, dass sie sich verhärteten und streng wurden –

mit sich und anderen. Sie verschlossen die Zugänge zu ihrem Herzen und ihrer Liebesfähigkeit. So wurden beispielsweise in einzelnen Gruppen und Schulen Rituale entwickelt, durchgeführt, gelehrt und weitergegeben, die diese Strenge und Härte widerspiegelten.

Wir haben dich heute gerufen, um dich daran zu erinnern, was das Grundwesen des Schamanismus ist, was es immer war und sein wird. In weiterer Folge wirst du die wiedergefundene Essenz ausstrahlen, und alle Menschen, die diesen weiblichen Weg gehen, werden sich ebenfalls wieder erinnern können. Das ist wichtig in dieser Zeit. Dadurch kann sich nicht nur die lemurianische Energie erheben, sondern auch die Kraft der Großen Mutter.

Wenn wir hier von Schamanismus sprechen, meinen wir das völker- und länderübergreifend. Unabhängig davon, wie sich die einzelnen Lehren und Richtungen nennen, ist ihr Ursprung, ihre Mitte, ihr Zentrum, die Große Göttin, Shekaina. Alle schamanischen Traditionen und Naturreligionen entstammen einer gemeinsamen Wurzel.

Erlaube dir, durch unsere Berührung deines Stammhirns, alle Erfahrungen, in denen du den weiblichen Weg gegangen bist, freizugeben. Lass aus den Tiefen deines Unter- als auch deines Tagesbewusstseins alles, was dazu gehört, aufsteigen. Jetzt. Während dieses stattfindet, sagen wir: „Das Zentrum ist die Große Göttin. Die Große Göttin ist liebendes Bewusstsein. In der Großen Göttin sind die verschiedenen Aspekte enthalten, sodass sie sich in unterschiedlichen Ausdrucksformen zeigen kann. Jede ihrer Form ist heilig. Die Große Göttin liebt das Leben und schützt es. Sie nährt, sie bringt Wachstum, führt zur Vollendung und schenkt Transformation, aus der Neubeginn möglich ist. Diese Lebensspirale ist unendlich. Die Große Göttin wertet nicht. Die Große Göttin lässt gewähren und nimmt an. Die Große Göttin ist weise. Sie lehrt. Wenn es für dieses Lehren und das damit verbundene Wachstum wichtig erscheint, setzt sie aus und in Liebe Grenzen – ohne Wertung.“

Nimm wahr, dass dir die Große Göttin jetzt auf eine Art erscheint, wie du sie annehmen und verstehen kannst. Erlaube dir, auf deine Weise in ihre Arme zurückzukehren, um in ihr und durch sie zu sein. Fühle das Wesen der Großen Göttin. Fühle, was die Große Göttin dir ist und was du als Große Göttin bist. Begreife, verinnerliche und integriere es mit deinem Herzen. Das ist die Basis des schamanischen Wegs. Atme die Energie der Großen Göttin in dich ein und aus. Mit jedem dieser Atemzüge sinkst du tiefer in sie hinein. Sie ist wie ein Schwingungsfeld, in das du eintauchen kannst und das dich umgibt. Erlebe ihre Zärtlichkeit, ihre Klarheit, ihre Präsenz, ihre Güte. Komm im Schwingungsfeld der Großen Göttin an und empfange ihre Botschaften, wie du für dich in deinem Alltag mit all seinen Lebensbereichen in diesem Schwingungsfeld eingebettet sein oder leicht darin eintreten kannst. Lausche den Antworten. Jetzt.

Erkenne, dass, je mehr du in diesem Bewusstseinsfeld der Großen Göttin verweilst, deine innere Göttinnenkraft erstrahlt. Dadurch lebst und verkörperst du die unendliche Liebe der Großen Göttin, und diese löst, verändert und heilt alles, was an Erfahrungen der nicht-geheilten Dualität noch gehalten wird – sowohl in dir als auch um dich herum. Die Liebe der Göttin durchdringt Alles-was-ist. Sie ist nicht aufzuhalten, sie strömt, sie fließt, sie ist.

Atme tief ein und aus. Das Licht der Plejaden berührt dich. Unser Segen erfüllt dich. Wir wirken weiter mit und in dir. Jetzt. Wir segnen dich. Wir sind Oktaviana. Sei gesegnet.“

Epona lässt deinen Heiler und deine Heilerin auferstehen

Nimm einige bewusste Atemzüge, um mit deiner Aufmerksamkeit ganz in dir und bei dir zu sein. Lass deine Wurzeln tief hinein in den Schoß der Erde wachsen und dein Herz weit sein. Dein göttliches Licht strahlt aus, um alles, was du bist, zu erfüllen. Nun erkenne vor deinem inneren Auge einen Wald, der dir vertraut ist. Wir bitten dich, in diesem Wald zu sein. Jetzt. Höre das Rauschen der Bäume. Sie flüstern dir zu, näherzukommen. Sie begrüßen dich. Antworte ihnen, indem du sie berührst und ihre Stämme, ihre Rinde, ihre Zweige unter deinen Fingern fühlst. Vielleicht spürst du Nadeln oder auch Blätter. Erlaube dir, das Wesen der Bäume zu erfassen. Lehne dich an sie an. Umarme sie. Dabei gehst du immer tiefer hinein in den Zauber und die Magie des Waldes. Dein Weg führt dich letztendlich an eine Lichtung. Es ist ein alter, heiliger Hain. Wenn du genau lauschst, kannst du das leise Plätschern einer Quelle wahrnehmen, die in der Nähe ist. Fühle, wie sich die Energie um dich herum verändert. Epona nimmt Raum. Sie erscheint dir und sagt:

„Wir sind Epona. Wir grüßen und segnen dich, geliebte Tochter, geliebter Sohn, die und der du uns bist. Wir danken dir für alle Dienste, die du uns in vielen früheren Inkarnationen erwiesen hast. Wir berühren dein Herz, denn es ist von großer Wichtigkeit, dass es sich weitet, dass es offen ist. So bist du frei für weitere, neue Wege und Begegnungen. Wir berühren dein Herz, damit ein Loslösen jener Vergangenheit stattfindet, die dich im Hier und Jetzt daran hindert, zu deiner Kraft, zu deiner Weisheit, zu deinem HeilerInnen-Sein, zu deinem SeherInnen-Sein, zu deinem PriesterInnen-Sein, zu deinem Gott-Göttinnen-

Sein JA zu sagen. Wir dringen tief in dein Herz ein, um all die verborgenen Schichten zu erfassen, die du bisher selbst vor dir versteckt gehalten hast. Denn es ist von großer Wichtigkeit, frei von Angst, von Begrenzung, von Mangel, von Zweifel und von Selbstbewertung zu sein.

Wisse, dass wir die Kraft sind, die Freiheit schenkt. Deshalb wurden wir auserwählt, im Namen all unserer Schwestern zu dir zu sprechen. Unsere Energie der Freiheit fließt in dein Herz, um Vergangenes aufzulösen. Wir beginnen nun, ein neues Bild zu erschaffen, das wir dich in weiterer Folge bitten, zu integrieren. Dazu nimm dich als Heiler und Heilerin, der und die du bist, wahr. Lass diese Wahrnehmung in und aus deinem Herzen entstehen. Dein Heiler und deine Heilerin können in vielen Kulturen zu Hause sein. Das ist in Ordnung. Wir bitten dich, dass sie auch ihre keltischen und vorkeltischen Wurzeln zeigen und tragen. Lass deinen Heiler/deine Heilerin jetzt kraft- und lichtvoll sein. Er/sie ist mit der Fähigkeit gesegnet, zu sehen. Er/sie ist erfüllt, zufrieden, selbstbewusst und zutiefst vertrauend. Dein Heiler/deine Heilerin ist friedvoll, vermittelnd und verbindend. Er/sie liebt und genießt das Leben. Dieser Heiler und diese Heilerin sind eingebettet in den Ursprung des weiblichen Wegs und somit in der Energie der Großen Göttin. Der Heiler und die Heilerin sind präsent. Sie sind frei, unabhängig und mächtig. Fühle auf deine Weise, wie dein Heiler/deine Heilerin immer strahlender, pulsierender und lebendiger wird. Dein Verstand braucht im Moment nicht zu denken. Wir berühren dich in einer Ebene, die jenseits deiner Gedankenwelt ist, und hier gestalten wir gemeinsam mit dir dieses Bild.

Es ist von großer Wichtigkeit, dass du dir erlaubst, an dich, deine Fähigkeiten, deine Macht und deine Möglichkeiten zu glauben. Es ist von großer Wichtigkeit, dass du an das ur-

sprüngliche Heiler- und Heilerinnenbewusstsein anknüpfst, das gleichzeitig auch das neue ist. Jetzt. Deshalb lass deinen Heiler und deine Heilerin in dir leuchten und strahlen. Dann lass sich alle Qualitäten und Energien, für die dein Heiler und deine Heilerin stehen, in dir über dein Herz ausdehnen. Fühle die ursprüngliche und gleichzeitig neue Heiler- und Heilerinnenkraft in all deinen Zellen, Fasern, Körpern und Energiezentren. Jetzt.

Wenn du den weiblichen, den lemurianischen Weg gehst, beschreite ihn von nun an in Freude. Wir unterstützen dich dabei, wann immer du möchtest. Unser Segen ist mit dir, jetzt und allezeit. Wir sind Epona. Sei gesegnet."

Atme einige Male tief ein und aus. Kehre mit deiner Aufmerksamkeit ganz in dein Sein im Hier und Jetzt zurück. Verweile einige Augenblicke in der Stille und nimm den Heiler, die Heilerin, der und die du bist, in deinem Raum, in deiner Zeit, in deinem Körper wahr. Erde und zentriere dich als Heiler und Heilerin, der und die du bist. Jetzt. Sei gesegnet.

☼☼☼

Erneuerung des Bärenbunds

Nimm einige bewusste Atemzüge und lenke deine Aufmerksamkeit ganz auf dich und dein Sein. Sei geerdet und zentriert. Jetzt. Erschaffe dir vor deinem geistigen Auge deinen Kraftplatz und tauche in seine Energie ein. Fühle und erfahre mit all deinen Sinnen den Ort der Kraft und sei in seinem Schwingungsfeld präsent.

Nun nähert sich dir langsam eine große Bärin. Sie kommt zu dir, bleibt dir gegenüber stehen und blickt dir direkt in die Augen. Sie erkennt dein wahres Wesen. Gehe jetzt mit dieser Bärin in die Kommunikation und erlaube dir, von ihr Botschaften zu empfangen, die für dich und deinen weiteren Weg wichtig sind. Nach einiger Zeit kommen noch weitere Bärinnen und Bären zu dir auf deinen Kraftplatz. Artio, die Bärengöttin, folgt ihnen und beginnt, mit dir zu sprechen:

„Wir grüßen dich, Tochter und Sohn des Lichts. Wir sind Artio. Wir heißen dich willkommen und fragen dich, ob du bereit bist, den alten Bund neu zu schließen. So können sich die Kraft der Bärinnen und der Bären und damit all ihr Heilwissen, ihre Heilfähigkeiten, die mütterliche, nährende Präsenz, ihre Stärke und Weisheit mit den Menschen wieder neu vernetzen, auf sie überfließen und ihnen dienen. Wir fragen dich, ob du bereit bist, die Aufgabe zu übernehmen. Die Aufgabe, die Energie der Großen Göttin über die Bärinnen- und Bärenkraft in die Materie hineinzulenken und zu den Menschen hinauszutragen. Die Aufgabe, Orte der Kraft zu besuchen, um durch deine Gegenwart in Verbindung mit den Bärinnen und Bären ihre Ursprünglichkeit erneut auferstehen zu lassen. Bist du bereit, all das, was an Selbstzweifel, Selbstunsicherheit und Selbsthinterfragung in dir ist, loszulassen? Denn das ist beim Lenken der Bärinnen- und

Bärenenergie nicht dienlich. Bist du bereit, über dich selbst hinauszuwachsen, einen Schritt weiterzugehen auf deiner Evolutionsspirale, die unendlich ist? Bist du bereit, dich ganz der Führung der Großen Mutter hinzugeben und ihr zu vertrauen?

Wir haben dich ausgewählt, damit du wie eine Vermittlungs- und Vernetzungsebene wirken kannst. Wir unterstützen dich dabei, deinen lemurianischen Weg weiterzugehen, um alles, was als heilendes Bewusstsein in dir ist, frei fließen zu lassen, für dich und das Große Ganze.

Wir beauftragen nun eine Bärin, an deiner Seite zu sein und den Weg der Initiation mit dir zu gehen. Erfahre den Namen deiner Bärin. Jetzt. Sie stellt sich dir vor. Sie ist deine Einweihungshüterin. Atme bewusst ein und aus. Wisse, dass dich deine Bärin an einen alten Einweihungsort der Bärinnenkraft, an eine heilige Stätte der Artio, die wir sind, führt. Dort wirst du von Priesterinnen der Bärinnen- und Bärenkraft begrüßt. Sie segnen dich. Sie bringen dich zu einer heilkräftigen Quelle und fordern dich auf, deine Kleider abzulegen. Dadurch streifst du deine bisherigen Überzeugungen und Identifikationen ab. Schicht für Schicht fällt so von dir ab, bis du quasi als reine Essenz, einem unbeschriebenen Blatt gleich, in das Wasser eintauchen kannst.

Deine Bärin folgt dir. Die Priesterinnen singen Lieder, in denen sie die Heilkraft, die Weisheit und die Schönheit der Bärinnen und Bären preisen. Sie bereiten dich darauf vor, deine innere Bärinnen- und Bärenkraft wieder anzunehmen. Wenn du fühlst, dass die Bereitschaft in dir ist, weiterzugehen, kommst du gemeinsam mit deiner Bärin aus der Quelle heraus, zurück ans Ufer. Die Priesterinnen trocknen deine Haut und salben dich mit erlesenen Ölen der Großen Göttin. Sie kleiden dich in ein weißes Gewand. Dann bringen sie dich zu einer Grotte. Sie bitten den Hüter um Einlass und schmücken einen großen Stein mit Blüten, um zu danken. Die Priesterinnen gehen mit dir und deiner Bärin in die Höhle hinein.

Wie du weißt, ist jede Grotte ein Ausdruck der Shekaina. Es ist der Bauch, die Gebärmutter, der Kreis und der Kessel der Göttin. Dein Platz ist vorbereitet, ein geschmücktes Bärenfell. Nimm ihn ein. Deine Bärin ist an deiner Seite. Die Priesterinnen bilden einen Kreis um dich. Atme bewusst ein und aus. Fühle, wie sich die Bärinnen- und Bärenkraft in der Gesamtheit deines Körpers ausbreitet und ist.

Wir sagen, dass wir gebündeltes Sternenlicht sind, das sich in Form von Artio, die wir sind, ausdrückt. Wir stehen in engem Zusammenhang mit dem, was als Sternenfeld des Großen Bären bezeichnet wird. Wir haben schon immer die Energie dieses Schwingungsraums gelenkt und in die Materie hineingestrahlt, um sie mitzuformen, zu kreieren, aufzubauen und zu nähren. Deshalb wissen wir, was materielles Sein benötigt, um wachsen zu können. Darin liegt unsere heilende Weisheit begründet. Lange Zeit war dieses Wissen sehr lebendig und wurde von vielen genutzt. Dann kam die Phase des Vergessens. Doch darüber möchten wir nicht weiter sprechen, denn sie ist vorbei. Jetzt ist eine Neue Zeit. Zu ihr gehört, die heilende Weisheit wiederzuentdecken und zu finden.

Wisse, dass die Zunahme von Bären in den europäischen Regionen ein Versuch ist, die alten Bärinnen und Bärenplätze neu zu aktivieren. Doch das ist nur möglich, wenn die Menschen begreifen und ihren Teil dazu beitragen, indem sie sich daran erinnern, dass es einen Bund zwischen den Bärinnen und Bären und uns, die wir Artio sind, gibt. Wir vermitteln zwischen Himmel und Erde, dem Sternenfeld Großer Bär und der Materie.

Nun bist du aufgerufen, zu den Bärinnen- und Bärenkraftplätzen zu reisen und die Sternenverbindung neu zu aktivieren, damit heilendes Bewusstsein aus dem Sternenraum und die Liebe der Großen Göttin einfließt. So werden die Orte in ihre Ursprünglichkeit zurückgeführt. Sie waren Schulungsstätten. Wenn sie wieder hell erstrahlen, lenken sie ihr Licht in die Erdlinien und Gitternetze, was dem Gesamtgefüge dient.

Wir berühren dein Sein und übertragen dir jetzt Schwingungen aus dem Sternenfeld Großer Bär, um deine innewohnende Bärinnen- und Bärenkraft zu intensivieren und zu erweitern. Wir werden mit dir in dieser Grotte verweilen, bis sich unsere Energiefelder so miteinander verwoben und vernetzt haben, dass du die Bärinnen- und Bärenkraft und das Sternenlicht aus dem Schwingungsraum Großer Bär frei kanalisieren kannst. Wir danken dir. Wir sind Artio. Sei gesegnet."

Verweile in dieser Begegnung, so lange es für dich stimmig ist. Dann verabschiede dich von Artio, den Priesterinnen, dem heiligen Ort und kehre mit deiner Bärin, die als dein Krafttier an deiner Seite ist, zurück in dein Sein im Hier und Jetzt. Atme bewusst ein und aus. Erde und zentriere dich, um ganz präsent zu sein. Sei gesegnet.

☼☼☼

Ursprungsenergie

Hier möchten wir nochmals ein Thema wiederholen, das wir bereits in früheren Kapiteln erwähnt haben. Die Geistige Welt bittet uns, es mit unserem Herzen zu erfassen, zu verinnerlichen und danach zu handeln. Damit wir uns immer wieder daran erinnern und es uns leichterfällt, es umzusetzen, beschreiben es unsere feinstofflichen Geschwister in verschiedenen Worten. Sie bitten uns, uns mehr und mehr mit den Ursprungsqualitäten von Menschen, Themen und Orten zu verbinden. Diese repräsentieren das göttliche Potenzial. Sie sind Teil der neuen Zeitqualität und schwingen somit fünfdimensional. Wenn wir uns auf eine Ursprungsenergie, die ausnahmslos Licht und Liebe ist, einlassen, schließen wir einen Kreis. Die ursprüngliche, göttliche Energie beginnt quasi, den ganzen Kreis entlang zu fließen und alles, was hier an Erfahrungen und Geschichte(n) gesammelt, aufgefädelt und gespeichert ist, findet Heilung.

In der alten Zeit arbeiteten wir bei Heilungsarbeiten immer mit dem Gesammelten, dem Aufgefädelten und dem Gespeicherten (den einzelnen Erfahrungen, der Geschichte und den Geschichten). Dadurch konnte sich allerdings nie ein Kreis schließen. Wir bewegten uns dabei auf einer Zeitlinie. Wir kamen zwar zwischendurch zum Ursprung, pendelten dann aber wieder zurück zu den Geschichten bis ins Heute.

Wenn ein Kreis nicht geschlossen werden kann, bedeutet es, dass ein Thema, eine Situation usw. offen bleibt, nicht „rund", nicht fertig, nicht abgeschlossen ist. So lösten wir viele, viele Schichten. Da wir Schöpfer und Schöpferinnen sind, können wir, wenn wir unsere Aufmerksamkeit auf etwas lenken, immer tiefer gehen. Dadurch ist es uns möglich, noch mehr zu finden und zu entdecken, auf dem Weg zu sein und niemals anzukommen. Unsere Ausrichtung lenkt die Energie.

Es hängt von uns ab, ob wir weiterhin Schichten folgen oder ob wir einen Kreis schließen, indem wir uns auf die Ursprungsenergie fokussieren und einlassen. Wenn wir eine Runde vollenden, breiten sich Annahme und heiles Sein aus, und eine neue Runde beginnt. Wenn wir den Kreisen, die aus Kreisen bestehen, folgen, baut sich eine Spirale auf. Dadurch erheben wir uns. Wir wachsen. Das ist Evolution. Wenn wir einen Göttinnenplatz betreten, schwingen wir uns auf seine, und somit auf IHRE Präsenz ein. Die Energie der Großen Mutter erwacht, steigt auf, durchdringt alle Ebenen und Erfahrungen, heilt dadurch beispielsweise jeden Missbrauch, und der Ort vibriert und pulsiert voller Lebendigkeit und Lebenskraft. Er ist vollkommen, göttlich, licht- und liebevoll. Wir schließen den Kreis und lassen einen weiteren entstehen, indem wir diese Ursprungsenergie im Hier und Jetzt mit allem, was wir sind, fühlen.

Das gleiche Prinzip können wir auch für die Lösung von Disharmonien im eigenen System anwenden. Warum fällt es uns manchmal so schwer, die Einfachheit der kosmischen Gesetzmäßigkeiten anzunehmen? Es sind unsere Konditionierungen, die uns dabei behindern. Wir könnten etwas versäumen oder übersehen. Wir möchten doch alles genau wissen und verstehen. Wenn wir klare Bilder, Daten, Geschichten zu einzelnen Erfahrungen haben, können wir uns damit identifizieren. Wir können uns darüber einteilen, bewerten und spüren. Das gibt uns, so glauben wir, Sicherheit.

Jetzt, in dieser Zeit, üben wir, diese genannten Vorstellungen loszulassen. Als kosmische Wesen brauchen wir sie nicht mehr. Wir können nichts versäumen oder übersehen. Alles, was wir wissen und verstehen sollen, wissen und verstehen wir. Wir benötigen keine Identifikationen mit alten Erfahrungen, denn wir sind weit und frei. Wir brauchen uns nicht mehr zu bewerten, einzuteilen und zu schubladisieren, denn wir sind Alles-was-ist, wir sind viele und vieles. Wir fühlen unser wahres Wesen, das formlos und unendlich ist, und das gibt uns innere Sicherheit. Unseren Halt finden wir in unserem göttlichen, ursprünglichen Sein.

Wenn wir den Heiler und die Heilerin, der und die wir sind, leben möchten, ist es unwichtig geworden, darauf zu schauen, warum wir es nicht verkörpern. Viel bedeutsamer ist es, in das Heiler- und Heilerinnenbewusstsein, das ohne Zweifel da ist, einzutreten und es erstrahlen zu lassen. Das ist eine Frage der Ausrichtung. Es ist eine Wahl und eine Entscheidung. Wenn wir uns auf die Ursprünglichkeit unseres Heiler- und Heilerinnenseins einlassen, können wir seine Vollkommenheit erkennen. Unser Potenzial – und unsere Befähigung des Heilers/der Heilerin ist ein Teil davon – muss nicht vervollständigt werden. Es ist bereits vollständig, denn es ist göttlich. Es gehört zu unserem Erbe, heil zu sein und darüber sind wir automatisch Heiler und Heilerinnen.

Die Geistige Welt bittet uns, uns immer wieder in unserer Vollkommenheit und Göttlichkeit wahrzunehmen und zu fühlen. Disharmonien, egal, ob es sich dabei um Kreuzschmerzen oder ein Karzinom handelt, erschüttern dieses innerste Wesen nicht. Es sind lediglich Randerscheinungen, wie unsere feinstofflichen Geschwister es bezeichnen. Sie ändern nichts an unserem vollkommenen, göttlichen Ausdruck, der wir sind. Unser Mentalfeld möchte uns schützen. Es hat Angst, seine Kontrolle zu verlieren. Deshalb schaltet es sich immer wieder ein und sagt: „Halt! So einfach geht das nicht. Belastungen lösen sich nicht so schnell auf..." Es hält an den alten Konstrukten und Überzeugungen fest. Unser Mentalfeld möchte bewahren und behüten. Deshalb können wir ihm liebevoll begegnen, es loben und zwischendurch auf Urlaub schicken.

Wir üben in dieser Zeit gerade kollektiv, uns nicht weiterhin von unserem Mentalfeld steuern zu lassen, sondern erneut zu lernen, dass wir (unser wahres Wesen) wieder unser Mentalfeld leiten und lenken. Es ist wichtig, dass wir aufhören zu glauben und zu sagen, dass noch so viel zu tun wäre, dass wir noch so viel zu heilen, zu lernen, zu wandeln usw. hätten. Natürlich kann es sein, dass wir zwischendurch für uns oder für einen Ort etwas transformieren möchten oder sollen. Doch das kann in Leichtigkeit passieren – deshalb brauchen sich nicht unser ganzes Leben und unsere gesamte Aufmerksamkeit um das Auflösen eigener und kollektiver Geschichten zu drehen. Es ist Zeit, den Fokus auf das, was schon vollkommen ist, zu legen. Wir definieren uns, auch im spirituellen Kontext, häufig über das, was wir tun. Doch das Tun ist nicht unsere innerste Essenz, sondern das Sein – und dieses Sein ist ein Ausdruck der Shekaina. Sei gesegnet.

☼☼☼

Begegnung mit White Eagle

Nimm wahr, dass weißes Licht der Klarheit Raum nimmt. Es fließt durch dein Mentalfeld, durch alle Körper und alle Ebenen, die du bist. Deine Gedanken werden geordnet. Bitte lege eine Hand auf dein Herz und eine auf deinen Hinterkopf. Wir schaffen Verbindung zwischen der Weisheit deines Herzens und dem Wissen deines mentalen Feldes. Jetzt.

Dein Mentalfeld darf sich anerkannt und geschätzt fühlen. Dadurch kann es sich beruhigen, ausdehnen und ist bereit, die Botschaften deines Herzens aufzunehmen, zu integrieren und umzusetzen.

Atme tief ein und aus und lass deine Hände sinken. Erlaube dir, entspannt zu sein. Jetzt. Das weiße Licht strahlt weiter ein. Es umhüllt dich wie eine Wolke. Sie ist nun dein Gefährt und trägt dich über diesen Raum hinaus empor zu einer mächtigen Gebirgskette dieser Erde. Dort ist ein Hochplateau, und hier wirst du sanft abgesetzt. Nimm wahr, dass du heiligen Boden berührst. Weiße Adler kreisen und kommen näher. Einer von ihnen lässt eine Feder fallen. Wir bitten dich, sie als sein Geschenk anzunehmen. Über die weißen Adler strahlt die Energie von White Eagle ein, und er beginnt zu sprechen:

„Wir sind White Eagle. Wir segnen und grüßen dich, geliebtes Menschenkind, das du uns bist, geliebte weise Seele, die du bist. Wir haben deinen Ruf vernommen. Wir haben die Sehnsucht deines Herzens gehört, die Wege, die du gegangen bist, in deinem und über dein Herz in dieser Inkarnation vereinen zu können. Wir sind gekommen, um die Kraft des ICH BIN einzuspeisen. Denn diese Christusenergie, diese Schöpferkraft, schenkt dir die Möglichkeit, das, was du verbinden möchtest, zu einen. Wisse, dass die Energiequalität von Europa das Verbin-

den und das Vermitteln ist. Deshalb ist das auch deine Aufgabe als Europäer, um dem Großen Ganzen zu dienen. Du erfüllst sie, indem du die Wege, die du selbst gegangen bist, einst. Wirke in diesem Kontext völker-, länder- und inkarnationsübergreifend. Erkenne den großen Geist, der in dir ist. Erkenne die tiefe Weisheit, die in dir ruht, die immer wieder aus dir spricht und noch öfter aus dir sprechen wird.

Wir sind gekommen, um dir Leichtigkeit zu schenken, bezugnehmend auf deine Aufgabe, zu verbinden und zu vermitteln. Wir sagen, dass du selbst wie ein Adler bist. Deshalb erlaube, dass wir unser Licht unter deine Schwingen einstrahlen lassen, weil dich darüber diese Leichtigkeit, von der wir sprachen, durchdringen kann. Wisse, dass es in dieser Neuen Zeit von Wichtigkeit ist, das, was du als Vergangenheit bezeichnest, immer wieder loszulassen, um im Hier und Jetzt frei zu sein. Vergangenheit ist eine Summe von persönlichen und kollektiven Erfahrungen. Die Vergangenheit ist vergangen, und jetzt ist jetzt. Jetzt ist die Möglichkeit des Seins. Jetzt ist die Möglichkeit, zu verbinden. Jetzt ist die Möglichkeit, zu vermitteln. Jetzt ist die Möglichkeit, im Frieden zu sein mit allen Menschen, die auf dieser Erde und letztendlich alle Brüder und Schwestern sind. Denn die Menschheit ist eine Sternenrasse.

Wir bitten dich, die Bürde, die sich aufgrund deiner Vergangenheit in dir und um dich aufgebaut hat, jetzt auszuatmen und loszulassen. Erlaube dir jetzt, frei zu sein. Erlaube dir jetzt, dir der Unendlichkeit der Möglichkeiten gewahr zu sein. Wisse, dass es ein Glaubenssatz ist, an die Vergangenheit gebunden zu sein oder sein zu können. Denn als Schöpfer und Schöpferin, der und die du bist, kannst du immer wieder neu kreieren, und somit ist es dir auch möglich, die Vergangenheit neu zu kreieren.

Wir teilen dir mit, dass der Kosmische Mensch frei ist. Freiheit ist Weite, grenzenlose Weite. Diese Weite kann anfangs, weil sie so ungewohnt erscheint, verunsichern. Wir sagen: Hab keine Furcht vor dieser Weite. Sei im Vertrauen und wisse, dass du dich darin nicht verlieren wirst. Du kannst ihre ungeahnten Möglichkeiten erkennen und wirst beginnen, sie umzusetzen und zu leben. Das Bild, dass du selbst ein Adler bist, möge dir dienen, um dich immer wieder in diese Weite, in diese Freiheit eintauchen zu lassen, um dich darin zu bewegen. Das wird dir Sicherheit schenken. Deshalb fliege als Adler häufig in dieser Weite des kosmischen Menschseins und der Neuen Zeit. Bewege dich im unendlichen Raum, im bedingungslosen Sein. Mache es dir vertraut.

Atme, geliebtes Kind des Lichts. Atme diese Grenzenlosigkeit in dich ein und fühle sie auf deine eigene Art und Weise in dir. Jetzt. Wir berühren dein Herz. Die Saat des Kosmischen Menschen, die in deinem Herzen ist, erfährt Ausdehnung. Jetzt. Wir sagen: Als Schöpfer und Schöpferin, als Kosmischer Mensch, bist du im Jetzt, immer wieder im Jetzt, in und über jeden Atemzug im Jetzt. Jetzt folgt dem Jetzt, dem Jetzt, dem Jetzt…, und dein Sein im Jetzt ist frei. Erkenne dein wahres Wesen. Erkenne.

Wir werden in dieser Nacht mit dir fliegen, du wirst als Adler an unserer Seite sein. Wir werden in dieser Nacht mit dir wirken, damit es dir leichterfällt, dein wahres Wesen anzunehmen. Denn dein wahre Wesen ist Licht, unendliches Licht, und Liebe, unendliche Liebe. Beginne das wahrlich zu begreifen. Wir unterstützen dich dabei, unser Bewusstsein ist mit dir. Jetzt. Wir begleiten dich. Wir sind White Eagle. Sei gesegnet.“

Für den Moment verabschiede dich von den weißen Adlern. Deine weiße Wolke bringt dich wieder zurück, um in deinem

Raum, in deinem Körper anzukommen. Sie bleibt bei dir, und sobald du heute eingeschlafen bist, trägt sie dein Bewusstsein an diesen Ort zurück, wo du erwartet wirst. Morgen früh geleitet sie dich erneut zurück zu deinem Körper im Hier und Jetzt. Nachdem du zentriert, geerdet und ganz wach bist, wird sie dich segnen, sich auflösen und zurückziehen. Weißes Licht der Klarheit ist um dich und in dir. Jetzt. Sei gesegnet.

☼☼☼

Die Weiße Büffelkalbfrau ruft dich in die Schwesternschaft

Atme einige Male bewusst ein und aus. Sei präsent im Hier und Jetzt. Öffne dein Herz, um für Begegnung bereit zu sein. Nimm wahr, dass sich dir ein weißes Büffelkalb nähert. Es kommt zu dir, schmiegt sich an dich und möchte von dir gestreichelt werden. Fühle sein Fell mit deinen Händen und die große Freude des weißen Kalbs, wenn du es liebevoll berührst. Während du dieses tust, beginnt sich eine Stimme wie ein Windhauch auszubreiten und zu dir zu sprechen:

„Wir sind die Weiße Büffelkalbfrau. Wir haben unseren Boten ausgesandt. Über ihn nehmen wir mit dir Kontakt auf, um die Weite unseres Wesens mit dir zu teilen und Verbindung zu schaffen zwischen Ost und West, Nord und Süd. Wir treten ein und sind eine Überbringerin alter Weisheiten, die du letztendlich bereits in dir trägst und die nur darauf warten, von uns leicht berührt zu werden, damit sie sich in dir ausdehnen können und dir über dein Tagesbewusstsein bewusst werden. Wir sind wie ein Atemzug der Quelle, der sich als Weiße Büffelkalbfrau formt. Wir bringen alle unsere Verbündeten mit. Dazu zählen die Wesen und Hüter der Elemente, Tiergeschwister, Pflanzen- und Kristallwesen. Wir breiten unsere Arme aus und öffnen dadurch unser Herz. Erkenne und erfahre, dass wir darüber das Sternenlicht des Universums übertragen.

Die alten Völker, die Kinder der Erde, wussten, dass sie von den Sternen kommen und kommunizierten allezeit mit den Sternenwesen. Wir möchten über die Bedeutung des Kreises sprechen. Er ist ein Ausdruck der Göttin. Aus einem Kreis heraus kannst du alles erschaffen, was du möchtest. Verstehe das, wenn wir von den göttlichen Qualitäten, der Göttinnen- und der

Gotteskraft sprechen, die weit über die Vorstellung eures Mentalfelds, was weiblich und männlich ist, hinausgeht. Wir laden euch deshalb ein, das, was als Göttinnen- oder Gotteskraft bezeichnet wird, zu entpersonifizieren. Es als eine Grundqualität, als einen Grundschwingungsimpuls wahrzunehmen, der nicht den leisesten Ansatz von Wertung in sich trägt. Als erwachende Menschheit lernt ihr dieses wieder. Wir suchen die passendsten Worte, um es zu vermitteln.

Aufgrund eurer Erfahrungen innerhalb der nicht-geheilten Dualität und der damit verbundenen Polarisierung, der Einteilung in „Gut" und „Weniger gut", ist es für die Mentalfelder eine große Herausforderung, nach all der Zeit, in der sie, auf diese Art und Weise geprägt, funktionieren und arbeiten mussten, aus diesem System der Bewertungen herauszutreten. Jetzt ist es erforderlich, verschiedene Ausdrucksformen des einen Seins gleichwertig nebeneinander stehenlassen zu können, selbst wenn die eigne Aufmerksamkeit auf eine Seite gelenkt wird. Wir wählen hierzu das Bild der Münze. Wenn beide göttliche Urqualitäten Teil einer Münze sind und ihr eine ihrer Seiten betrachtet, geschieht das, ohne die andere abzuwerten. Sie bleibt dennoch gleichwertig. Habt Geduld mit euren Mentalfeldern, wenn ihr sie umbaut und umprogrammiert. Wenn wir uns nun der Kraft der göttlichen Mutter hingeben, ist das in keiner Weise abwertend gegenüber der männlichen, väterlichen Kraft gemeint. Wir bitten euch, tief einzuatmen, um dieses zu verinnerlichen, damit wir den Weg fortsetzen können.

Wenn ihr euch mit der Schwesternschaft der Schilde vereint, gehört ihr zu ihrem Kreis. Ihr werdet zu sogenannten Kreis- beziehungsweise Schildträgern und Schildträgerinnen. Als Schildträger und Schildträgerinnen ist es eure Aufgabe, Frieden zu bringen. Frieden ist dort, wo die Illusion der Trennung auf-

gelöst ist. Diesen Satz bewegt immer wieder in eurem Herzen, um darüber den Frieden in euch, in eurem Leben und in eurem Lebensfeld zu vertiefen.

Der weibliche Schwingungsimpuls, der Kreis, der keinen Anfang und kein Ende hat, ist nicht auf ein Ziel ausgerichtet. Innerhalb des Kreises beziehungsweise als Teil eines Kreises ist Zeit relativ. Deshalb wird der weiblichen Kraft auch unendliche Geduld, Langsamkeit und Stille zugeordnet. Der Urweiblichkeit ist es nicht wichtig, ob etwas heute geschieht, gestern geschehen ist oder morgen geschehen wird. Es geschieht, das ist gewiss.

Wenn ihr den Weg des Kreises, den Weg der Schilde, gehen möchtet und werdet, legt ihr alle Leistungsansprüche, die ihr an euch und an andere stellt, ab. Der Kreis ist also ein heiliges Symbol des urweiblichen, göttlichen Impulses dieses Universums. Überall auf dieser Erde ist die Kraft des Kreises bekannt. Wir sagen, dass ihr, wann immer ihr euch in Kreisen verbindet, auf diesen urweiblichen Göttinnenimpuls ausgerichtet seid. In diesem Kontext seid ihr länder- und kulturübergreifend und wirkt mit der Schwesternschaft der Schilde zusammen.

Wir sind Vermittlerin. Wir sind präsent. Unser Segen, der von der Weite unseres Herzens ausgeht und so viel Hoffnung, Mitgefühl und Barmherzigkeit in sich trägt, erfüllt euch. Jetzt. Wir beauftragen unsere Verbündeten, nun ihre Trommeln zu schlagen. Die Zeit der Erweiterung wird dadurch eingetrommelt. Wir sind der Große Geist des unendlichen Bewusstseins, das sich als Weiße Büffelkalbfrau ausdrückt. Wir segnen euch. Seid gesegnet.“

Oktaviana ergänzt

„Wir sind Oktaviana. Wir grüßen und wir segnen dich. Wir bitten dich, zu versuchen, mit deinem Herzen zu verstehen. Die Schwesternschaft der Schilde hatte es sich zur Aufgabe gemacht, die heilende Kraft des Kreises und das Wissen, dass sich die urweibliche Göttinnen- und Gottespräsenz darüber offenbart, zu hüten. Wir waren damit beauftragt, es nicht verlorengehen zu lassen, auch in den dunkelsten Zeiten eurer Evolution.

Wisse, dass es nun darum geht, dass sich die Kreise erweitern, dass noch mehr neue Kreise geformt werden. Wisse, dass in der neuen Zeitqualität jeder Kreis, der mit dem tiefen Wunsch des reinen Herzens verbunden ist, mit der Schwesternschaft der Schilde vernetzt sein wird und ist. Darüber fließt plejadisches Licht ein, sowohl in der wässrigen, als auch in der feurigen Qualität. Die Photonenausschüttung wird dadurch gefördert. Es ist wie ein Aufbau von Lichtpartikeln, der eine Erweiterung, ein Weitergehen, tiefer hinein in die Neue Zeit ermöglicht. Über diese Lichtteilchen wird auch die Aufnahmefähigkeit von Sonnenenergien ausgedehnt, wodurch sich euer persönliches und kollektives solares Bewusstsein weiterentwickelt.

Du kannst, wenn du dich bewusst dafür entscheidest, von nun an Schildträger und Schildträgerin sein. Das bedeutet, dass du bereit bist, die Leidensenergie, die in einigen Schulen, die verstreut auf dieser Erde sind, weitergegeben wurde und nach wie vor wird, zu durchbrechen und die Leichtigkeit und die Freude der Neuen Zeit in die Lehren und Rituale einfließen zu lassen. Du setzt Lichtimpulse. So heißen wir dich, wenn du möchtest, als Kreisträger und Kreisträgerin willkommen. Wir danken dir dafür. Wir bleiben mit dir in Berührung. Wir sind Oktaviana. Unser plejadischer Segen erfüllt dich. Sei gesegnet. Jetzt.“

Nada bildet einen Herzenskreis

Nada nimmt Raum. Rubinrotgoldenes Licht berührt dein Sein und segnet dich. Nada sagt:

„Wir sind Nada. Segen und willkommen, geliebte Töchter und Söhne des Lichts, die ihr seid. Ihr seid so wundervolle Wesen. Wir sind gekommen, um euch zu bitten, jetzt mit allen Menschen einen Kreis zu formen, und zwar über euer Herz. Erlaubt, dass euer Herz weit wird und den Duft der kosmischen Liebe zu verströmen beginnt. Über diesen Duft werden die Herzen zu einem Kreis und dadurch zu einem Sein vernetzt. Nun lässt jedes einzelne Herz Erinnerungen seiner kraft- und lichtvollen Wege, die es im Namen der Großen Göttin gegangen ist, einfließen. Es geschieht ganz leicht, wie von selbst, ohne etwas tun oder Bestimmtes wahrnehmen zu müssen. Die strahlenden, heilenden Erinnerungen werden einfach ausgetauscht. Darüber erweitert sich jedes einzelne Herz sowie das eine Herz der Menschheit. Jedes Herz wird genährt, mit Vertrauen erfüllt und übergibt sich der Führung der Großen Mutter, der Shekaina. Jedes Herz findet Heilung. Jetzt.

Verweilt mit eurer Aufmerksamkeit in eurem Herzen, das Teil eines großen, leuchtenden und pulsierenden Herzens ist. Jedes sendet Impulse aus und empfängt welche. So bildet sich ein Herzenskreis. Jetzt. Es ist ein Kreis der Liebe und mit der Schwesternschaft der Schilde vereint. Wisset, dass die Form wichtig ist, um Energien kanalisieren zu können. Doch damit sie lebendig ist und bleibt und keine leblose Struktur wird, sind das Fühlen und das Sein notwendig. Ohne das Fühlen und das Sein ist die Form nur eine leere Hülle. Ohne die Form sind das Fühlen und das Sein ohne Richtung. Über die Verbindung eurer Herzen erschafft ihr die Form des Kreises. Wenn ihr den Her-

zenskreis zu fühlen beginnt, fangen Liebe und heiles Sein an, sich auszudrücken und die Herzen, die Menschen, die Materie und den Kosmos zu durchdringen.

Wir bitten euch, immer wieder eine Form zu wählen, nicht nur den Kreis, und sie mit Fühlen und Sein zu füllen. Dann wird sie zu einem Portal, durch das ihr schreiten könnt, und dahinter ist Weite, unendlicher Raum. Wenn wir von Fühlen sprechen, dann sprechen wir von einem Wahrnehmen, das dem Sein sehr nahe ist. Wir sprechen von einem „Herzfühlen" und nicht von emotionalen Schwankungen eures Gefühlskörpers. Wir bitten euch, euch nochmals bewusst darauf auszurichten, den Weg der Neuen Zeit, der Shekaina, zu gehen. Das bedeutet, dass ihr gut auf euch selbst achtet, damit ihr ein nährender Boden für andere sein könnt. Fördert eure Stabilität. Seid bereit, tiefer in die Fünfte Dimension hineinzuwachsen. Seid bereit, euch zu vernetzen. Seid bereit, hundert Prozent Verantwortung für euer Wohlergehen zu übernehmen. Dadurch erlaubt ihr euch, in jedem Bereich eures Lebens in der Fülle zu sein und eurem Herzen zu folgen.

Wisset, dass euer Herz voller Respekt, Wertschätzung und Achtsamkeit gegenüber den Bedürfnissen anderer ist. Euer Herz überfordert nicht, es lässt sein. Euer Herz ist ein Ausdruck der Liebe, die es nicht über Worte vermitteln muss. Bitte begreift, was es bedeutet, stabil zu sein und gut auf euch zu achten. Denn das ist die Basis dafür, dass ihr die Kräfte lenkt und nicht umgekehrt, und es ist wichtig für jegliche Zusammenarbeit mit der Geistigen Welt. Wir danken euch.

Erlaubt euch immer wieder, der Herzenskreis der einen Menschheit zu sein. Wir lassen in diesen Kreis Liebe fließen. So entwickelt sich eine Menschheit, die sich liebt. Ist das nicht ein wundervolles Bild? Eine Menschheit, die sich liebt. Soldaten *lassen Waffen fallen und stellen fest, dass sie die anderen Menschen lieben. Sie beginnen sich zu umarmen. Endlich können sie wieder das sein, was sie in ihrem Inneren immer waren. Und so setzt es sich fort. Menschen, die andere misshandelten, können es nicht mehr, weil sie die Liebe wieder zu fühlen beginnen. Durch diese Liebe ist nur noch ein achtsamer Umgang miteinander möglich.*

Wir bitten euch, tief zu atmen, um diesen Kreis der Liebe wahrnehmen und fließen zu lassen. Der Kreis der Liebe, der Kreis der Menschheit, bleibt bestehen. Wir lösen ihn nicht auf. So seid euch von nun an gewahr, dass ihr ein Teil dieses Kreises seid. Lasst immer wieder Liebe strömen, damit sich die Liebe ausdehnt und ist. Die Liebe heilt alle Wunden, sodass alle Menschen voller Hoffnung, Zuversicht und Freude den Schritt in das Neue wagen können. Wenn die Liebe in diesem Menschheitskreis fließt, fängt die Erde an, ein neues Lied zu singen.

Wir bitten euch, häufig diesen Menschheitskreis wahrzunehmen, Liebe fließen zu lassen und bereit zu sein, das neue Lied von Gaia zu hören. Vielleicht ist es zu Beginn ganz leise, doch es wird sehr schnell deutlicher werden. Dann singt es wieder und wieder. Ihr seid so wundervolle Wesen. Wir danken euch. Nun erdet euch und seid zentriert. Wir sind Nada. Wir segnen euch. Seid gesegnet.“

Das urweibliche Prinzip

Wiederholungen, welcher Form auch immer, gehören zum weiblichen Prinzip (das männliche möchte immer etwas Neues sagen, tun, ausprobieren). Wir lernen, indem wir mehrmals das gleiche beobachten, hören und umsetzen. Da das Wiederholen also ein urweiblicher Ausdruck ist und somit zum Weg der Shekaina gehört, kommt es, bezugnehmend auf Aussagen und Themen, in diesem Buch immer wieder vor. So sprechen wir erneut über den Kreis. ☺

Am Anfang steht der Kreis (die Gebärmutter, der Schoß). Das weibliche Sein ist holistisch. Wenn unser Kreis mit Buchstaben gefüllt wäre, müssten wir nach dem A nicht das B suchen, um das Alphabeth erfassen zu können. Wir könnten von A nach M gehen, dann nach Z, nach B usw. (In der Linearität kommt nach dem A das B, dann das C – das ist die männlich göttliche Ausdruckskraft.) Im Kreis (in der Shekaina) ist alles enthalten. Jegliche Dynamik, die sich aus der Fülle der Möglichkeiten ergibt, findet im Kreis statt und stellt das urmännliche Prinzip dar. Wir Essener drücken die Quelle allen Seins, Vater-Mutter-Gott, über das Symbol der Doppelspirale aus. Wir wissen, dass der dynamische Impuls dem allumfassenden Sein der Shekaina, die als Kreis und/oder schwarze Sonne dargestellt wird, entspringt.

In verschiedenen Traditionen erzählen die alten Geschichten und Überlieferungen davon, dass die Urweiblichkeit der Urgrund und Ursprung des Lebens ist. Dem folgen wir hier und auf dem weiteren Weg der Shekaina. Als Menschen und kosmische Wesen sind wir unbewusst und bewusst Teil verschiedener Kreise. Mit unserer Familie, mit unseren Freunden, mit unseren Mitarbeitern oder Kunden/Klienten, mit unseren

Sternengeschwistern und -heimaten bilden wir Kreise. Durch unsere Einstellungen, Überzeugungen, Vorlieben und Freizeitaktivitäten sind wir mit Gleichgesinnten „verrundet“. Alle Kreise durchdringen sich irgendwie. Der eine große Kreis, den wir als Menschheit bilden, wird von unzähligen anderen berührt und beeinflusst und umgekehrt. Informationen werden so weitergeleitet (von Kreis zu Kreis) und breiten sich aus. Obwohl wir mit anderen in einer Runde sind, bedeutet es nicht automatisch, dass wir alle das gleiche Ziel haben. Und genau das ist der Grund dafür, warum manche Energielenkungen und Ausrichtungen länger benötigen, um sichtbar zu werden, sowohl im Kleinen als auch im Großen. Wenn beispielsweise alle Menschen ihrem Wunsch nach Frieden folgen würden, hätte sich die Manifestation des Friedens schon längst umgesetzt.

Wir als Menschheit sind ein Kreis, wir können niemanden aus dem Kreis ausschließen, das ist nicht möglich. Doch die Ziele der einzelnen Kreisteilnehmer und -teilnehmerinnen sind unterschiedlich. Deshalb braucht es unsere Klarheit, Geduld und unser Mitgefühl, bis sich die Vision des Friedens überall – in und um uns – manifestiert hat. Es liegt in der Verantwortung von uns LichtarbeiterInnen, uns dieser Zusammenhänge gewahr und in den einzelnen Kreisen präsent zu sein, um die Liebe, das Licht, die Achtsamkeit, den Respekt, die Wertschätzung, den Frieden und die Freude auszudehnen und zum Wohl des Großen Ganzen Raum nehmen zu lassen. Sei gesegnet.

Die Weiße Büffelkalbfrau bittet dich

„Geliebte Tochter, geliebter Sohn des Lichts, wir grüßen und segnen dich. Wir entzünden gemeinsam mit dir heilige Feuer und werden mit dir um diese Feuer tanzen. Wir werden die Kräfte des Ostens, des Südens, des Westens und des Nordens rufen und sie auffordern, dich zu segnen, sodass du als Brücke zwischen allen Welten, Völkern und Ländern dienen kannst.

In alten Zeiten wurde mit zu vielen Zungen und in zu vielen Sprachen gesprochen. Jeder Kreis, jeder Clan, jede Familie war davon überzeugt, der/die Weiseste und Wichtigste zu sein. Dadurch entstanden Trennung und Zerstörung. Wir sind gekommen, um die Herzen zu öffnen. Denn ihr seid eine Menschheit, die einen Ursprung hat. Jeder Mensch hat die gleichen Vorfahren, die gleichen Ursprungseltern, auch wenn sich sein Weg auf einzigartige Weise weiterentwickelte. Dennoch gab es immer wieder Berührungen und Verknüpfungen. Ein Stammbaum der Menschheit würde aufzeigen, dass ihr alle miteinander verwandt seid. Es ist wichtig, das in den Kreisen zu bewahren und zu erkennen, dass das, was behütet wird, gleichwertig ist. Letztendlich enthält alles die gleiche Essenz – überall auf dieser Welt.

Verstehe, dass die alten Initiationsriten, die von Schmerz gekennzeichnet sind, nicht der Liebe entsprungen sind, sondern der Angst. Es war die Angst, von der Göttlichkeit getrennt zu sein. Daraus wurde der Impuls geboren, dass, je schmerzhafter ein Ritual und eine Einweihung sind, je mehr sie an die Grenzen führen, sie den Menschen umso näher zum göttlichen Sein bringen. Es war ein Versuch, über Schmerz die Nähe zum Göttlichen aufzubauen. Es war ein Ausdruck des Fischezeitalters. Erkennt, dass in der Neuen Zeit Rituale, heilige Zeremonien und Einweihungen zwar Disziplin, Konsequenz, Wahrhaf-

tigkeit, Verantwortungsbewusstsein, Klarheit, Selbsttreue, Integrität und einiges mehr benötigen, doch keine Strenge, Härte oder Schmerz. Das wurde niemals von der Quelle gefordert.

Für dich und alle Menschenkinder dieser Erde: Bringt die Botschaft der Weißen Büffelkalbfrau, die wir sind, hinaus in die Welt. Wir beauftragen dich, zu lehren, zu verkünden und zu leben, dass die Zeit des Leids vorüber ist, dass die heiligen Zeremonien und Rituale neu betrachtet, gelebt, gelenkt und ausgerichtet sein sollen. Jetzt. In diesem Kontext steht die Freude im Mittelpunkt. Sie ersetzt das Leid. Sag den Menschen, dass so die Weiße Büffelkalbfrau gesprochen hat und du ihren Worten folgst, weil sie dich darum gebeten hat. Unser Segen wird dich dabei geleiten und allezeit unterstützen. Wir werden dir Zeichen und Symbole senden. Wir danken dir. Wir segnen dich. Wir sind die Weiße Büffelkalbfrau. Sei gesegnet.“

Erneuerung des Bärenbunds II

„Wir sind Artio. Wir grüßen dich im Namen der Bärinnen- und Bärenkraft, im Namen des Bärinnen- und Bären-Clans. Wir lassen durch dein Sein die Kraft, die Weisheit, die Liebe und die Heilungsermächtigung der Bärin und des Bären wieder auferstehen. Wir danken dir dafür. Deine Bärinnen- und Bärenenergie erweitert deine feinstoffliche Wahrnehmung und deine Sicht. Durch sie wirst du die Natur anders sehen und fühlen. Du wirst in sie eingebettet sein und dich noch mehr als ein Teil von ihr erfahren. Sie wird sich dir öffnen und offenbaren. Das Heilwissen über Pflanzen und ihre physischen als auch energetischen Wirkungsweisen vertiefen sich. Das bezieht die Bäume mit ein.

Um mit den Naturwesen und -kräften zu kommunizieren, ist es nicht erforderlich, in der Natur zu sein. Du kannst mit den Pflanzen-, Baum- und Naturenergien überall wirken. Du kannst die Naturkräfte in jeden Raum einbringen und dort wachsen lassen. Wenn Menschen den Bezug zur Natur verloren haben, wenn sie nicht hinausgehen können, bringe die Naturelemente zu ihnen. Wenn deine innere Verbindung zur Natur kraftvoll ist, ist sie überall spürbar. Dann kannst du sie riechen, schmecken, hören und fühlen, selbst wenn du inmitten einer großen Stadt sein solltest, wo weit und breit kein Baum und kein Grashalm wächst.

Deiner Bärinnen- und deiner Bärenkraft zu folgen bedeutet, deine innere Weisheit, die einhergeht mit deiner inneren Wahrheit, so zu kräftigen, dass du unabhängig bist. Es heißt, dass du allezeit die gleichen Zugänge, die gleichen Möglichkeiten hast und dir die gleichen Energien zur Verfügung stehen, wo auch immer du bist. Deine Bärinnen- und deine Bärenkraft sagen dir, dass du eine Heilerin und ein Heiler bist und das überall verkörpern und leben kannst. Du brauchst dafür keine besonde-

ren Voraussetzungen. Dein Heilerinnen- und Heilerbewusstsein ist frei. Deine Bärinnen- und Bärenkraft lehrt dich, in allem die Große Göttin zu erkennen, sie zu ehren und ihren Impulsen zu folgen. Sie unterstützt dich, auf das Leben zu achten und es zum Wachsen zu bringen. Das impliziert, dass du auf dein Leben achtest und dich zum Wachsen bringst, indem du dir mit großer Behutsamkeit begegnest. Dann achte das Leben, das um dich ist. Wir meinen damit jegliche Form des Lebens: jeden Menschen, jede Pflanze, jedes Tier. Dabei erkenne immer wieder, welche Möglichkeiten in dir sind, um dein Gegenüber zum Wachsen zu bringen. Dazu ist es erforderlich, immer wieder Zeit in der Stille zu verbringen. Denn in der Stille erschaffst du dir alles, was du benötigst, um in der Achtsamkeit für dein und das Leben um dich herum zu sein. So dienst du dem Wachstum.

Wenn du in weiterer Folge Fragen hast, gehe immer wieder in die Zwiesprache mit der Bärin an deiner Seite. Tanze mit ihr, bis dich ihre Antwort erfüllt. Wenn du für dich oder andere heilend tätig bist, nimm von nun an deine Bärin als Beraterin und Unterstützerin mit dazu. Erlaube dir, dass du, während du deine Heilarbeit vollziehst, selbst immer wieder zu deiner Bärin wirst und sie durch und über dich wirken kann. Wisse, dass du dabei auf das Sternenfeld Großer Bär ausgerichtet bist. Wann immer du mit deiner Bärin verbunden bist, eins mit ihr bist, segnest du uns, rufst du uns, und wir, Artio, nehmen Raum, um mit dir zu sein. Dadurch tragen wir unseren Teil dazu bei, dass diese Erde ein neues, Goldenes Zeitalter erlebt. Nun ist es Zeit, deine Bärinnen- und Bärenkraft zu feiern und zu genießen. Das Licht des Sternenfelds Großer Bär segnet dich. Wir segnen dich. Wir sind Artio. Sei gesegnet.“

Feuer und Wasser der Plejaden

Oktaviana tritt ein. Sie bittet dich, zuerst deine rechte Hand auf dein Herz zu legen. Oktaviana spricht:

„Wir grüßen dich im Namen der Feuerqualität, die Teil des plejadischen Bewusstseins ist. Empfange nun die Qualität von Maya. Die Feuerenergie der Plejaden dehnt sich über dein Herz in dir aus. Sie durchdringt dein System. Lass dadurch dein solares Bewusstsein, Klarheit, Selbstbewusstsein, Selbstvertrauen, Selbstverständnis, Ausdauer, Disziplin, Konsequenz und Weisheit in dir Raum nehmen. Lenke diese plejadische Feuerqualität in jede deiner Zellen. Jetzt.

Atme bewusst ein und aus. Dann nimm deine rechte Hand von deinem Herzen und lege deine linke darauf. Nun strömt das wässrige Prinzip der Plejaden in dich ein. Wir lassen das fließende Bewusstsein von Alcyone in dich einfließen. Es dehnt sich in dir aus, bringt dir Weite und löst Grenzen auf. Alles ist eins. Hingabe und das Einverstanden-Sein mit Allem-was-ist intensivieren sich in dir. Die Wasserqualität der Plejaden verteilt sich ebenso in allen deinen Ebenen. Jetzt.

Atme tief ein und aus. Erkenne, dass sowohl die Feuer- als auch die Wasserenergie der Plejaden gleichzeitig in dir sein können und sind. Führe deine linke Hand von deinem Herzen. Wir stehen vor dir. Unser Segen erfüllt dich, und wir sagen: Wir segnen dich im Namen des Feuers und des Wassers der Plejaden. Wir verankern in dir das Gleichgewicht der Kräfte. Beide Energiequalitäten sind auf eine gleichwertige Art und Weise in dir, sodass du sie nutzen kannst. Darüber bist du sowohl mit den Plejaden als auch mit der Schwesternschaft der Schilde verbunden. Wisse, dass wir dienen, um den Weg zu bereiten, dass die solaren Kräfte wieder vermehrt in, auf und um die Erde sein können. In der Vernetzung mit den plejadischen Ebenen ist das deine Aufgabe. Wie du dieses umsetzt, wird dir deine Seele, dein Herz mitteilen.

Wisse, dass die Morphogenetik aus verschiedenen Schichten besteht, beispielsweise bilden kollektive Themen eine eigene Schicht. Auch Richtungen und Wege, wie zum Beispiel Schamanismus, formen eine Schicht, die wiederum mehrere Unterschichten aufweisen kann. Jeder Mensch, der schamanisch wirkt, ist mit der Haupt- und der entsprechenden Unterschicht verwoben. Auch Disharmonien haben ihre eigenen Schichtfelder. Wenn du mit ihnen wirkst, indem du sie in einem Menschen wahrnimmst und ihn an sein heiles Sein erinnerst, beziehe diese Informationsfelder mit ein. Speichere die Information der Veränderung, der Neuen Zeit, der gelösten Thematik mit hinein.

Jetzt möchten wir uns mit dir auf die Schicht ausrichten, die wir als Schamanismus bezeichnen, in der sich alle Unterschichten, die die einzelnen Wege und Schulen repräsentieren, befinden. Speise mit uns gemeinsam ein, dass das Leben des Schamanentums in der Neuen Zeit, in der Jetzt-Zeit, freudvoll, friedlich, verbindend und vermittelnd ist. Lass diese tiefe Gewissheit über dein Herz in die betreffende morphogenetische Schicht einstrahlen. Dazu hebe deine Hände. Die gespeicherten Leidinformationen und -programmierungen werden „überschrieben" und gelöscht. Das Festhalten an alten Geschichten wird mit Freude erlöst. Wir schaffen Raum, um neue Geschichten schreiben und speichern zu können.

Wir geben nun die Erzählung über das Goldene Zeitalter hinein. Wisse, dass, so lange alte Geschichten immer wieder erwähnt und weitergegeben werden, kein Platz für neue ist. Deshalb ist es so wichtig, viele von ihnen nicht mehr zu wieder-

holen. Es geht nicht mehr darum zu betonen, was Menschen oder Völker falsch gemacht haben. Viel wichtiger ist es zu erwähnen, was Menschen und Völker miteinander teilen, füreinander tun, gemeinsam erschaffen und heilen konnten und können. So fang an, wenn du bei deinen Zeremonien und Ritualen am Feuer sitzt, diese Geschichten zu schreiben und zu erzählen. Lass die neuen Geschichten lebendig sein. Ehre die alten Erzählungen, indem du deine Ahnen einlädst. Sie werden sich mehr und mehr auch in die neuen Geschichten einbringen. Wesen, die in den Legenden erscheinen, werden kommen, um neue zu erzählen. Sei dafür bereit und offen.

Der Weg des Herzens von Lemurien, der Shekaina, enthält die Kraft des Träumens, des Traumwebens, des Lebensfaden-Spinnens. Nutze diese Gabe. Sie wurde einst den Priesterinnen und Priestern, den Heilerinnen und Heilern, den Seherinnen und Sehern, den Schamaninnen und Schamanen gelehrt. Erinnere dich daran. Visualisiere, gestalte, forme, male, tanze, singe die Visionen der Neuen Zeit. Verbinde dich als Traumweberin und Traumweber mit anderen. Vereinbare einen bestimmten Tag, eine Uhrzeit, ein Thema, bilde einen energetischen Kreis und lass die Bilder des Goldenen Zeitalters in das entsprechende Schichtfeld einfließen, um eine neue Geschichte zu schreiben. Dann löse den Kreis auf, bis du ihn erneut formst, um weitere Träume gemeinsam zu weben.

In der Verbindung mit dem Feuer und dem Wasser der Plejaden, in der Verbindung mit der Schwesternschaft der Schilde bist du eine Hüterin und ein Hüter des Lebens. Jedes Leben ist kostbar. Jedes Leben gilt es, zu bewahren. Jedes Leben ist gleichwertig. Jedes Leben wird gefördert und unterstützt, damit es wachsen kann, so, wie es seinem inneren Plan entspricht.

Wir bitten dich, deine Hände auf dein Herz zu legen und die Worte: „Ich bin eine Hüterin, ein Hüter des Lebens!“ in dein Herz zu sprechen, einfließen zu lassen, aufzunehmen und in der Gesamtheit, die du bist, zu integrieren. Wir danken dir. Plejadisches Feuer und Wasser segnen dich. Wir sind Oktaviana. Wir danken dir erneut. Sei gesegnet.“

Die Weiße Büffelkalbfrau erzählt eine Geschichte

Wir sagen, dass sich die Prophezeiung erfüllt hat. Es ist Zeit für eine neue. So hört unsere Worte:

„Nach der Phase der großen Transformation, die sehr bald abgeschlossen war, vereinten sich alle Völker dieser Erde, indem sie innerhalb ihrer Rassen Kreise bildeten. Aus diesen Kreisen trafen sich Abgesandte und bildeten wieder Kreise, und aus diesen Kreisen begegneten sich erneut Abgesandte, sodass ein Netz auf dieser Erde entstand, durch das alle Menschen miteinander kommunizieren konnten. Gemeinsam wirkten sie so auf eine friedvolle, freudvolle und respektvolle Art zum Wohl aller an globalen Themen.

Auf Gaia wurde ein neues Zeitalter eingeläutet, ein goldenes. Keine Waffe wurde mehr gegen einen anderen Menschen, gegen ein anderes Leben erhoben. Es war auch nicht mehr nötig, dass sich die Tiergeschwister, die großen, alten Seelen, zur Verfügung stellen mussten, um Menschenkinder zu ernähren. Es gab andere Möglichkeiten dafür. Überall auf der Erde war Wohlstand. Jeder Mensch hatte genug zu essen, genug, um so zu leben, wie es seinem Herzen Freude bereitete. Die Menschenkinder feierten oft. Sie kamen zusammen, um zu tanzen. In ihren Häusern, auf den Straßen, an öffentlichen Plätzen, immer wieder und überall fanden sie sich, um gemeinsam zu feiern und dadurch die Quelle, Vater-Mutter-Gott, zu lobpreisen.

Die Menschenkinder bekamen oft Besuch von Sternenwesen. Das war auch immer ein Grund zum Feiern. So feierten die Menschenkinder mit den Sternenwesen, während sie sich mit ihnen austauschten. Die Sternengeschwister freuten sich, ihr Wissen mit den Menschenkindern teilen zu können und lernten auch von ihnen. Wir als Weiße Büffelkalbfrau waren mitten unter den Menschen. Und so ist es.

Lasst diese Geschichte lebendig sein. Die weißen Büffel sind nach wie vor unsere Boten. Doch wir nehmen auch sonst vermehrt Raum, denn wie wir sagten: In der Neuen Zeit sind wir mitten unter euch, wie so viele von uns. Wir danken euch dafür, dass ihr diesen Weg der Shekaina mit uns geht. Wir sind die Weiße Büffelkalbfrau, so nennt man uns. Wir segnen euch. Seid gesegnet.“

Shekaina

Nun treten wir noch tiefer in das Schwingungsfeld der Shekaina ein. Die Grundqualität der Urweiblichkeit ist Chaos. Es ist zwar nicht immer offensichtlich, doch auch im Chaos ist eine übergeordnete göttliche Ordnung enthalten. Für uns ist es wichtig, uns zu erlauben, dass Chaos sein darf und wir üben, es zu genießen, es anzunehmen und zu lieben. Ebenso ist die Leere ein urweiblicher Ausdruck. Unser physischer Körper besteht, selbst wenn er sich fest anfühlt, aus viel Leere und leerem Raum.

Wenn du möchtest, halte kurz inne, schließe deine Augen und spüre in dich hinein. Sei im Kontakt mit deinem Körper und erde dich über deinen Atem. Deine Wahrnehmung fokussiert sich auf dich. Dann nimm, unabhängig davon, ob dir die Leere vertraut ist oder nicht, Kontakt mit ihr auf. Fühle sie zwischen deinen Zellen und in deinem Körper. Bleibe mit deiner Aufmerksamkeit auf das Spüren der Leere ausgerichtet. Lass dich auf sie ein.

Der Weg der Shekaina ist der Weg des Körpers, deshalb bitten wir dich, deinen Körper sanft und liebevoll zu berühren und ihn so anzunehmen, wie er ist. Höre immer wieder darauf, was dein Körper sagt.

Atme bewusst ein und aus. Nimm weiterhin die Leere wahr, die in dir ist, die du bist, und erfahre die Weite, die daraus entsteht. Diese Weite ist sowohl in dir als auch um dich. Dann komme im Hier und Jetzt an. Sei präsent, geerdet und zentriert.

Die Urweiblichkeit ist die Energie, die uns zu uns selbst führt, in unsere Mitte, und diese auch nährt. Sie beruhigt unsere Gedankengänge und lässt uns unsere eigene Wahrheit spüren.

Die Geistige Welt beschreibt Lilith als erste Manifestation der Urweiblichkeit, der Shekaina. Sie bittet uns, Lilith ein Stück weit zu entpersonifizieren und sie mehr als eine Grundschwingung beziehungsweise Schwingungsqualität wahrzunehmen.

Das Symbol der Shekaina ist die schwarze Sonne. Lilith wäre ihr Strahlenkranz. Weil Lilith der Quelle der Urweiblichkeit so nahe ist, können wir über sie die das Wesen und die Kraft der Shekaina so gut fühlen. Wir wissen, dass alle alten Völker auf der Erde die schwarze Sonne, die göttliche Rezeptivität, die Urkraft von Mutter-Gott kannten. Sie wurde auch dargestellt. Wenn Sonnensymbole gezeigt wurden, wiesen bei manchen die Strahlen nach rechts und bei anderen nach links. Je nachdem, in welche Richtung sie strahlten, stellten sie die weibliche (schwarze) oder die männliche (weißgoldene) Sonne dar.

In unseren Landen ist die schwarze Sonne etwas in Verruf geraten, denn in der nationalsozialistischen Zeit wurde das Symbol intensiv genutzt. (Ein sehr eindrucksvolles Beispiel dafür stellt die Wewelsburg bei Paderborn dar, wo eine schwarze Sonne in Form eines Mosaiks zu besichtigen ist.) Das Prinzip der Schwärze ist die Energie in unserem dualen Universum, die am stärksten aufnimmt und anzieht. Als Kosmische Menschen hören wir auf, in „Gut" und „Böse", in „Hell" und „Dunkel" einzuteilen. Wir bewerten nicht mehr und begegnen allem (und allen Schwingungsqualitäten) wertfrei. Dazu müssen wir unsere Ängste ablegen, denn sie hindern uns daran, unvoreingenommen und neutral zu sein.

Schwarz ist die Summe aller Farben. Es hat das Licht verinnerlicht. Das Licht ist in der Schwärze enthalten. In der Alchemie wird ein heiliger Transformationsprozess so beschrieben, dass der Löwe (früher ein solares Symbol für den Alchemisten, heute für den Kosmischen Menschen) die Sonne schluckt. Während er sie in sich trägt, wodurch sie zu einer schwarzen (dunklen, nicht sichtbaren) Sonne wird, verfärbt er sich grün. Das ist der Moment der größten Kraft, der Transmutation der Heilung. Er entsteht daraus, dass die Sonne ihren dunklen Aspekt zeigen kann. Danach spuckt der Löwe die Sonne wieder aus, und sie erstrahlt am Himmel. Die Verwandlung und Erneuerung ist abgeschlossen.

Wir dürfen lernen, dass die scheinbare Abwesenheit von Licht (Nicht-Licht) gleichwertig mit der offensichtlichen Anwesenheit von Licht (Licht) zu betrachten ist. Das ist auch in spirituellen und esoterischen Kreisen noch ein sensibles Thema, weil es uns, wie gesagt, mit unseren Ängsten konfrontiert. Nicht-Licht ist nicht gleichzusetzen mit Gewalt oder Zerstörung und Licht nicht mit Liebe und Heilung. Diese Zuordnung stammt aus der nicht-geheilten Dualität. Es hängt immer davon ab, wie ich welche Qualität einsetze. Ich kann mit beidem verbinden oder trennen. Ich kann auch mit der schwarzen Sonne lichtvoll wirken, und daran erinnern wir uns als Kosmische Wesen wieder. Im essenitischen Kontext wird alles, was dem Lebensfluss dient, als lichtvoll bezeichnet, unabhängig davon, durch welche Energiequalität (ob durch die schwarze oder die weißgoldene Lichtschwingung) ich dieses erschaffe. Die schwarze Sonne, die Urweiblichkeit, die Shekaina, ist wie ein schwarzes Loch. Sie nimmt alles in sich auf, ohne zu werten, und nichts kann sich ihrer Anziehung entziehen. Sei gesegnet.

☼☼☼

Die Schwarze Sonne und das Gleichgewicht der Kräfte

Da wir uns in einem dualen Universum befinden, ist es für unser Wohlbefinden wichtig, dass wir immer wieder auf ein Gleichgewicht der Kräfte achten. Auch wenn wir die Urweiblichkeit als Urgrund des Lebens betrachten, benötigen wir die urmännliche Kraft von Vater-Gott, um in Harmonie zu sein. Beide Qualitäten braucht es, um die göttliche Ordnung im Großen als auch im Kleinen aufrechtzuerhalten.

Würden wir uns nur der Shekaina-Energie widmen, würden wir auf eine Implosion zusteuern. Würden wir ausschließlich die ElShaddai (Gottvater) Qualität leben, würden wir uns auf eine Explosion zubewegen. Normalerweise pendeln wir zwischen den beiden Aspekten hin und her, worüber wir immer wieder Ausgleich schaffen und Gleichgewicht manifestieren. Menschen, die von ihrem Wesen her beispielsweise sehr rezeptiv sind, also eine große Shekaina-Kraft leben, sind sehr aufnehmend. Das kann dazu führen, dass sie wie eine energetische Müllabfuhr alles einsammeln, was ihnen von ihrem Umfeld angeboten wird beziehungsweise um sie herumschwirrt. Sie haben die Tendenz, Fremdenergien anzulächeln und einzuladen, es sich in ihrem System bequem zu machen. In diesem Fall ist es empfehlenswert, wenn sie ihre männlich göttliche Qualität und ihre dynamische Seite stärken. Dadurch kommen sie wieder mehr in das Gleichgewicht ihrer Kräfte. Menschen, die eine ausgeprägte ElShaddai-Energie leben, sind sehr impulsgebend. Manchmal fällt es ihnen schwer, sich auf sich zu besinnen und in der Ruhe zu sein. Immer haben sie etwas zu tun und sind beschäftigt. Hier wäre es wichtig, die urweiblichen Aspekte, wie zum Beispiel in der Stille zu sein und Nichtstun zu üben, vermehrt zu leben, um in die Balance zu kommen.

Die schwarze Energie der Shekaina wird beispielsweise beim Wunsch, ein Kind zu empfangen, genutzt. Dazu wird die Gebärmutter mit dem dunklen Licht gefüllt. Dadurch wird die Essenz des Lebens angezogen und das Einnisten einer befruchteten Eizelle gefördert. Schwarz hat eine sehr beruhigende Wirkung und wird auch bei Einschlafproblemen angewandt. Dazu stellt man sich die schwarze Sonne in den Handchakren beziehungsweise Handflächen vor. Nun legt man die Hände auf den Solarplexus und kann ihn auch sanft massieren. Dabei strömt die Schwärze der Shekaina ein. Sie schenkt Ruhe, Entspannung und Frieden. Man kann es für sich selbst ausprobieren oder für andere Menschen nutzen. Vor allen Dingen für kleine Kinder ist es eine wunderbare Einschlafhilfe. Umgeben wir uns allerdings sehr oft oder ständig mit dunklem Licht, macht es uns müde, bis hin zu einem Gefühl der Energielosigkeit, der Schwere und der Trauer. In diesem Fall würde wieder der Ausgleich mit der ElShaddai-Energie fehlen, und die Urkräfte des Lebens wären aus dem Gleichgewicht. Deshalb sollten sich zum Beispiel Menschen, die zu Depressionen neigen, hell und bunt kleiden.

Die schwarze Sonne ist der weibliche Ausdruck der Zentralsonne. Lilith ist eine Brücke, die uns in den Schoß der Shekaina führt. Wir tragen alle das Urwissen, dass sich Mutter-Gott über die und in der Schwärze der Nacht ausdrückt, in unseren Zellen. Durch verschiedene Erfahrungen innerhalb der nicht-geheilten Dualität sind die Zugänge zu diesem Wissen vielleicht noch etwas verklemmt und verschüttet. Lilith öffnet sie. Wenn wir uns in weiterer Folge mit ihr beschäftigen, tun wir das erneut in der Ausrichtung auf die geheilte Dualität. Sei gesegnet.

Lass dich auf die Schwarze Sonne ein

Diese Meditation/Wahrnehmungsübung lässt dich spüren, wie es dir mit der Schwärze der Shekaina geht. Was auch immer du fühlst, ist in Ordnung. Du brauchst nichts zu tun, beobachte und nimm wahr. Erkenntnis und Heilung entstehen aus sich selbst heraus.

Mache es dir bequem. Atme bewusst ein und aus. Sei mit deiner Aufmerksamkeit ganz in und bei dir. Nimm dich wahr. Fühle in deinen Körper hinein. Wie geht es ihm? Wo ist er möglicherweise noch angespannt? Dann richte dich auf dein Emotionalfeld aus. Welche Gefühle sind gerade in dir? Nimm sie wahr. Alle Gefühle sind möglich und erlaubt.

Nun achte auf deine Gedanken. Was bewegt deine mentale Ebene? Egal, ob deine Gedanken schnell oder langsam, laut oder leise, klar oder verwirrend sind, lass sie kommen und gehen. Atme tief ein und aus. Sinke dabei bis zu deinem Basiszentrum, bis zu deinen Wurzeln, die sich ausdehnen, um tief in den Schoß der Erde zu wachsen. Sie berühren den Erdmittelpunkt. Da dieser Mittelpunkt mit der Zentralsonne in Kontakt und mit solarem Bewusstsein erfüllt ist, beginnt sich der schwarze Ausdruck der Ursonne, die Kraft der Shekaina, über den Erdmittelpunkt auszudehnen, um über deine Wurzeln in dich einzustrahlen.

Die Urweiblichkeit sagt, dass es wichtig ist, in deiner Körperlichkeit, in der Materie, die du bist, stabil zu sein, um die Energie der Shekaina aufnehmen zu können. Ihre Schwingung breitet sich über deine Wurzeln, über die Erde, die dich trägt und die du bist, in dir aus. Gleichzeitig teilt dir Shekaina mit, dass sie ihre Schwärze in einer Form und Intensität in dir aufsteigen lässt, die für dich im Moment angenehm und annehmbar ist. So dehnt sich die Schwärze über deine Wurzeln in deinem Körper behutsam und achtsam aus.

Wisse, dass Shekaina jegliches Leben respektiert, deshalb ist sie im Umgang mit dir sanft und liebevoll. Beobachte dich einfach. Wie geht es dir mit dem Einlassen auf die Schwärze? Wie fühlt es sich an? Entstehen dadurch eventuell Ängste? Steigen alte Erinnerungen und Bilder auf? Wenn ja, dann lass sie kommen und gehen. Achte darauf, bewusst und tief zu atmen und entspannt zu sein. Was assoziierst du mit Dunkelheit und Schwärze? Erinnere dich daran, wie du sie als Kind empfunden hast und wie du sie als erwachsener Mensch wahrnimmst. Beobachte dich.

Wir sagen, dass die Schwärze der Ausdruck der Urweiblichkeit ist und den Ursprung allen Lebens repräsentiert. Sie stellt den Schoß von Mutter-Gott dar. Kannst du das annehmen, oder gibt es diesbezüglich Ängste, Unsicherheiten, Zweifel, Ablehnung, Trotz, Widerstand?

Atme bewusst ein und aus. Lass die Energien fließen und nimm einfach wahr. Kannst du dich in den Schoß der göttlichen Mutter fallenlassen? Kannst du dich in die Dunkelheit, die grenzenlos ist, in die Schwärze, fallenlassen? Kannst du der Dunkelheit vertrauen? Kannst du der Urweiblichkeit, die Schwärze ist, vertrauen?

Atme tief ein und aus. Erlaube dir zu fühlen, wo in dir oder in deinem Leben jetzt, früher oder auch immer wieder Chaos ist. Nun lass dich bitte auf das, was du als chaotisch empfindest, ein. Nimm den Tanz, den Wirbel der Energien des Chaos, wahr. Übe dich darin, Chaos einfach auszuhalten – nichts damit tun zu wollen. Es ist eine Urkraft, eine Schöpfungsenergie, und je mehr du sie annehmen kannst, umso mehr gestattest du dir, deine eigene Urkraft zu spüren. Erlaube dir, dein Vertrauen in die chaotische Lebenskraft wieder wachsen zu lassen. Jetzt.

Kannst du die Energie von Chaos genießen? Wenn ja, kann sich aus dem Wirbel heraus die bereits innewohnende Ordnung entfalten – ganz von selbst, ohne dein Tun. Wisse, dass, wenn du Chaos als bedrohlich empfindest, du es vergrößerst und intensivierst. Alles, was wir fürchten, nähren wir durch unsere Angst und verstärken es. Deshalb atme bewusst ein und aus. Erinnere dich daran, dass du ein unendliches und ewiges Wesen bist. Vertraue der Kraft, die das Chaos ist.

Die Schwärze der Shekaina durchdringt dich liebevoll und behutsam. Sie hüllt dich ein, so, wie es für dich im Moment annehmbar ist. Verweile in der Wahrnehmung deiner Reaktionen und bleibe in diese Energien eingebettet, so lange du möchtest und es für dich stimmig ist. Dann empfange den Segen der Shekaina, der Urweiblichkeit. Lass die Dunkelheit abfließen. Bedanke dich bei ihr. Atme tief ein und aus. Beobachte dich. Erde und zentriere dich. Sei präsent im Hier und Jetzt. Sei gesegnet.

☼☼☼

Lilith

Lilith ist eine aktive Kraft in uns. Sie sitzt nicht da und schiebt ihre Eigenverantwortung auf andere ab, indem sie diese für gewisse Situationen und Umstände beschuldigt. Was Lilith nicht guttut, verändert sie – ohne es dabei bewerten zu müssen. Sie lässt uns unabhängig sein.

Schuldzuweisungen sind immer Ausdruck einer Opferhaltung. Wenn ich mich als Opfer fühle, selbst wenn ich mir dessen nicht bewusst bin und es nur über meine Mechanismen und durch meine Reaktionen ersichtlich ist, brauche ich jemanden, den ich dafür verantwortlich machen kann. Lilith und die urweibliche Kraft fühlen sich nie als Opfer und sind es auch niemals. Lilith ist auch kein Täter beziehungsweise keine Täterin. Sie bringt ihre große Kraft bei Bedarf befreiend und klärend zum Ausdruck, allerdings ohne jemanden dabei zu verletzen. So erfahren und leben wir unsere Lilith zumindest in der Neuen Zeit. Eine Lilith, die kämpft und kontert, gehört in die nicht-geheilte Dualität. Jetzt erfassen wir ihr ursprüngliches Wesen.

Die Geistige Welt bittet dich, während deines Tagesablaufs immer wieder innezuhalten und zu beobachten, in welchen Bereichen, Situationen oder bei welchen Themen du dich möglicherweise in deiner Opferhaltung wiedererkennen kannst. Wo und wann sagst du zum Beispiel, dass du etwas nicht kannst oder dir etwas nicht möglich ist? Falls du dich in der Haltung des Opfers wahrnimmst, überprüfe, ob du bereit bist, sie aufzugeben. Wenn du fühlen solltest, dass du deine Opferhaltung nicht aufgeben möchtest – was du darfst, es ist deine Wahl –, beobachte, welche Vorteile sie dir bringt. Nimm einfach wahr und mache es dir bewusst. Manchmal sind es die verborgenen Geschenke, die uns jede Einstellung/Haltung gibt, die uns an vertrauten Gewohnheiten festhalten und Veränderungen nicht annehmen lassen.

Solltest du das Gefühl haben, dass du dich als Opfer nicht finden kannst, lege den Fokus deiner Selbstbeobachtung auf deine Täterschaft. Bist du vielleicht zwischendurch cholerisch, bestimmend und klopfst auf den Tisch? Sprichst du, wenn du dich unter Druck gesetzt fühlst, Drohungen aus? Weißt du immer alles besser und, vor allen Dingen, sagst du anderen gerne, was für sie gut ist und was sie tun sollen? Wenn du dich in diesem Agieren und Reagieren wiederfinden solltest, überprüfe ebenso, ob du bereit bist, deine Täterschaft loszulassen. Antworte nicht schnell, denn dann antwortet dein Mentalfeld. Lass dir Zeit, um in dich hineinzufühlen. Lass deinen Körper die Antwort geben. Er ist ehrlicher ☺.

Falls du ein „Nein“ vernehmen solltest, nimm es an – es ist in Ordnung. Es geht um Beobachtung und Bewusstwerdung. In diesem Fall entdecke wieder die versteckten Geschenke, die dir das Festhalten an deiner Täterhaltung bringt. Vielleicht brauchst du dadurch eine Angst, die in dir ist – zum Beispiel vor dem Alleinsein, dem Nicht-geliebt-Werden –, nicht zu fühlen? Nimm einfach wahr. Lilith ist, wie gesagt, weder Opfer noch Täter. Sie ist frei. Sei gesegnet.

Liliths Geschichte und ihre Verbindung mit Adam und Eva

Es gibt zwei sehr bekannte und wie ich finde, wunderschöne Darstellungen von Lilith. Eine ist das bekannte Terrakottarelief, das Sir Sydney Bernard Burney erwarb und das jetzt im Britischen Museum zu bewundern ist. Es stammt wahrscheinlich aus der altbabylonischen Zeit, aus dem südlichen Irak, und könnte unter Umständen auch eine andere alte Göttin darstellen. Die Bilder sind beispielsweise über Wikipedia zu bestaunen, woher auch dieses Foto stammt (Burney-Relief-Wikipedia).

Die zweite Darstellung wurde von John M. Collier gemalt. Er war ein britischer Schriftsteller und Maler, der von 1850 – 1934 lebte (John Collier (Maler)-Wikipedia).

Lilith wird gerne mit Löwen, Eulen und Schlangen gezeigt. Manchmal hat sie selbst einen Schlangen- oder Drachenunterleib. Für uns ist das „logisch“. Schlangen und Drachen stehen für die weiblichen Schöpfungsenergien, für unsere Kundalini-Lebenskraft. Der Löwe ist ein solares Symbol, und die Eulen stehen für Weisheit. Wenn Lilith Vogelfüße oder Vogelkrallen hat (wie auf dem Burney-Relief), deutet das auf ihre Verbundenheit mit der Natur hin, auf ihre Einheit mit den Naturkräften und ihre Fähigkeit, mit den Tieren zu kommunizieren. Häufig trägt Lilith auch Flügel. Sie sind ein Hinweis auf ihre Verbindung zu den Sternen und zu kosmischen Kräften. Oft wird Lilith als „wilde Frau“ bezeichnet, was ihre Unabhängigkeit und Freiheit beschreibt. Für mich ist sie unsere unbändige Lebenskraft, die sich trotz widrigster Umstände so durchsetzt, dass wir weiterleben. Wir können sie in existenziellen Krisen spüren, die uns so herausfordern, dass wir nicht wissen, ob und wie wir sie überleben können.

Lilith ist eine Urkraft des Lebens. Sie bezeichnet eine Grundenergie, eine Shekaina-Energie, die im Laufe der Zeit verschiedene Namen bekommen hat. Auch Lilith hat sich aus noch älteren Göttinnen heraus entwickelt. Lilith ist also nur eine Bezeichnung von vielen, die die gleiche urweibliche Grundschwingung benennen und repräsentieren. Deshalb hat sie beispielsweise auch viele Ähnlichkeiten mit Kali oder Baba Yaga. Wir kennen Lilith hauptsächlich aus der hebräisch-jüdischen Geschichte, wo sie Adams erste Frau war. Die bekannteste Version davon erzählt weiter, dass sie sich bei der sexuellen Vereinigung mit Adam weigerte, unter ihm zu liegen. Adam war darüber so entsetzt, dass er sich bei Gott-Vater beschwerte. Daraufhin wurde Lilith, nach Ermahnungen durch verschiedene Engel, aus dem Paradies vertrieben. Sie ging ans Rote Meer, wo sie sich mit den dort lebenden Dämonen verschwesterte und verbrüderte und selbst zu einer Dämonin wurde. In weiterer Folge, so sagt die Geschichte, zeugte und gebar sie in wilder und freier Ehe noch unzählig weitere. Eva nahm Liliths Platz an Adams Seite ein. Eine Variante erzählt, dass Eva eigenständig erschaffen, die andere, dass sie aus einer Rippe von Adam geformt wurde. Wie auch immer, war sie eine Partnerin, die sich Adams Wünschen unterzuordnen pflegte.

Da wir unser Bewusstsein weiterentwickelt haben, können wir die alten Geschichten heute anders verstehen. Deshalb werden wir auch die Interpretation dieser der neuen Zeitqualität anpassen. Liliths Erzählung berührte in der nicht-geheilten Dualität viele unserer Ängste und erzeugte Stress und Spannungsfelder. Zum einen gab es Menschen, die von der Existenz Liliths nichts wussten, sie nicht annehmen wollten oder sie als „dunkel" und „dämonisch" abschoben und verdrängten. Die meisten Konflikte waren allerdings zwischen den „Lilith-Menschen" und den „Eva-Menschen“ zu beobachten. In der feministischen Bewegung berief sich ein Großteil der Frauen auf Lilith. Sie war der Prototyp der befreiten Frau, der alle nacheifern sollten, um ihre wahre Weiblichkeit leben zu können. Zwischen den Worten und den Zeilen bedeute dieses oft: Lilith ist gut, Eva ist schlecht (und Adam sowieso). Jene Anhängerinnen und Anhänger, die den Eva-Typ unterstützten und forderten, meinten, dass es wichtig sei, Passivität, Häuslichkeit und Mütterlichkeit zu forcieren, denn Lilith wäre nur ein Mythos.

Immer wieder hatte es den Anschein, als müssten sich (vorwiegend) Frauen entscheiden, ob sie Lilith oder Eva sein wollten. Beides war zu widersprüchlich und deshalb nicht möglich. Adam hatte es auch nicht leicht. Lilith nahm ihn nicht für voll, und Eva hatte ständig Angst, ihn zu verlieren. Glücklich war keiner von ihnen. In dieser Zeit, in der geheilten Dualität, verstehen wir, dass, wenn wir Lilith als weibliche Grundqualität der Shekaina begreifen, es nie darum gegangen ist, dass sie für immer an der Seite eines Mannes oder auch einer Frau bleiben sollte. Denn sie ist die Schöpferin des Lebens und somit des Mannes und der Frau, und ihre Aufgabe ist es, weiter zu erschaffen. Das heißt, Lilith ist, auch bezugnehmend auf die vorherige Geschichte, eine Impulsgeberin für Adam. Dann macht sie Platz und lässt aus ihrem nächsten Schwingungsimpuls heraus Eva entstehen. Es geht nicht um eine Konkurrenz zwischen Lilith und Eva, sondern darum zu erkennen, dass sie gemeinsam mit Adam eine kosmische Triangulation bilden. Lilith als schöpferisches Prinzip ist der integrative Punkt. Sie befruchtet Adam gleich wie Eva. So kann jeder seinen Platz einnehmen, sich wohlfühlen und glücklich sein.

Lilith ist, obwohl sie den Strahlenkranz der Shekaina verkörpert, ein androgynes Bewusstsein. Denn die weiblich wässrigen, rezeptiven und die männlich feurigen, dynamischen Qualitäten sind im Gleichgewicht. Adam, Eva und Lilith leben und wirken in jedem Einzelnen von uns Sie sind wie kollektive Archetypen, die kosmische Prinzipien beschreiben. Innerhalb des genannten Dreiecks steht Adam für das Männliche, Eva für das Weibliche und Lilith, als Ausdruck der Balance der Kräfte, für das Androgyne. Wir wissen, dass wir als Kosmische Menschen in dieser Zeit ebenso immer mehr ins Gleichgewicht der Urkräfte gehen. Das bedeutet, dass wir auch unsere Androgynität wiederentdecken, entfalten und mehr und mehr verkörpern werden. Das ist Teil des Shekaina-Wegs. Wenn wir also heute mit Lilith arbeiten, dann nicht länger, um auf die Barrikaden zu gehen und gegen hauptsächlich die männliche Energie und das Patriarchat zu wettern, sondern um sie als androgynes Bewusstsein wahrzunehmen, was uns Frauen und Männer befruchtet und gleichermaßen liebt. Das ist gleichzeitig unsere Basis, um wahre Partnerschaften der Neuen Zeit leben zu können.

Die Schlange, die Eva aufforderte, die Frucht des Baums der Erkenntnis zu pflücken, war Lilith. Sie ist unsere Schöpferkraft, die uns dazu bewegt, zu forschen, zu entdecken und uns zu evolutionieren. In der alten Zeit gingen wir häufig davon aus, dass es schlimm war, aus dem Paradies vertrieben geworden zu sein. Jetzt können wir erkennen, dass es nie unser Sinn war, nur im Paradies zu bleiben! Wir wollten uns erfahren und auch Dualität in allen Facetten, was die nicht-geheilte Variante mit einschließt, kennenlernen. Das wäre, wenn wir im Paradies verweilt hätten, nicht möglich gewesen. Deshalb benötigte es einen Schöpfungsimpuls, um uns in Bewegung zu bringen. Wir wurden nicht aus dem Garten Eden vertrieben. Wir haben nichts falsch gemacht. Wir wurden nicht bestraft. Wir wollten uns auf eine Reise begeben. Das haben wir getan.

Wenn unsere Kinder größer sind, kommt der Zeitpunkt, an dem sie ihren eigenen Weg gehen, einige früher, andere später. Doch dieser Schritt muss stattfinden, damit die Entwicklung weitergeht. Das ist sowohl für das Kind, das dann keins mehr ist, und auch für die Eltern wichtig. Das Heraustreten aus dem Paradies war nichts anderes. Daher ist es Zeit, den Aufbruch aus dem Garten Eden von nun an als etwas Positives, Lustvolles und Freudvolles zu definieren und zu erfahren.

In der vorherigen Geschichte hieß es, das Lilith, nachdem sie ausgestoßen war, zu den Dämonen ans Rote Meer ging. Für uns stehen die Dämonen heute für die Wesen, die wir nicht mögen, die wir fürchten, die wir, obwohl sie ein Teil von uns sind, verdrängen. Einer aktuellen Interpretation nach könnten wir sie als Außenseiter, als Randgruppe der Gesellschaft, bezeichnen. Am Roten Meer konnten sie endlich so sein, wie sie waren, und ließen deshalb auch andere so sein, wie sie waren.

In der Verbindung mit Lilith geht es auch immer wieder um das heilige Blut der Frauen. Das Rote Meer trägt seinen Namen, weil es an das Menstruationsblut der Göttin erinnert. Die uralten Texte sagen, dass das Blut der Frau ein Nährboden ist, der Leben fördert. Sie gewinnt dadurch an Kraft. Wenn ein Mann blutet, hat er sich verletzt. Er verliert dadurch Energie. An den alten Kultstätten matriarchalischer Gemeinschaften wurde ursprünglich an den sogenannten Opfersteinen Menstruationsblut geopfert, keine Tiere oder gar Menschen. Das waren die eigentlichen Blutopfer der alten Zeit. Man ging davon aus, dass sich die Große Mutter nicht am Blut von Getötetem und gewaltsamer Zerstörung erfreuen würde. Man wusste, dass sie das lebensfördernde Menstruationsblut wollte und liebte.

In der nicht-geheilten Dualität repräsentierte Lilith das Matriarchat, Adam das Patriarchat und Eva die Unterdrückung der weiblichen Energie im patriarchalen System. Das Matriarchat als auch das Patriarchat sind zwei Pole einer Pendelbewegung. In beiden Vorherrschaften gab es Aufbauendes und Nährendes sowie Zerstörendes und Trennendes. In der Neuen Zeit geht es nicht mehr um eine der beiden Strukturen, sondern um eine Verbindung aus den jeweils lebensfördernden Prinzipien beider Ausdrücke. Das ist, wie bereits im ersten Kapitel erwähnt, Teil des Wegs der Shekaina.

Wenn wir uns nun unsere Triangulation Adam – Lilith – Eva noch einmal betrachten, würden die Begriffe wie folgt zugeteilt werden: Bei Adam steht Patriarchat, bei Eva Matriarchat und bei Lilith MaPa(C)Hat. Wenn wir uns in der Begegnung mit Lilith provoziert fühlen, dann nur deshalb, weil sie uns auf etwas aufmerksam machen möchte. Sie unterstützt uns nämlich, mit uns selbst ehrlich zu sein. Lilith öffnet uns die Augen. Sie wertet nicht. Sie hilft uns zu verstehen, dass wir, wenn wir in den Schuhen eines anderen Menschen wären, dessen Verhalten wir verurteilen, bewerten oder verabscheuen, möglicherweise genauso handeln würden.

Lilith ist das Prinzip, das alles kennt und gesehen hat. Keine Erfahrung ist ihr fremd oder neu. Deshalb kann sie letztendlich auch so weit, großherzig und großzügig sein. Lilith wird mit der Geburt der Menschheit in Verbindung gebracht. Sie ist sozusagen unser aller Mutter. Sie ist schöpferisch, unkontrolliert und chaotisch wie die Shekaina. Lilith sagt, dass Aggression dort entsteht, wo Angst ist. Aggression hat viele Gesichter. Ablehnung ist auch eine ihrer Ausdrucksformen. Lilith erinnert uns daran, dass das, wovor wir uns fürchten, uns zornig werden lässt. Bei jeder Wut steckt eine Angst dahinter, die wir versuchen, zu verdrängen, zu verstecken, um sie nicht spüren zu müssen. Lilith hilft uns dabei, uns bewusst zu werden, was uns wütend macht, damit wir dahinter schauen können, um unsere Ängste zu sehen und anzunehmen. So können wir uns ihnen stellen. Lilith führt uns zu unseren ungelebten und ungeliebten Gefühlen. Sie geht mit uns diesen Weg, doch sie ist weder die Wut noch die Angst, der wir begegnen. Sie macht nur sichtbar, was in uns ist.

Lilith hat auch mütterliche und nährende Aspekte. Sie weiß und lehrt uns, dass jegliches Empfinden, Fühlen, jede Qualität, jeder Ausdruck, jedes Wesen, jedes Leben gleichgültig ist. Das versucht sie uns zu vermitteln. Lilith lädt uns ein, unseren eigenen Rhythmen zu folgen, nicht jenen, die uns von außen vorgegeben werden. Dadurch leben wir im Einklang mit der Natur und dem Kosmos und können kraftvoll sein. Das ist für uns in dieser Zeit sehr wichtig. Denn wenn wir unserem inneren Rhythmus folgen, hören wir auf, zu funktionieren, und beginnen, bewusst und achtsam zu leben. In der Verbindung mit dem Menstruationszyklus, der ja ebenfalls einen Lebensrhythmus darstellt, berührt uns Lilith über mögliche Symptome, wie beispielsweise das prämenstruelle Syndrom, um uns darauf aufmerksam zu machen, dass wir nicht unseren eigenen Gesetzen folgen. Sie möchte uns in diesem Zusammenhang aufrütteln, um vermehrt auf uns zu hören.

Die Tiere der Lilith sind die Schlange und der Drache, ihre Mondkraft der Neumond. In der Astrologie wird sie als dunkler oder schwarzer Mond bezeichnet. Lilith erdet uns und lässt uns in unserem Körper ankommen und in ihm zu Hause sein. Eine sumerische Geschichte erzählt, dass Lilith gemeinsam mit einer Eule und einer Schlange im Weltenbaum lebte. Hier übernimmt Inana Evas Rolle, sie möchte sich nämlich aus dem Weltenbaum ein Bett und einen Thron bauen. Da Lilith nicht ausziehen wollte, überlegte sich Inana mit ihrem Bruder eine List, und sie töteten die Schlange. Die Eule wurde vertrieben. Darüber wurde Lilith so wütend, dass sie den Baum zerstörte und floh. Die Interpretation dazu lautet, dass hier der Versuch, die ursprüngliche, freie und wilde Urkraft zu zähmen und in „richtige" Bahnen zu lenken, beschrieben wird.

Weitere Themen von Lilith sind Geburt, Tod und das Leben der eigenen Schöpferkraft, die wir auch über unsere Sexualität zum Ausdruck bringen. Es geht um Furcht- und Angstlosigkeit, Unabhängigkeit, Selbstständigkeit, Selbstvertrauen, Selbstbewusstsein, Gerechtigkeit, Gleichheit, Androgynität, Heilwissen, Kreativität, Loslassen, kraftvolle Liebesbeziehungen und Freundschaften, die Verbindung zur Natur, unsere innere, natürliche Weisheit, das Wissen unseres Körpers, um Authentizität und Mut. Lilith geht in diesen Zusammenhängen keine Kompromisse ein.

So, wie wir wieder lernen, natürlich zu gebären, geht es auch darum, dass wir erneut einen selbstverständlichen Umgang mit dem Sterben finden. Unabhängig davon, wie lange wir in unserem physischen Körper bleiben (40 oder 800 Jahre), wird es immer einen Zeitpunkt geben, an dem wir sagen, dass wir einen Lebenskreis vollenden möchten, um einen neuen, in welcher Form auch immer, zu beginnen. Wenn wir von unserer physischen Unsterblichkeit sprechen, die wir in der Neuen Zeit wieder entwickeln, bedeutet das, dass wir nicht mehr altern, nicht mehr krank und schwach werden, sondern unsere Lebensspanne wieder auf mehrere hundert Jahre ausdehnen können. Aber irgendwann werden wir auch hier das Bedürfnis verspüren, einen Kreis zu schließen, um eine neue Erfahrung zu machen. Doch diese bewusste Entscheidung und die Veränderung unserer Form werden leicht, mühelos, frei und freudvoll sein. Diesen Übergang, wenn sich der Lebenskreis vollendet und ein neuer beginnt, nennen wir derzeit noch sterben. Lilith begleitet uns dabei und unterstützt uns auch, das Sterben wieder mitten ins Leben zu bringen. Es sollte nicht im Versteckten stattfinden. Nichts, was wir in abgeschiedene Zimmer verlegen, weil wir uns davor fürchten und es uns schreckt.

Wenn wir mit Lilith arbeiten, ist es wichtig, dass wir in uns ruhen, unsere innere Mitte spüren und gut verwurzelt sind. Sonst kann es sein, dass die Kraft von Lilith wie ein Blatt im Wind verweht und mit uns spielt. Das geschieht nicht, weil die Energie das möchte, sondern weil wir mit ihr nicht umgehen können. Es geht also darum, um bei diesem Bild zu bleiben, nicht das Blatt zu sein, das verweht wird, sondern der Baum, der steht, kanalisiert, verbindet und lenkt. Das liegt in unserer Verantwortung. Dann unterstützt uns Lilith, genau diese Qualitäten noch weiter zu entwickeln und zu vertiefen.

Die Zahl der Lilith ist die 13. Es ist eine weibliche, eine lemurische Zahl. Der 13er Rhythmus ist der Mondrhythmus, der lunare Rhythmus, der Rhythmus des Matriarchats. Der 12er Rhythmus ist der Sonnenrhythmus, der atlantische Rhythmus, der Rhythmus des Patriarchats. Wenn wir jetzt den 13er Rhythmus wieder mehr ins Leben holen, geht es nicht darum, dass er den 12er Rhythmus ersetzt. Sie sollen und dürfen nebeneinander sein, denn sie ergänzen sich. Die Göttin zeigt sich immer wieder in ihrer Dreifaltigkeit. Als junge Frau/Göttin in weißer Farbe (die noch nicht Blutende), als reife Frau/Göttin in roter Farbe (die Blutende), als alte, weise Frau/Göttin in schwarzer Farbe (die nicht mehr Blutende). Auch wenn Lilith häufig als schwarze Göttin dargestellt wird, trägt sie die rote und weiße in sich und erscheint auch in diesen Ausdrucksformen, wenn sie es möchte. Sei gesegnet.

Botschaft von Shekaina und die Annahme deiner Kraft

Atme bewusst ein und aus, um mit deiner Aufmerksamkeit ganz im Hier und Jetzt zu sein. Nimm deinen physischen Körper wahr. Wie auch immer du ihn fühlst, erlaube dir, es zu beobachten. Lass alle deine Wahrnehmungen kommen und gehen. Halte nichts fest. Richte dich auf den leeren Raum aus, der in dir ist. Über diese Leere tritt in die Schwingungsqualität der Urweiblichkeit ein, in das Prinzip der Schwarzen Sonne. Lass dich darauf ein. Vertraue dieser Kraft so, wie es dir im Moment möglich ist.

Über deine Wurzeln, die tief in die Erde reichen, steigt das Bewusstsein der Schwärze der Zentralsonne in dir auf. Sanft und behutsam breitet es sich in dir aus und hüllt dich ein. Wisse, dass du allezeit ein Kind der Shekaina bist. Du wirst von ihr genährt. Sie gibt dir Geborgenheit und aktiviert die unendliche Kraft der Erneuerung in deinem System. Jetzt. Die Energie der Shekaina ist so tief, dass sie nicht mehr messbar ist. Sie ist wie der unendliche Raum, in dem du frei schweben kannst. Fühle die Leichtigkeit, die in der Dunkelheit ist, und erlaube, dass sie dich berührt.

Während du in dieser Schwärze schwebst, beginnt Shekaina mit dir zu kommunizieren:

„Wir sind unendlich fließender Raum. Wir repräsentieren eine Kraft, die in dir ist und die wir dich bitten, wiederzuerkennen und dadurch anzunehmen. Wir sind das, was als Schwarze Sonne bezeichnet wird. In diesem Fokus nähern wir uns dir, denn wir ziehen dich magnetisch, und wenn du es möchtest, magisch an, um dich ganz aufzunehmen und zu empfangen. Das ist wie ein Rückkehren in unseren Schoß, der als Urgrund des Lebens

bezeichnet wird. Du hast die Möglichkeit, deine Körper, die wir als Matrix bezeichnen, zu verändern. Am tiefsten Punkt, in der schwärzesten Nacht, in der größten Dunkelheit, im Zentrum der Schwarzen Sonne, kannst du deine Matrix aufheben und in einen Moment der Auflösung, der scheinbaren Nichtexistenz, eintauchen. Darin liegt bereits der Funke des Neuen, des neuen Lebens, begründet. Das äußert sich so, dass sich das, was deine Matrix genannt wird, neu aufbauen und formen kann.

Jetzt ziehen wir an. Jetzt nehmen wir auf. Jetzt bist du auf dem Weg in unser Innerstes. Dadurch bist du auf dem Weg in das schwarze Herz der Zentralsonne, das wir sind. Auf dieser Reise erhältst du Unterstützung von den Wesenheiten des Lichts, die deine Seele schon seit so langer Zeit begleiten, allen voran Vesta und die Schwesternschaft der Schilde. Wir erinnern dich daran, dass du, als du die neue Dimension (am 21.12.2012) in der Überschneidungszone, in der Überlappungsebene der nicht-geheilten Dualität mit der geheilten Dualität, durchschritten hast, eine Nullzone durchquert hast, die ein Dimensionstor war. Wir möchten mit dir erneut ein Schwingungsfeld der Nullzone aufbauen, um eine neue Ebene innerhalb deiner Evolution zu betreten. Dabei passierst du erneut ein Dimensionstor. Erkenne, dass jede Nullzone, die du erschaffst und durch die du schreitest, eine Aufhebung der Gesetzmäßigkeiten beinhaltet, und das bezieht sich auf alle Dimensionen. Denn in jeder Dimension gibt es das, was wir als Gesetzmäßigkeiten bezeichnen, bezogen auf die jeweilige Frequenz, die ist. Eine Nullzone ermöglicht es, diese Begrenzungen, was jene Gesetzmäßigkeiten sind, wenngleich sie für das jeweilige Frequenzband erforderlich sind, aufzuheben. Deshalb ist Neuordnung möglich.

Jetzt, während du auf dem Weg bist, bitten wir dich, dich immer wieder in unsere Gegenwart fallenzulassen. Dazu schwebe frei im dunklen Raum. Er trägt dich, nährt dich und gibt dir das Gefühl, geborgen zu sein. So tauchst du Atemzug für Atemzug mehr in die Dunkelheit ein. Wir begleiten dich. Wir segnen dich. Wir sind Shekaina. Atme bewusst ein und aus und lass dich von der Schwärze tragen.

Wir bitten dich, einen Kraftort der Erde auszuwählen, der für dich stimmig ist und der aufbaut, wann immer du an ihn denkst oder an ihm bist. Das schwarze Licht führt dich zu diesem Kraftplatz. Nimm die Energie deines Kraftortes in dich auf und erlaube dir, darüber deine eigene Kraft zu spüren. Wisse, dass der Kraftplatz seine Impulse aussendet, um dich an deine eigene Kraft zu erinnern. Wir bitten dich, tief in dir zu fühlen, dass du kraftvoll bist, egal, ob sich diese Kraft in deinem physischen Körper, in deiner Emotionalität oder in deinem Mentalfeld zeigt. Nimm deine Kraft wahr. Jetzt. Erinnere dich daran, in welchen Momenten deines Lebens du deine Kraft spüren konntest. Wann und wie hat sich deine Kraft gezeigt und geäußert? Wann hast du dich kraftvoll gefühlt? Lass die Erinnerungen daran aufsteigen, ohne sie zu bewerten. Wisse, dass Momente, in denen du besonders wütend warst, Momente der Kraft sind. Dass Momente, in denen du dich ohnmächtig fühltest und dich dadurch nicht mehr bewegen konntest, Momente der Kraft sind. Dass Momente, in denen du dich vor Angst nicht trautest zu atmen, Momente der Kraft sind. Genauso sind Momente, in denen du alles hinter dir gelassen hast, um neu zu beginnen, in denen du Partnerschaften beendet hast, Momente der Kraft. Wir bitten dich, nichts zu bewerten, sondern die Energie zu erkennen, die in diesen Situationen präsent war.

Unabhängig davon, wie du deine Kraft zum Ausdruck gebracht hast, bitten wir dich, dich erneut als kraftvolles Wesen wahr- und anzunehmen. Allein die Tatsache, dass du als Seele, die du bist, auf dieser Erde inkarniertest, ist ein Ausdruck der Kraft. Jede Heilung, die du vollzogen hast, egal, in welchem Kontext, ist ein Ausdruck der Kraft. Wir bitten dich, dass du dir erlaubst, dich als kraftvolles Wesen wahr- und anzunehmen, unabhängig davon, wie du deinen bisherigen Lebensweg definierst, wie die momentanen Lebensumstände auch sein mögen. Jetzt. Wir sagen, dass diese Kraft, diese Lebenskraft, ein Ausdruck deiner Seele ist. Sie ist wie eine Seelenqualität. Diese Kraft ist Teil deines natürlichen Erbes.

Erlaube dir, dich noch mehr auf diese deine Kraft einzulassen und sie wahrzunehmen. Wir bitten dich, aus deiner Erinnerung Situationen oder Menschen aufsteigen zu lassen, die du, wenn du in oder mit ihnen bist, von ihnen hörst oder über sie liest, als kraftvoll empfindest oder empfunden hast, die dein eigenes Kraftpotenzial intensivieren und erweitern, die dich unterstützten und unterstützen, und beflügelten und beflügeln. Wisse, dass das für dich verbündete Wesen und Energien sind, die dich fördern, deine Kraft zu fühlen und zu leben. Wisse auch, dass Lilith nicht hier ist, um deinen Mangel zu füllen. Lilith ist hier, um der Kraft, die in dir ist, zu begegnen, und das bedeutet, dass, wenn du Lilith begegnen möchtest, du dir deiner Kraft gewahr sein darfst und sollst. Die Annahme, dass du kraftvoll bist, ist die Vorbereitung, um Lilith zu begegnen. Erneut bitten wir dich, bei der Wahrnehmung deiner Kraft nicht zu bewerten, in welcher Form du sie gelebt hast, sondern es geht um das reine Fühlen, dass du kraftvoll bist.

Atme bewusst ein und aus. Sinke weiter in die Annahme deiner Kraft, während du gleichzeitig mit deiner Aufmerksamkeit ganz zurückkehrst in deinen Raum, in deinen Körper, in dein Sein im Hier und Jetzt. Erde und zentriere dich, um präsent zu sein. Jetzt. Sei gesegnet.“

Liliths Rollen

Wenn wir Lilith als eine Grundenergie, eine spezielle Schwingung oder ein Bewusstseinsfeld annehmen, können wir ihr verschiedene Rollen zuordnen, die sich daraus ergeben. Durch das Betrachten dieser Aspekte erkennen wir, wie und in welchen Kontexten wir die Kraft von Lilith zum Ausdruck bringen. Angelika Aliti, eine Autorin, Philosophin, Kulturschaffende und Therapeutin, die in Österreich lebt, beschäftigt sich schon sehr lange mit dem Thema der urweiblichen Kraft. In ihrem Buch, „Die Wilde Frau" erzählt sie unter anderem auch von diesen erwähnten Rollen. Das leihen wir uns aus und erweitern es beispielsweise um die männlichen Figuren. Denn wie wir wissen, liebt Lilith alle Frauen und lebt in ihnen und in allen Männern gleichermaßen.

Wir zeichnen nun einen Kreis. Das ist Lilith. Wir unterteilen ihn in sieben oder in vierzehn Segmente, je nachdem, ob wir die weiblichen und männlichen Rollen in einzelne Abschnitte eintragen möchten oder sie als Paar gemeinsam in eine Sequenz schreiben. Nun folgen die einzelnen Aspekte: die Liebende und der Liebende, die Künstlerin und der Künstler, die Priesterin und der Priester, die Mutter und der Vater, die Königin und der König, die Kriegerin und der Krieger, die Furie oder die wilde Frau und der wilde Mann.

Die Aufgabe besteht nun darin, hineinzuspüren, welcher Teil gelebt wird und wie und wo er seinen Ausdruck in unserem Leben findet. In Harmonie sind wir, wenn jeder Aspekt seinen Platz, seinen Raum und seine Zeit in unserem Leben hat. Wenn uns eine Rolle nicht vertraut ist, achten wir spielerisch darauf, wie wir ihr eine Möglichkeit schenken können, sich zu zeigen und zu leben. Als Frauen würden wir uns zuerst den weiblichen Anteilen widmen und dann den männlichen. Männer machen es umgekehrt.

Es ist empfehlenswert, sich immer wieder seinen inneren Rollen zuzuwenden. Sie können sich verändern, und so ist es uns möglich, uns regelmäßig in die Balance zu führen und Lilith zu fühlen und zu leben. Angelika Aliti hat den einzelnen Aspekten auch Themen und Körperregionen zugeordnet. Zur Liebenden (und dem Liebenden) gehören beispielsweise die Selbstliebe und die Haut, zur Künstlerin (und dem Künstler) die Bewegung, der Bauch und die Beine, zur Priesterin (und zum Priester) die Spiritualität, die Ekstase und das Gesicht, zur Mutter (und zum Vater) die Annahme unseres Körpers, unseres Gewichts, unserer Gewichtung und unsere Brust, zur Königin (und zum König) die innere Mitte, das Fundament, die Hüfte, das Becken und das Gesäß, zur Kriegerin (und zum Krieger) die Präsenz, die Standhaftigkeit, die Zielgerichtetheit und die Nägel, zur wilden Frau (und zum wilden Mann) die Ursprünglichkeit, die Freiheit, die Natürlichkeit, die Haare, die Vulva (und der Penis). Es ist immer wieder erkenntnisreich und spannend, die Verbindungen zwischen den Körperbereichen, den Themen und den Rollen zu beobachten.

Was uns bewusst sein sollte ist, dass es unsere Aufgabe ist, zu üben, die einzelnen Aspekte aus unserer Mitte heraus auszudrücken und zu leben. Das bedeutet zum Beispiel, dass wir unsere Kriegerin oder unseren Krieger verkörpern können, ohne dabei mit irgendjemanden oder irgendetwas auf Konfrontation zu gehen. Die Form des KriegerInnentums, wo wir die Messer wetzten, unsere Verteidigungs- und Angriffstechniken perfektionierten und zwischendurch schon einmal ein Köpfchen rollen konnte, gehören zur nicht-geheilten Dualität. Heute haben der Krieger und die Kriegerin aufgehört, zu kämpfen. Sie stehen nach wie vor klar, kraftvoll und präsent für sich ein, doch sie kommunizieren dabei über ihr Herz, im Gegensatz zu früher, als der Austausch über den Solarplexus stattfand. Dadurch war es ein Kräftemessen und Machtspiel. Es musste einer stärker und besser sein als der andere. Einer war der Gewinner und der andere der Verlierer.

In der Neuen Zeit leben und handeln der Krieger und die Kriegerin aus ihrem Herzen heraus. Dadurch gibt es auch keine Verlierer, nur mehr Gewinner. Es wird nie langweilig, uns selbst mehr und mehr zu erforschen und zu entdecken. Die Geistige Welt meinte vor einigen Jahren, dass der Sinn unserer Inkarnation Selbsterfahrung ist. Wenn wir mit dem Lilith-Kreis spielen, erfahren wir uns selbst und erfüllen somit unsere Aufgabe! Sei gesegnet.

☼☼☼

Der männliche und der weibliche Ausdruck der Zentralsonne

Die Zentralsonne ist das Zentrum unseres Universums. Sie ist die Summe aller solaren Energien, die es gibt. Der männliche Teil der Zentralsonne wird als Vater-Gott, als ElShaddai, bezeichnet und erstrahlt in weißgoldenem Licht. Sein Prinzip ist Expansion. Das heißt, es bringt uns dazu, uns immer wieder zu öffnen. Es lässt uns zu einer leuchtenden Sonne werden und uns strahlen, strahlen, strahlen. Da wir uns, wie bereits erwähnt, in einem dualen Kontext bewegen und nicht in einem Vater-Universum sind, wäre es zu einseitig und auf Dauer für unsere Systeme zu viel, nur in die Ausdehnung zu gehen und Ausdehnung zu sein. So wenden wir uns der anderen Seite zu, und zwar nicht aus einem Mangel heraus, sondern einem natürlichem Rhythmus folgend.

Der weibliche Teil der Zentralsonne wird Mutter-Gott oder Shekaina genannt und ist schwarz. Ihr Prinzip ist bedingungsloses Aufnehmen, Bodenlosigkeit und Leere. Ihre Kraft geht nach innen, in die Tiefe, in die Konzentration. Das kann bis zu einer totalen Verdichtung führen. Unsere Aufgabe ist es, uns frei und fließend zwischen diesem göttlichen Aus- und Einatmen zu bewegen und zu sein. Dann sind wir im Gleichgewicht der Kräfte und erleben uns als Teil der Quelle allen Seins. Wenn wir uns ärgern, streiten, schimpfen, nörgeln, kritisieren, angespannt und aggressiv sind, zeigt es an, dass wir einen Überschuss an ElShaddai-Energie in uns tragen. Wenn wir süchtig sind (egal wonach), alles in uns hineinfressen und hinunterschlucken, traurig und depressiv sind, ist das ein Hinweis darauf, dass ein Zuviel an Shekaina-Kraft in uns wirkt und der Ausgleich dazu fehlt. Deshalb ist es empfehlenswert, uns immer wieder sowohl der weißgoldenen als auch der schwarzen Sonne hinzugeben. Sei gesegnet.

Shekaina nimmt dein Inneres Kind in die Arme

Nimm einige bewusste Atemzüge, um ganz im Hier und Jetzt anzukommen. Erlaube dir, dich mit deiner Aufmerksamkeit auf dich zu fokussieren. Alles, was um dich herum ist, verliert an Bedeutung. Lege deine Hände auf deinen Unterbauch, atme so tief ein und aus, dass sie sich dabei heben und senken. Lass deine Schultern fallen und weich sein. Löse jegliche Spannung in deinem Unterkiefer auf, indem du ihn leicht hängen lässt und deinen Mund ein wenig öffnest. Atme in deine Hüftgelenke ein und aus, weite deine Basis und dehne deine Wurzeln aus.

Lenke nun deine Aufmerksamkeit zu deinem Kreuzbein. Fühle deine Lebenskraft, deine Urkraft, deine Schlangenkraft, deine Drachenkraft, deine Kundalinienergie auf eine dir vertraute Art und Weise. Erkenne, dass auch deine Schlange, während sie spiralförmig in deinem Kreuzbein ruht, atmet. Dadurch entsteht in dir eine Bewegung. Über ihr Ein und Ausatmen lässt deine Schlangenkraft Impulse entlang deiner Wirbelsäule auf- und absteigen, ohne sich selbst dabei zu bewegen. So transportiert sie Wirbel für Wirbel Energie hinauf und hinunter.

Jetzt nimm wahr, wie sich deine Wirbelsäule entspannt und ausrichtet. Sie ist deine Verbindung zwischen Himmel und Erde. Die Geistige Welt vergleicht deine Wirbelsäule mit dem Stamm des Lebens- und Weltenbaums, den deine Kundalinienergie belebt und hütet.

Atme bewusst ein und aus. Erlaube dir, in die Schwärze der Nacht eingebettet zu sein. Lass dich von Shekaina tragen. Sie bittet dich, dich daran zu erinnern, wie kraftvoll du bist, wie auch daran, dass du Schöpfer und Schöpferin deines Lebens bist. So lege deine Hände nun auf dein Herz und wiederhole einige Male für dich: „Ich bin kraftvoll. Jetzt und allezeit." Lass die Schwingung der Worte tief in deine Zellen einstrahlen und integriere sie. Dann sinken deine Hände wieder und ruhen entspannt.

Vesta nimmt Raum. Sie nimmt dich an die Hand, um mit dir zu reisen. Sie schafft einen Lichtkanal, der dir wie ein Aufzug dient. Er trägt dich weit hinaus in den Kosmos, durch die Muttersonne hindurch, bis hinein in die Zentralsonne. Vesta lädt dich ein, mit ihr im Tempel der solaren Feuer zu sein. Jetzt.

Erkenne, wie sich der Tempelraum verdunkelt. Schwarze Tücher und Stoffe werden um die Flammen und die Öffnungen, durch die strahlendes Sonnenlicht einfällt, gespannt. Die feurigen und solaren Energien des Tempels schimmern wie Goldfunken auf und durch das schwarze Gewebe. Es ist ein besonderes Gewebe, das nicht mit irdischen Stoffen vergleichbar ist.

Nun verändert sich das Antlitz von Vesta. Sie verdunkelt sich im weiblichen Fokus der Zentralsonne und wird zur Schwarzen Sonne, zur Shekaina. So bittet sie dich, es dir bequem zu machen. Lege deine Hände auf deinen Solarplexus und tritt in Kontakt mit deinem Inneren Kind. Lade es ein, da zu sein, um sich der Dunkelheit hinzugeben. Shekaina berührt dein Inneres Kind. Sie lenkt das schwarze Feuer in ihm und spricht:

„Wir sind Shekaina über den Fokus von Vesta. Wir repräsentieren das schwarze Licht der Sonne im Hier und Jetzt. Wir übernehmen diese Aufgabe, um dir zu dienen, dich in ein vertieftes Verständnis deiner eigenen solaren Kraft zu führen und dich tiefer einzubetten in den Schoß der Quelle. Dieser offenbart sich in diesem Universum als Shekaina, die wir sind. Er ist als Kraft des Ursprungs, als Urgrund jeglicher Regung und somit jeglicher Manifestation zu verstehen und zu feiern. Wir berühren dein Inneres Kind in Sanftheit, um ihm alle Ängste zu

nehmen. Wir geben ihm die Möglichkeit, durch die Ängste hindurchzugehen, die in ihm sind, bezugnehmend auf die Schwärze der Nacht und die dunklen Geheimnisse, mit denen es bewusst oder unbewusst im Laufe seiner Entwicklung innerhalb der Familie konfrontiert war. Wir legen unsere Hände auf sein Herz und lassen tiefes Vertrauen einströmen.

Jetzt ermutigen wir es, mit uns weiterzugehen, um jegliche Verdichtung seiner Lebenskraft, die es in sich trägt, loszulassen. Eine Hand positionieren wir auf den Augen deines Inneren Kindes und sagen zu ihm: Vertraue dem, was du fühlst, nicht dem, was du siehst. Wisse, dass viele Innere Kinder eine Prägung der Verunsicherung in sich spüren, weil ihnen nicht geglaubt und ihnen vermittelt wurde, dass das, was sie wahrnehmen, nicht stimmt. Ihre Intuition wurde so infrage gestellt, was zu einem inneren Konflikt führte. Das Kind wusste nicht, wem es glauben sollte, seinem Gefühl, oder dem, was andere sagten. Darin liegt einer der Urzweifel, bezugnehmend auf deine eigene Wahrnehmung, begründet. Deshalb schließen wir nun bewusst deine Augen. Wir führen dich zurück zu deinem Fühlen und das Vertrauen in deine Intuition. Wir geben dir damit die Bestätigung, dass alles, was du als Kind, auch wenn du es nicht in Worte fassen konntest, gefühlt hast, richtig war.

Wisse, dass du als Kind eng mit dem emotionalen Sein verwoben bist. Deine kognitive Stärke und dein Mentalfeld schulen sich erst im Laufe der Monate und Jahre. Die Phase, in der die Kinder eng mit dem eigenen und kollektiven Emotionalfeld verbunden sind, ist eine Zeit der Wahrheit und der Intuition. Wir führen dich in diese deine ursprüngliche Verbindung zum emotionalen Feld zurück. Jetzt. Dadurch bestärken wir dich darin, dass das, was du fühlst, richtig und stimmig ist. Du kannst ihm vertrauen.

Wisse, dass es im Moment nichts für dich zu tun gibt, außer dich dem Energiefluss hinzugeben und ihn anzunehmen. Wir erinnern dich daran, dass eine Neue Zeit ist. Jetzt findet Evolution über Freude statt. Es geht nicht mehr darum, über Leid zu lernen. Deshalb lösen wir noch vorhandene schmerzhafte Erfahrungen, bezugnehmend auf die Themen, die wir nannten, aus deinem System, ohne dass sie von dir erkannt oder gesehen werden müssten. Es ist nicht mehr erforderlich, sich in den alten Schmerz zu begeben. Dadurch wird etwas wieder und wieder erlebt und erfahren. Es wird etwas aktiviert und erneuert, was bereits abgeschlossen sein könnte und ist.

Begreife, dass eine Erfahrung der Vergangenheit vergangen ist. Du kannst nur im Jetzt sein. Wenn du im Jetzt an eine vergangene Erfahrung denkst und den Schmerz fühlst, hast du die Vergangenheit in die Gegenwart gebracht und erschaffst sie erneut. Dann erlebst du das Leid wieder, nicht weil es einst war, sondern weil du es noch einmal manifestierst. Lass also Vergangenheit Vergangenheit sein. Hole sie nicht in die Gegenwart. Wärme sie nicht auf, wiederhole sie nicht, bestätige sie nicht. Erkenne, dass, wenn du eine Vergangenheit jedes Mal wieder neu erschaffst, du im Laufe der Zeit nicht nur eine schmerzhafte Vergangenheit hast, sondern viele Vergangenheiten des einen leidvollen Erlebens.

Verweile nun in der Gegenwart mit deinem Inneren Kind, eingebettet in die Dunkelheit der Nacht, in den solaren Kräften der Urweiblichkeit. Nähre dich. Wir durchdringen dein System und erweitern Energieverbindungen, die erstarrt sind. Wir vernetzen sie, wo sie unterbrochen sind, und lösen Blockierungen auf. Dadurch findet eine Wandlung der Bewertung von und der Identifikation mit früheren Erfahrungen statt. Das ist Heilung. Jetzt.

Verbinde dich erneut mit deinem Inneren Kind. Es ist selbstsicherer geworden und vertraut den eigenen Wahrnehmungen und seiner Intuition wieder. Umarme dein Inneres Kind bewusst. Nimm sein ursprüngliches Wesen und seine Fähigkeiten in dein Herz auf. Nun gehe einen Schritt weiter. Wir laden die Seelen deiner biologischen Eltern ein, Raum zu nehmen. Unabhängig davon, ob deine biologischen Eltern in physischer Form leben oder nicht, ob du sie kennst oder kanntest und in welchen Beziehungen du mit ihnen stehst oder standest. Wir rufen die Seelen deiner Eltern in die Schwärze der Nacht herein und durchdringen sie in ihrer Gesamtheit. Nun erschaffen wir eine für dich aufbauende und nährende Situation mit deinen biologischen Eltern. Das bedeutet, dass wir im Namen der solaren Kräfte dein Inneres Kind in seiner Ursprünglichkeit mit den Seelenenergien deiner Mutter und deines Vaters vereinen. Über diese Seelenebene fließt deinem Kind bedingungslose Liebe zu. Denn eine Seele, jede Seele, kann nicht anders als zu lieben. Die Seelenessenz, das Seelengewebe, ***ist*** *Liebe. Wir durchströmen alle Verwirrungen, die es im zwischenmenschlichen Zusammensein zwischen dir und deinen Eltern möglicherweis gegeben hat und gibt, um sie im Namen der Shekaina, die wir sind, zu segnen. Dadurch ist Auflösung, und Heilung nimmt Raum. Heilung ist.*

Fühle, wie die bedingungslose Liebe von der Seele deines Vaters und der Seele deiner Mutter zu deinem ursprünglichen Kind fließt. Es ist angenommen, bestätigt, wertgeschätzt und geliebt. Dein Inneres Kind beginnt zu leuchten. Es baut sich auf, gewinnt an Kraft und erhält Energie. All das dehnt sich in der Gesamtheit, die du bist, aus, um dich zu erfüllen. Jetzt. Nimm wahr, wie sich dadurch Spannungen auflösen. Belastungen, unabhängig davon, ob du sie benennen kannst oder nicht, fließen ab. Frieden ist.

Wir durchwirken dein Inneres Kind und sagen zu ihm: Lege

den Trotz ab. Lege den Trotz ab, an den Verletzungen der Vergangenheit festzuhalten und erstarrte Vorstellungen deiner Kindheit und deiner Eltern zu bewahren, die längst überholt sind. Atme und werde weit. Öffne dich, um dich auf das Mysterium des Lebens, dessen Teil du bist, einzulassen. Dadurch ist es dir mit jeder Faser deines Seins möglich, die bedingungslose Liebe, die von Seele zu Seele allezeit ist, wahrzunehmen. Dieses ist keine Geschichte, kein Märchen. Bedingungslose Liebe ist wahrhaftig und ist. Erlaube dir, sie als Kind, das du bist, zu empfangen und in weiterer Folge in der Gesamtheit, die du bist, auf- und anzunehmen.

Wir wissen, dass viele Menschen nicht die Möglichkeit hatten, wirklich Kind zu sein. Viel zu früh wurden sie in die Rolle des Erwachsenen gedrängt und mussten große Verantwortung tragen. Es wurde nicht für sie gesorgt, denn sie mussten für andere sorgen. Wir wissen um diese Erfahrungen, wo sie zu früh auf sich selbst gestellt waren, in Zeiten, in denen Geborgenheit hätte sein sollen. Doch wir sagen, dass du das alles jetzt in der Verbindung mit der Shekaina, die wir sind, mit der Urweiblichkeit auflösen kannst. Du hast die Wahl. Wir stellen deinem Inneren Kind die Schwärze der Nacht zur Verfügung, auf dass es die alten Erfahrungen alte Erfahrungen sein lässt und sich erlaubt, sich auf seine Ursprünglichkeit zu fokussieren und Liebe anzunehmen. In dieser Liebe sind das Umsorgt-Werden und das Umsorgt-Sein und alles andere, was es benötigte und immer noch braucht, enthalten.

Atme bewusst ein und aus. Integriere dein heiles, erfülltes, sich selbstvertrauendes, geliebtes Kind. Fühle die Auswirkungen in der Gesamtheit, die du bist. Wir danken dir. Wir segnen deine biologischen Eltern und entlassen ihre Seelen nun aus der Dunkelheit der Nacht. Dann führen wir dich aus dem

Tempel der Zentralsonne über den Lichtkanal wieder zurück in deinen Raum, in deine Zeit, in deinen Körper. Wir segnen dein Inneres Kind. Wir segnen dich. Nimm den Fluss der Energien wahr. Erde und zentriere dich. Sei präsent. Wir sind Shekaina im Fokus der Vesta. Sei gesegnet."

☼☼☼

Die schwarze Madonna

Jetzt widmen wir uns den schwarzen Madonnen. Lilith stammt aus einem anderen Kulturkreis. Unser europäisches Pendant dazu sind die schwarzen Madonnen. Obwohl wir sie hauptsächlich aus einem christlichen Kontext kennen, sind sie ein uraltes Symbol weiblicher Spiritualität, das auch von vielen sogenannten „Nichtgläubigen“ und „Andersgläubigen“ verehrt wird. Die schwarzen Madonnen strahlen eine archaische, ursprüngliche Göttinnenkraft aus. Das Zentrum, über das sich die schwarzen Madonnen in Europa ausbreiteten, ist Frankreich. Von dort kamen sich nach Spanien. Die Orte, an denen sie ihre Heimat fanden, sind alte Göttinnenplätze, die einst beispielsweise Venus oder Astarte geweiht waren.

Die „echten“ schwarzen Madonnen sitzen auf einem Thron. Mittlerweile gibt es auch nicht-sitzende Darstellungen, zu denen ebenso viele Menschen pilgern und mit ihnen Zwiesprache halten, um darüber mit Mutter-Gott Kontakt aufzunehmen. Einige der alten Statuen wurden im Laufe der Zeit übermalt, sodass sie nicht mehr erkennbar sind und als weiße Figuren in Kirchen und Kapellen stehen. Andere wiederum waren anfangs hellhäutig und verrußten so, dass sie zu einer schwarzen Heiligenfigur wurden, wozu die bekannte schwarze Madonna von Altöttingen zählen soll. Unabhängig davon, ob eine Statue von Anfang an schwarz war oder es erst später wurde, fließt die Energie der Shekaina über sie in die Materie. Viele der originalen Figuren gingen verloren oder wurden zerstört.

Eins der Erkennungszeichen der alten schwarzen Madonnen ist, wie bereits erwähnt, der Thron. Er steht für Weisheit. Des Weiteren hatten sie ein auffallend großes Gesicht mit einem starren Blick und im Vergleich zu den restlichen Proportionen zu große Hände. Einige hielten ein Kind auf dem Schoß, das erwachsene, männliche Gesichtszüge zeigte. Die Ausstrahlung der Madonnen erschien nicht sehr weiblich, sondern eher männlich. All das hatte seine bestimmte Bedeutung. Das Kind stellte nicht nur Jesus dar, sondern den Herrscher eines Landes, und heute würden wir es stellvertretend für die ganze Menschheit interpretieren. Die großen Hände sagen, dass die Göttin heilt und segnet und einen intensiven Energiefluss der weiblichen Gottespräsenz den Menschen und der Erde zur Verfügung stellt. Ihr starrer Blick war auf einen besonderen Energiepunkt innerhalb der Krypta, wo einst ihr Platz war, ausgerichtet. Ihre männliche Ausstrahlung bestätigte, dass sie, obwohl sie Mutter-Gott repräsentierte, ein Symbol der Androgynität war.

Wenn wir in Europa unsere Kraft der Lilith aktivieren möchten, ist es Teil unserer Aufgabe, es über die schwarzen Madonnen zu tun. Sowohl das Element Wasser als auch das Feuer werden den schwarzen Heiligen zugeordnet. Das kennen wir schon von der Schwesternschaft der Schilde. Es geht um eine alchemistische Vereinigung dieser Kräfte, um im Gleichgewicht zu sein. Die „klassischen" schwarzen Madonnen wurden von begabten französischen Schnitzern ab 1050 bis ins 13. Jahrhundert hergestellt. Ihre Blütezeit hatten sie im 10. und 11. Jahrhundert. Ihr Thron stand nicht nur für Weisheit, sondern drückte auch den hohen Stellenwert aus, den man der göttlich weiblichen Energie einst gab. Sie war nicht nur die Große Mutter, sondern auch eine Königin. Die Statuten wurden nach den Prinzipien der heiligen Geometrie angefertigt. So hatten sie eine bestimmte Größe, die an die Zahlenmystik angelehnt war. Es waren magische Wesen.

Die ersten Madonnen wurden aus Zedernholz geschnitzt, später aus Wacholder. Zedernholz ist sehr resistent gegen

Holzwürmer. Die Kelten machten daraus Truhen, um ihre Kostbarkeiten darin aufzubewahren. Die Holzfiguren hatten am Rücken kleine Vertiefungen, wo heilige Gegenstände eingearbeitet wurden, wie zum Beispiel Haare. Sie waren Teil eines Reliquienkults. Haaren wurden seit jeher magische Kräfte zugeordnet. Je behaarter (auch am Körper) ein Mann oder eine Frau war, umso größer waren die Magie und die Kraft, die ihm und ihr zugesprochen wurden. Nachdem die magischen Gegenstände eingebettet waren, umwickelte man die Madonnen mit Teilen von Leichentüchern bedeutsamer Verstorbener. Erst dann wurden sie bemalt. Man vermutet auch, dass die Statuen zuerst eine andere Göttin darstellten, wie beispielsweise Isis, die dann durch die Prozedur des Umwickelns und Anmalens zu schwarzen Madonnen wurden.

Die Energie der schwarzen Göttinnen finden wir auch in anderen Kulturkreisen wieder. Bei den Buddhisten heißt sie schwarze Tara und bei den Sufis Leila, was Nacht bedeutet. Man sagte den schwarzen Madonnen nach, dass sie die Fähigkeit hätten, Kinder zum Leben zu erwecken. Sie sind erneut Hüterinnen des Lebens, des Todes und der Fruchtbarkeit. Sie lebten gerne in Bäumen, hauptsächlich im Weiß- oder Schwarzdorn oder in der Stechpalme, worüber sie sich Menschen immer wieder offenbarten. Sie wuchsen an Orten, an denen später Kirchen und Kapellen gebaut wurden. Ihr eigentlicher Platz ist in der Krypta, weil das den Bauch der Göttin darstellt. Dort können sie ihre Kraft am meisten entfalten. Auch diese Verehrungsplätze waren nach den Gesetzmäßigkeiten der heiligen Geometrie ausgerichtet.

Wir möchten dich nun in einer Meditation einzuladen, dich auf die schwarze Madonna einzulassen und sie zu fühlen. Dazu reist du in deiner Vorstellung an einen ihrer heiligen Orte. Es ist nicht wichtig, seinen Namen zu kennen. Vertraue deiner Intuition. Natürlich haben auch diese Göttinnenplätze ihre Erfahrungen durch die Zeitebenen hindurch gesammelt. Doch wie wir bereits öfters erwähnt haben, ist es für uns nicht mehr wichtig, welche Energien sich angesammelt haben. Wir berühren die ursprüngliche, freie und heilige Göttinnenenergie, die immer war, ist und sein wird. So begegnen wir der schwarzen Göttin, der ersten Tochter der Shekaina, und unserer europäischen Lilith. Sei gesegnet.

(Unter www.lalumieresdedieu.eklablog.com kannst du beispielsweise die Notre-Dame de Montserrat, eine wunderschöne schwarze Madonna, bewundern.)

☼☼☼

Begegnung mit der schwarzen Madonna

Atme bewusst ein und aus, um ganz im Hier und Jetzt anzukommen. Lass alle Gedanken ziehen. Erlaube dir, leer zu werden und zu sein. Fokussiere dich auf deinen Solarplexus, auf deine innere Sonne. Heute darf deine Schwarze Sonne leuchten. Die schwarzen Sonnenstrahlen dehnen sich aus, um dich mit Himmel und Erde zu verbinden, deine Körper zu zentrieren und alles, was du bist, zu durchdringen.

Die schwarze Energie strahlt tief in dein Zellgedächtnis, um dort alle deine Erinnerungen und Begegnungen mit der schwarzen Göttin, der großen Göttin, der schwarzen Madonna, zu aktivieren. Nimm wahr, dass die Schwingung der Shekaina Raum nimmt. Sie hüllt dich in ihre Gegenwart ein. Sie kennt den Weg und trägt dein Bewusstsein an einen alten, heiligen Platz, an dem eine Stechpalme wächst. Über diese Pflanze ist hier die Kraft der Urweiblichkeit, der schwarzen Göttin, lebendig. Komme jetzt an diesem Kraftplatz an. Gehe in die Begegnung mit der Stechpalme. Begrüße sie und bitte sie, den Ort energetisch für dich zu öffnen, damit du in seine inneren Energien eintreten kannst.

Wisse, dass die Plätze, an denen die schwarzen Madonnen standen und stehen, Einweihungsorte waren und sind. Deshalb fragt dich das Wesen der Stechpalme, ob du den Einweihungsweg weitergehen möchtest. Bist du bereit, dich von der Großen Göttin, der Urweiblichkeit, der schwarzen Göttin, initiieren zu lassen? Dann segnet dich das Stechpalmenwesen und lädt dich ein, weiterzugehen. Erlaube dir, auf eine alte Kirche, die hier erbaut ist, zuzutreten. Über dem Eingangsportal ist eine Darstellung von Sheela-na-Gig, einer uralten Göttin, die einst die Türen und Pforten der Kirchen hütete. Sie zeigt an, dass man durch sie in den Schoß der Mutter-Göttin, zurück zur Quelle, kommt.

Atme tief ein und aus. Empfange den Segen von Sheela-na-Gig und betritt den sakralen Raum. Hier folgst du intuitiv dem Weg in die Krypta. Das ist dein heutiges Ziel. Steige bewusst, Schritt für Schritt, hinab in den Schoß der Erde. Du erreichst einen dunklen Raum. Halt inne und fühle die Präsenz der schwarzen Madonna, die hier auf dich wartet. Nimm sie auf deine eigene Art und Weise wahr.

Wisse, dass ihre Heiligtümer auf Wasseradern errichtet sind, da sie die Göttin des Wassers und des Feuers ist. Auch unter dir fließt eine Wasserader direkt zu ihr. Es ist ein Fluss des Lebens. Kannst du den Sog spüren, der von ihr ausgeht und dich zur schwarzen Göttin zieht? Erkenne, dass der Hauptfluss, auf dem du dich befindest, von anderen Strömungen immer wieder durchkreuzt wird. Diese Schnittstellen der Energieflüsse stellen Schwellen dar, die du, während du dich weiter auf die schwarze Madonna zubewegst, überqueren musst.

Die schwarze Göttin spricht zu dir. Sie sagt, dass du, während du auf sie zugehst, alles loslassen darfst. Deine Ängste, deine Glaubenssätze, das, was du glaubst zu sein, und das, was du glaubst, nicht zu sein. Alles, was du besitzt genauso, wie alles, was du meinst, das dir fehlt. Setze jeden Schritt bewusst. Fühle, wie das Wasser, das durch diesen Ort strömt, alles hinwegschwemmt, bis deine wahre göttliche Essenz mehr und mehr zum Ausdruck kommt.

Erkenne nun zu deiner rechten Seite das Bildnis eines Drachens oder einer Wassernixe. Halt inne, um den Segen der uralten Göttin, die mit dieser Darstellung verbunden ist, der Drachen- und Schlangengöttin Vouivre, zu empfangen und mit ihr in Kontakt zu gehen. Sie berührt deinen physischen Körper und die Schlangenkraft, die in dir ist. Vouivre steht mit allen Schlangen- und Kundalinienergien der Erde in Verbindung. Sie repräsentiert die Feuerkraft des Lebens. Ihre Aufgabe ist es, die Schöpferkraft der Erde, ihre Kundalinienergie, zur schwarzen Madonna zu lenken. Diese leitet sie weiter hinauf in den Kosmos, direkt in die Zentralsonne hinein. Und die Zentralsonne antwortet. Sie lässt solares Licht zurück zur schwarzen Madonna fließen. Die Göttin lässt das Sonnenlicht in das Wasserbecken, das zu deiner Linken ist, strömen, und das Wasser verteilt die Schwingung der Zentralsonne in der Erde.

Kannst du erkennen, dass du vor einem heiligen Dreieck stehst? Die feurigen Erdkräfte fließen über den Vouivre-Punkt zur schwarzen Madonna. Diese schickt sie zur Zentralsonne und empfängt von dort Sonnenlicht. Das kommt zurück über das Wasserbecken auf der gegenüberliegenden Seite der Drachengöttin hinein in die Materie. Das Quellbecken ist mit der Darstellung der Göttin Vouivre energetisch verbunden. In diesem Schwingungsfeld vereinen sich die Feuer- und Wasserkräfte und bilden ein Gleichgewicht. Es ist ein Bewusstseinsfeld der Androgynität. Erkenne, dass der Blick der schwarzen Madonna direkt in das Kraftfeld führt und so den Platz zeigt, an dem die größte Konzentration des Gleichgewichts der Kräfte, der Androgynität, ist. Atme bewusst ein und aus und erlaube dir, alles auf dich wirken zu lassen. Jetzt.

Wenn du bereit bist, tritt näher auf die Göttin zu, um im Feuer-Wasser-Erde-Zentralsonnenfeld zu stehen. Platziere dich an der Stelle, auf die der Blick der schwarzen Madonna fällt. Hier lass dich von ihrer Präsenz und ihrer verbündeten Energie durchdringen. Fühle, dass deine Körper und dein System eine tiefe Harmonisierung erfahren. Hier an diesem Göttinnenplatz ist alles möglich. Es ist ein Ort der Gnade.

Atme erneut tief ein und aus. Verweile im Energiefluss und gehe nun in eine Zwiesprache mit der schwarzen Göttin. Sie übermittelt dir jetzt persönliche Botschaften. Lass dich weiterhin von der schwarzen Madonna berühren, aufnehmen und annehmen. Dieses gleicht einer Rückkehr in den Schoß der Urweiblichkeit, einer Einweihung in die Mysterien der Shekaina. Nimm wahr, dass das solare Licht der Zentralsonne dein Bewusstsein erweitert, wodurch sich Leichtigkeit in jeder Zelle, die du bist, ausbreitet. Die Erdkundalini in der Verbindung mit den Mutterschlangen berührt deine Schlangenkraft. Sie segnet und stärkt sie.

Nun wird die schwarze Madonna lebendig und erhebt sich von ihrem Thron. Sie kommt auf dich zu und nimmt dich in ihre Arme. In diesem Moment fällt alles ab, was dich jemals belastet hat, dich noch belastet oder belasten wird. Du darfst zugleich Kind und erwachsener Mensch sein. Aus ihrer Kraft bist du geboren, und in diese kehrst du zurück. Es ist Teil des ewigen Kreislaufs, der Leben genannt wird. Wisse, dass sie dich ganz genau kennt. Sie weiß jeden deiner Gedanken, den du gedacht hast – auch jene, die du noch denken wirst. Sie weiß, was du gefühlt hast, und das, was du weiterhin fühlen wirst. Nichts bleibt vor ihr verborgen.

Tauche in ihre Energie ein. Löse dich in ihren Armen auf. Erkenne, dass deine Essenz immer ist. Das, was du auflöst, ist deine Persönlichkeit, dein Ego, deine Individualität. Deine Essenz bleibt erhalten. Sie leuchtet und funkelt in den Armen der schwarzen Madonna wie ein kostbares Juwel. Dann beginnt sich die schwarze Göttin mit dir zu erheben. In einer spiralförmigen Bewegung gleitet ihr zur Zentralsonne empor. Sie führt dich in den Tempel der Sonne, der schwarz geschmückt ist. Sie bittet dich, dich nicht länger vor der dunklen Göttin zu fürchten. Sie ist ein lebenserschaffendes Prinzip. Der Urgrund, aus dessen Tiefe immer wieder Neues geboren wird. Wisse, dass der Weg der dunklen Göttin ein Weg der Freude und der Weisheit ist. Gehe ihn, um die alten Plätze neu zu beleben.

Es gibt auf der Erde viele Energieplätze, die auf das weißgoldene Licht der Zentralsonne ausgerichtet sind. Ebenso viele Orte schwingen im Fokus der schwarzen Sonne. Dieses sind Shekaina-Plätze der Reinigung, Läuterung und Transformation. An ihnen finden Energieentladungen statt, so möchten wir es bezeichnen, die von vielen Menschen bisher missverstanden wurden. Die Kraftorte nehmen auf und ziehen an. Es ist ihre Aufgabe, dir das, was zu viel ist, das, was belastet, das, was nicht zu dir gehört, abzunehmen. Sie führen in die Stille, in die Ruhe und in den Frieden. Manchmal entsteht daraus ein Gefühl der Müdigkeit. Wir bitten dich, dieses nicht zu bewerten. Auch das ist mitunter ein heilsamer Ausdruck und Teil der Shekaina-Energie.

Wenn du die Weisheit des schwarzen Lichts angenommen hast und ein Androgynitätsbewusstsein aufgrund des Gleichgewichts der dynamischen und rezeptiven solaren Energien in dir ist, kannst du die Geschenke dieser entladenden Orte erkennen und sie für dich und andere nutzen.

Atme bewusst ein und aus. Das schwarze, solare Licht breitet sich aus. Die Urweiblichkeit nimmt Raum. Sie erhält in dir, in deinen Ahnenreihen und in deinen kommenden Generationen wieder den Stellenwert, der ihr zusteht und ihrer würdig ist. Nimm wahr, wie sich die Schwärze der Nacht liebevoll ausdehnt und die Gegenwart der Großen Göttin, der Shekaina, neu entstehen lässt. Genieße diesen Strom der heilsamen Schwingungen. Gib dich ihm einfach hin. Lass ihn fließen. Schwarzes Licht ist. Deine Empfänglichkeit und Empfangsbereitschaft werden erweitert. Das schwarze Licht umfängt dich. Lass alles los. Halte nichts fest. Trage nichts. Sei ganz frei. Schwebe in der Geborgenheit der Shekaina. Wenn du dich darauf einlässt, ist jede Angst automatisch aufgelöst, denn in diesen unendlichen Weiten der Shekaina haben sie keinen Platz. Hier ist einfach Sein.

Erlaube dir, dich über deinen Atem in diesem Sein auszudehnen und es zu fühlen. Es ist der Schoß der Quelle. Hierhin kehrst du immer wieder zurück, daraus wirst du immer wieder neu geboren. Urvertrauen dehnt sich in dir aus. Jetzt. Erfahre den endlosen Raum. Atme tief ein und aus. Bringe ihn tief hinein in die Zellen deines physischen Körpers und der Gesamtheit, die du bist. Sei ein Gefäß für den unendlichen Raum in der Materie im Hier und Jetzt. Sei ein Gefäß für die Große Göttin, die dunkle Göttin, die Urweiblichkeit. Sei ein Gefäß für Shekaina. Erkenne, dass die Energie der Schwarzen Sonne über deine Wurzeln bis in den Erdmittelpunkt, der das kollektive Erdchakra der Menschheit ist, fließt. Bringe die Geborgenheit der Schwärze der Nacht und das Urvertrauen zurück auf die Erde, zu den Menschen.

Wisse, dass sich die Kraft der Shekaina auszudehnen beginnt und sich die weiblich göttlichen Schwingungen wieder sammeln, um sich zu vereinen und ein Netz des Friedens in und auf der Erde sowie um sie zu weben. Erinnert euch an folgende Aussagen: Wenn sich die Fünfte Dimension auf der Erde verankert, werden Tage der Dunkelheit folgen. Das ist richtig. Doch es wurde missinterpretiert. Denn es sind die Tage der Shekaina. Es ist die Rückkehr der Schwarzen Sonne, der Urweiblichkeit. Sie wird für den weiteren Aufbau des Goldenen Zeitalters benötigt. Erkenne und begreife: Sei du Shekaina-Kraft. Sei du unendlicher Raum. Sei eingebettet und durchdrungen von der Dunkelheit des Lichts.

Verweile in dieser Energie, so lange du möchtest. Dann atme bewusst ein und aus. Lass dich von der schwarzen Ma-

donna aus der Ebene der Zentralsonne, aus dem Bewusstseinsfeld der Shekaina, wieder zurücktragen in die Krypta. Dort empfange den Segen der schwarzen Madonna. Sie kehrt auf ihren Thron zurück. Fühle das Kraftfeld, in dem du dich befindest. Dann löse dich daraus. Verabschiede dich von den Wasser- und Feuerenergien und gehe den Weg aus dem Schoß der Göttin zurück aus der Kirche auf den heiligen, alten Platz. Atme bewusst ein und aus. Nun verabschiede dich vom Wesen der Stechpalme. Es segnet dich. Richte deine Aufmerksamkeit ganz auf deinen Körper, deine Zeit, deinen Raum. Nimm dich wahr. Spüre den Berührungen, Begegnungen und Veränderungen in dir nach. Dann erde und zentriere dich, um ganz da zu sein. Sei gesegnet.

Ergänzungen zur schwarzen Madonna, zu Shekaina und der Urweiblichkeit

Das Kraftfeld in der Krypta der schwarzen Madonna, das wir in der vorhergegangenen Meditation erfahren haben, ist der energetische Grundaufbau, der üblich war und ist. Die Drachengöttin Vouivre stammt aus dem gallischen Kontext und wird als Drache, Schlange oder Nixe dargestellt. Sie geht, wie man weiß, wiederum auf einen viel älteren weiblichen Göttinnenausdruck zurück. Früher floss häufig direkt in der Krypta eine Quelle oder es gab zumindest ein Wasserbecken, das von der Quelle, die in der Nähe war, gespeist wurde. Die Elemente Feuer (Vouivre) und Wasser waren also präsent, und aus ihrer Vereinigung entstand in der Verbindung mit der schwarzen Madonna ein Schwingungsfeld der Androgynität.

Die schwarze Madonna steht auch für die Frauen der Dunkelheit, die das Lichtkind gebären. Das heißt, sie repräsentiert die Winterzeit. Sie sind mit dem 21. Dezember verbunden, an dem das Lichtkind geboren wurde. Früher war es üblich, dass die Babys die ersten sechs Wochen nach der Geburt nur im innersten Kreis der Familie gehütet wurden. So hatten sie Zeit, anzukommen. Erst danach waren Besuche willkommen, und das Kind wurde der Öffentlichkeit gezeigt. Zur Wintersonnenwende gebiert die schwarze Göttin also das Kind, das sie sechs Wochen später, zu Lichtmess, der Welt zeigt.

Die dunklen Göttinnen laden uns ein, dem zu folgen, was unser Herz im positiven Sinn wirklich brennen lässt. Wenn wir uns ihnen zuwenden, sind wir aufgefordert, wahrzunehmen, ob das, was wir tun, und die Ziele, die wir haben, unser Herz zum Lodern bringt. Wenn das nicht der Fall ist, sollten wir es überdenken und loslassen. Eine natürliche Folge, wenn wir unserem

Herzen folgen, ist, dass wir dann bei und in allem, was wir tun, Freude empfinden. Wie wir wissen, ist die Freude wegweisend für das tiefere Eintreten in die Fünfte Dimension. Im Fischezeitalter lautete unser Motto: Lernen über Leid. Im jetzigen Wassermannzeitalter heißt es: Lernen über Freude. Viele bedeutsame Kirchen und Kathedralen, wie beispielsweise Chartres, der wir später noch begegnen werden, stellen ein Abbild des Sternenfelds Jungfrau dar. Man sagt, dass die Energien der schwarzen Madonnen und der dunklen Göttinnen dort zu Hause sind. Wenn wir mit ihnen kommunizieren möchten, können wir dieses auch über das Schwingungsfeld der Jungfrau tun beziehungsweise unterstützt es uns dabei.

Die Geistige Welt lädt uns ein, Plätze, an denen die schwarzen Madonnen verehrt werden, aufzusuchen und hier diese Hinweise aufzuspüren, auch wenn sie mittlerweile verschüttet oder verdeckt sein sollten. Wenn wir uns dann mit den Ursprungsenergien vernetzen, unabhängig davon, wie präsent und sichtbar sie (oberflächlich betrachtet) erscheinen mögen, aktivieren wir das eigentliche Kraftfeld neu. In weiterer Folge erstrahlt der Ort in seiner Bestimmung und dient uns persönlich als auch dem Großen Ganzen. Das ist Teil des Wegs der Shekaina, deren Anwesenheit dadurch auf der Erde (wieder) erweitert wird.

In der schwarzen Madonna selbst, die die europäische „Zwillingsschwester" von Lilith ist, vereinigen sich das Feuer- und das Wasserprinzip. Sie trägt beides in sich und repräsentiert sie. Die Urweiblichkeit, Shekaina oder Mutter-Gott, kann als schwarzer Kreis oder schwarze Kugel dargestellt werden. Da auch die Schwesternschaft der Schilde eng mit dem Symbol des Kreises/der Kugel in Verbindung gebracht wird, können wir erkennen, dass uns die Schwesternschaft der Schilde in den Schoß der Shekaina führt. Genauso ist es die Aufgabe der Schwesternschaft und auch unsere, wenn wir mit ihr zusammenwirken, dem Weg der Shekaina zu folgen und ihn zu manifestieren.

In der Gegend Sumeriens spricht man von Tiamat, der weiblichen Urkraft, die oft als Drache oder Schlange beschrieben wird. Tiamat hat das Universum und somit auch unsere Erde geboren. Das Rote Meer ist der Rest ihres Menstruationsblutes. Die alte Geschichte sagt, dass sie von ihrem Sohn getötet wurde, wodurch Himmel und Erde sichtbar wurden. Es war der Beginn des Wahrnehmens von Gegensätzen. Vorher war alles eins. Heute wissen wir, dass der Sohn gar nicht anders konnte, als mit seinem dynamischen Ausdruck aus der Fülle der Möglichkeiten (die Tiamat ist) zu schöpfen. Er zerstörte sie nicht, sondern transformierte sie. Das war für die weitere Entwicklung nötig, denn diese findet, wie wir wissen, aus dem Wechselspiel der weiblichen und männlichen Schöpferkräfte statt. Die Mutter ist der Urgrund, der Sohn nutzt ihn und baut darauf auf. Tiamat formte jegliches Leben. Als Erstes erschuf sie sich nochmals selbst. Wenn wir Tiamat kurz mit der Urweiblichkeit gleichsetzen, ist der Bereich, das Schwingungsfeld, wo sie sich erneut erzeugte, der Strahlenkranz der Schwarzen Sonne oder der Shekaina.

Frauen haben die Fähigkeit, auch wenn es wissenschaftlich nicht überall anerkannt ist (☺), sich selbst zu befruchten. Man nennt das Parthenogenese, Jungferngeburt. Das wurde unter anderem bei Urstämmen beobachtet, die im Einklang mit der Natur leben. Es wurden zum Beispiel über Tanz durch ein ekstatisches Erleben Hormone freigesetzt, die eine Zellteilung ohne männliche Befruchtung auslösten und dadurch zur Entwicklung eines neuen Lebens führten. Da in feministischen Kreisen schon lange über diese Fähigkeit gesprochen wird, hat hier auch die jungfräuliche Empfängnis von Maria mit Jesus eine andere Bedeutung. Sie ist ein Hinweis darauf, dass sich Maria selbst befruchtete. Es fand eine Parthenogenese statt. Diese zeugt erneut von Marias Größe, Stärke und Präsenz. Allerdings ist es so, dass bei der Selbstbefruchtung primär Töchter und keine Söhne gezeugt werden können. Es ist ein spannendes Thema. Tiamat befruchtete sich auf jeden Fall selbst und gebar sich erneut.

Die Schwarze Sonne ist identisch mit Shekaina. Sie ist die schwarze Kugel, der schwarze Kreis, die Fülle aller Möglichkeiten, das Chaos, der Ursprung des Lebens, die Leere und das Formlose. Im Strahlenkranz, der wie ihr Ebenbild erscheint, finden wir das Formlose in einer Form, die verschiedene Ausdrücke und Namen trägt: Tiamat, Lilith, Kali, Durga, schwarze Madonna, Sheela-na-Gig, Babajaga, Hekate, Hel, Hegit usw. Letztendlich repräsentieren alle Göttinnen einen Teil der Shekaina, und unabhängig davon, mit welcher wir wirken und welche uns vertraut ist, gehen wir über die Begegnung mit ihr in den Kontakt mit der Großen Mutter. Dadurch folgen wir dem Weg der Shekaina. Da die Göttinnen wissen, dass sie alle einer Quelle entstammen, würde sich keine über die andere erheben. Wenn wir sagen, dass Göttinnen streiten, projizieren wir unser menschliches Verhalten auf sie. Denn der Streit ist kein göttlicher Ausdruck. Wir Menschen haben begonnen, Geschichten zu erzählen, in denen wir eine Göttin gegen die andere ausspielten. Wir benötigten diese Erzählungen, um unsere Veränderungen und Entwicklungen einordnen zu können. Die Göttinnen, als Töchter der Shekaina, ließen uns gewähren. In der Neuen Zeit ehren wir alle Göttinnen gleich.

Die schwarzen Steine (wie zum Beispiel der schwarze Turmalin, der schwarze Obsidian und der Tsesit) dieser Erde werden übrigens seit jeher als Kristalle der Urweiblichkeit und der Shekaina angesehen, verehrt und genutzt. Die schwarzen Steine waren immer etwas Besonderes und Heiliges. In vielen Tempeln stand im Innersten ein schwarzer Stein, der mit der Großen Mutter in Kontakt war. Die Kaba in Mekka ist einer dieser urweiblichen Steine, der die Kraft der Shekaina repräsentiert. Obwohl wir ständig von der Schwarzen Sonne und der Bedeutung der Dunkelheit als Ausdruck der Urmutter sprechen, gibt es noch ein wichtiges Symbol, über das sie sich ausdrückt: die weiße Taube. Wann immer wir eine weiße Taube sehen, in der Natur oder in unseren Meditationen, sendet uns Shekaina ihre Grüße, ihren Segen und ihren Frieden. Sei gesegnet.

Nada spricht

Rubinrotgoldenes Licht berührt dein Herz. Christusliebe und Christuskraft beginnen in dir zu strahlen. Nada nimmt Raum, um dich daran zu erinnern, dass du der Schöpfer und die Schöpferin (in) der Materie bist. Nutze diese Annahme, um jetzt Wohlgefühl und Harmonie für dich und alle Wesen dieser Erde zu manifestieren. Dann spricht Nada:

„Segen und willkommen, geliebte Kinder des Lichts, die ihr uns seid. Es ist uns eine große Freude, zu euch sprechen zu dürfen. Deshalb berühren wir mit der Liebe, die wir sind, eure Schlangenkraft, um sie zu segnen. Wenn ihr euch auf die Urweiblichkeit einlasst, auf die Schwarze Sonne, die Shekaina, ist das automatisch ein Einlassen auf eure Drachen- beziehungsweise Schlangenkraft, auf eure Kundalinienergie. Sie erwacht dadurch. Sie wird lebendig und beginnt alles, wofür sie steht und was sie repräsentiert, zur Verfügung zu stellen. Wir verbinden diese Schlangenkraft nun mit euren Herzen, damit ihr beginnt, diese eure Kraft voller Vertrauen zu lenken. Denn sie ist eins mit dem, was wir als Christusbewusstsein bezeichnen.

Nun möchten wir auf die Bedeutung der urweiblichen Energie in der Neuen Zeit eingehen. Erkenne, dass ein großes Erwachen dieser weiblichen Qualitäten stattfindet, was sich auf unterschiedliche Art und Weise äußert. Ein Ausdruck davon ist, dass beispielsweise vermehrt Menschen damit begonnen haben, sich für Drachen, Drachenenergien und -wesen zu interessieren. Deshalb bitten wir euch, Menschen zu ermutigen, sich der lebensfördernden Schwingung der Drachengeschwister zu öffnen und hinzugeben. Das, was wir als Shekaina bezeichnen, ist wie ein großer, unendlicher Pool, aus dem ihr alle geboren seid. Ihr könnt euch diesen vorstellen wie ein überdi-

mensionaler Swimmingpool im Sommer, der die Große Göttin darstellt. In ihm badet ihr alle, und von Zeit zu Zeit beschließt ihr, herauszutreten, um euch auf andere Art und Weise mit den kosmischen Energien auszutauschen und diese zu genießen. Anhand dieses Bilds können wir euch gleichzeitig vermitteln, dass das Leben im Universum und auf der Erde freud- und genussvoll sein kann und ist. Das bedeutet, dass ihr auch das Zurückkehren in den Schoß der Shekaina als etwas sehr Angenehmes betrachten könntet und solltet.

Als ihr euch dazu entschlossen hattet, mit euren Seelenessenzen auf die Reise zu gehen, um Erfahrungen zu sammeln, tatet ihr dieses voller Freude. Ja, voller Freude wolltet ihr alles entdecken und erleben, was möglich war, denn das war neu für euch, und eure Begeisterung war groß. Daran möchten wir euch erinnern. Deshalb seid ihr in dieser Zeit hier – nicht um Trübsal zu blasen, sondern um mit dieser Begeisterung weiterzugehen. Um weiterhin freudvoll neue Erfahrungen zu sammeln, die jetzt darauf ausgerichtet sind, tiefer in die Fünfte Dimension einzutauchen, sich darin zu verankern und dabei die Shekainakraft zu verinnerlichen, zu verkörpern, zu repräsentieren und zu leben.

Wir laden euch ein, nun in eurer Vorstellung an einem Ort zu stehen, an dem ihr dem Himmel besonders nahe seid. Dort erhebt eure Arme. Streckt sie weit hinauf und erkennt, dass ihr dadurch die Sonne berühren könnt. Doch dieses Mal ist es die **Schwarze** *Sonne, die ihr berührt. Ihr nehmt sie und zieht sie herunter auf die Erde. Wir bitten euch, die Schwarze Sonne vor euch auf den Boden zu legen. Dann stellt euch auf sie. So beginnt die Schwarze Sonne, sich mit eurem Körpersystem zu vereinen. Ihr wandelt euch und werdet selbst zur Schwarzen Sonne. Ihr integriert die Schwarze Sonne und seid somit*

Töchter und Söhne der Shekaina. Dieses tut immer wieder, um euch die Schwingung vertraut zu machen. Dann beginnt, die Kraft der Shekaina auch für andere zu lenken und sie ihnen zur Verfügung zu stellen. Wenn ihr auf diese Art und Weise mit der Energie der Schwarzen Sonne eins geworden seid, ist es möglich, über euer Herz, euren Solarplexus und eure Hände ihre dunkle Schwingung auszustrahlen. Dieses vollbringt an Orten, an denen ihr mit vielen unterschiedlichen Qualitäten und Menschen konfrontiert seid, zum Beispiel in Einrichtungen und Institutionen. Lasst dort schwarzes Licht erstrahlen. Es schafft ein homogenes Feld der Ruhe. Nehmt das Prinzip der Shekaina als Kraft wahr, die dabei unterstützt, einen gemeinsamen, urweiblichen Boden zu erschaffen, der in weiterer Folge bestellt werden kann, und zwar so, wie es dem jeweiligen Kontext entspricht. Entscheidet intuitiv, wie lange ihr das Licht der Schwarzen Sonne zur Verfügung stellen möchtet. Wenn es seine Aufgabe erfüllt und eine Basis erschaffen hat, zieht ihr es zurück und entlasst es aus eurem System.

Bitte erinnert euch, dass wir sagten, dass das urweibliche Wesen in der Neuen Zeit die Führung übernehmen wird, und zwar in allen Bereichen des Lebens. Das ist richtig. Ihr fördert dieses, indem ihr die Schwarze Sonne, die Urweiblichkeit, bewusst auf die Erde bringt, was allen Menschen und somit der einen Menschheit dient. Bitte lasst diese Weisheit und dieses Wissen in eure Lichtkreise, Meditationen und Energiearbeiten mit einfließen. Werdet dabei erneut selbst zur Schwarzen Sonne. Stellt euch als Gefäß für die Shekaina zur Verfügung, sodass euch die Schwärze der Großen Mutter erfüllen darf. Dann lasst sie überströmen in den Erdmittelpunkt, an bestimmte Orte und Systeme, in die Gitternetze, die die Fähigkeit des Aufnehmens benötigen, um in der göttlichen Ordnung, was ihr als Gesundheit bezeichnet, zu sein.

Wir segnen alle schwarzen Steine dieser Erde und werden in dieser Nacht gemeinsam mit Gaia, die Sternenschwester ist, in Verbindung mit allen dunklen Göttinnen und im Namen der Shekaina für diese Steine singen. Wir werden die Kraft der Urweiblichkeit, die in ihnen verborgen ist, zum Strahlen bringen, sodass ihr von nun an, wenn ihr mit schwarzen Steinen wirkt, darin einen noch tieferen Widerhall der Energie der Schwarzen Sonne verspüren werdet.

Wisst, dass die schwarze Turmalinebene im Inneren der Erde die Schicht der Shekaina ist. Wenn ihr euch mit ihr verbindet, seid ihr eins mit der Schwingung der Urmutter. Dieses ist sehr erdend, festigend und stärkend. Es vertieft eure Wurzeln und bringt euch ins Hier und Jetzt, in eure Präsenz und in eure Stabilität. Erlaubt, dass sich die Weisheit der Shekaina auf der Erde ausdrückt. Jetzt und allezeit. Wir danken euch. Wir sind Nada. Wir segnen euch im Namen des rubinrotgoldenen Strahls. Seid gesegnet.“

☼☼☼

Adam, Eva und Lilith kehren ins Paradies zurück

Atme bewusst ein und aus. Sei zentriert. Erlaube dir, leer zu werden und zu sein. Reise mit deiner Aufmerksamkeit durch deinen Körper, um ihn wahrzunehmen. Dein Körper dient dir, um dich auf dieser Erde zum Ausdruck zu bringen. Wisse, dass du allein durch deine Inkarnation, durch dein Im-Körper-Sein, die Aufgabe und den Plan deiner Seele erfüllst, denn deine Seele möchte sich erfahren, und sie wertet nicht. Wir bitten dich, in der Liebe zu dir selbst zu sein, indem du dich und das, was du gelebt hast und lebst, so annimmst, wie es ist. Höre auf, dich oder Teile von dir zu bewerten. Sei im Frieden mit dir! Es ist nicht wichtig, was und wie du bisher gelebt hast. Jetzt, in diesem Moment, hast du die Wahl, was du jetzt leben möchtest. Alles andere ist nicht von Bedeutung. Atme tief ein und aus und bewege die Worte in deinem Herzen.

Nun lass dich auf die Berührung der Dunkelheit, der Urweiblichkeit, ein. Schwarze Sonnenenergie umgibt und durchströmt dich. Tauche ein in die Unendlichkeit des Raums des schwarzen Lichts. Erlaube dir, im Tempel der schwarzen Sonne zu sein. Vesta kommt zu dir, heißt dich willkommen und segnet dich. Sie bittet dich, deine Hände auf dein Sakralzentrum zu legen, um in die Begegnung mit deinem Inneren Mann und deiner Inneren Frau zu gehen. Sie erscheinen dir. Nimm sie ohne Wertung an. Es gibt kein Richtig oder Falsch. Es darf so sein, wie es ist. Fühle deinen Inneren Mann und deine Innere Frau auf deine Weise. Erkenne, dass sie nicht nur ein Ausdruck deiner persönlichen männlichen und weiblichen Energien sind, sondern auch die kollektiven dynamischen und rezeptiven Kräfte widerspiegeln.

Wir bitten dich, dass du deinen Inneren Mann jetzt Adam nennst und deine Innere Frau Eva. Wisse, dass du ihr Erbe in dir trägst, das über die Generationen deiner Familie weitergegeben wurde. Erkenne, dass du jede Erfahrung, die du in diesem und auch in früheren Leben gemacht hast, nur bedingt für dich selbst erlebt hast. Du hast sie für das Große Ganze und im Speziellen für das Kollektiv der Menschheit gesammelt. Wenn du dich nun auf deinen Adam und deine Eva einlässt, nimm ihre Einzigartigkeit innerhalb des großen „Wirs" wahr. Sie leben einen einmaligen Ausdruck für das Kollektiv. Relativiere alle Erfahrungen, die du in Beziehungen gemacht hast. Es ist nicht dein Schmerz, den du erlebt hast, sondern ein kollektiver Schmerz. Wenn wir in diesem Kontext von Partnerschaften sprechen, schreiten wir weit über das hinaus, was als Liebesbeziehungen bezeichnet wird. Du gehst mit jedem Menschen, dem du begegnest, dem du in die Augen blickst, den du berührst, und sei es noch so flüchtig, in Beziehung, eine Partnerschaft ein. Das geschieht in allen Lebensbereichen.

Atme bewusst ein und aus. Beobachte deinen Adam. Erkenne, wie er in deinem Leben erscheint. Wo ist er sichtbar? Wie agiert und reagiert er? Dabei werde dir immer wieder gewahr, dass dein wahres Wesen nicht Adam ist. Du bist göttliches, unerschütterliches Sein. Du beobachtest deinen Adam. Du stellst fest, erkennst und begreifst. Fühle, dass Adam eine Bürde trägt. Diese wurde ihm auferlegt. Er hat sie nicht selbst gewählt. So viel wird von ihm erwartet. Er muss so viel „müssen" und funktionieren. Erlaube dir, als göttliches Wesen, das du bist, als die Seele, die du bist, deine Liebe, dein Mitgefühl zu Adam fließen zu lassen. Wisse, dass Adam nie gedankt wurde. Es wurde von ihm nur gefordert. Jetzt wird er durch deine Liebe und dein Mitgefühl von einer Schwingung berührt, die diese lang ersehnte Dankbarkeit in sich trägt. Atme tief ein und aus und gib dich dem Energiefluss hin. Dann segne die männliche Energie, die in dir ist, und wende dich deiner Eva zu.

Beobachte, wie du deine weibliche Kraft lebst. Wo ist sie sichtbar und in welcher Form? Wann kommt sie zum Ausdruck? Sei wahrhaftig mit dir selbst. Nimm deine Wahrnehmungen so an, wie sie sind. Bewerte sie nicht. Erkenne, dass du nicht Eva bist. Du bist göttliches Bewusstsein. Fühle, dass auch Eva eine Last trägt, die ihr übergeben wurde. Eva erhielt nie die Wertschätzung, nach der sie sich so sehnte. Alles, was sie nährend und aufbauend für andere lebte, war selbstverständlich. Es war nichts Besonderes, selbst wenn sie sich dafür aufgab. Nun erlaube, dass aus deiner Seele, aus deinem göttlichen Wesen, das du bist, Liebe und Mitgefühl zu deiner weiblichen Seite fließen. Evas Traurigkeit, ihre Enttäuschung und ihre Wut werden berührt und können beginnen, sich aufzulösen. Ebenso erhält sie endlich die Wertschätzung, die sie nach wie vor so sehr benötigt. Jetzt.

Wir sagen dir, dass Adam und auch Eva eine große Sehnsucht nacheinander verspüren. Sie möchten ihre Energien miteinander teilen und vereinen. Tief in ihrem Inneren wissen sie, dass sie je einen Teil der Quelle repräsentieren und zusammengehören. Erkenne als Seele, die du bist, dass der Kampf und die Konflikte, die immer wieder zwischen den männlichen und den weiblichen Energien sind, wie auch immer sie sich im Innen und im Außen zeigen, weder von Adam noch von Eva gewollt sind. Beide möchten lieben und Liebe sein. Als göttliches Wesen, das du bist, hast du die Möglichkeit, diesen Wunsch Raum nehmen zu lassen und im Namen des Schöpfers und der Schöpferin, der und die du bist, Adam aus den Zuspielungen der Morphogenetik, aus der Matrix der alten Zeit, aus der nichtgeheilten Dualität, herauszulösen. Vollziehe diesen Schritt, wie auch immer du ihn für dich wahrnimmst. Jetzt.

Befreie die männliche, persönliche und kollektive Energie von seiner Bürde. Nimm deinen Adam und trage ihn als göttliches Wesen, das du bist, zurück ins Paradies. Es steht für die Matrix der Neuen Zeit, für die Fünfte Dimension, für das Goldene Zeitalter, für die geheilte Dualität. Trage ihn hinein und erlaube, dass er dort wieder seinen Platz findet und einnimmt. So kann er kraftvoll und weise sein. So kann er Güte sein. So kann er seiner tiefsten Sehnsucht, zu lieben und Liebe zu sein, Ausdruck schenken. Atme bewusst ein und aus. Dann wende dich als Schöpfer und Schöpferin, der und die du bist, deiner persönlichen und kollektiven Eva zu. Löse sie aus den Verstrickungen der alten Zeit heraus. Nimm sie in deine Arme und trage sie dorthin, wo sie hingehört. Trage sie zurück ins Paradies. Dort findet sie ebenso ihren Platz wieder, wo sie alles, was in ihrem Herzen ist, verkörpern und leben und auch ihrer Sehnsucht, zu lieben und Liebe zu sein, folgen kann.

Engel nehmen Raum. Sie positionieren sich, um die Pforten in die Neue Zeit zu hüten. Sie unterstützen, dass Adam und Eva im Paradies verweilen und sein können. Das Alte ist von ihnen abgefallen. Atme tief ein und aus. Nun fühle mit all deinen Sinnen, dass deine männliche und deine weibliche Kraft im Paradies sind. Nimm wahr, dass dein Adam und deine Eva hier sind. Fühle es in deinen Zellen und in deinem Körper. Wisse, dass die Aussage und der Glaube, dass du das Paradies jemals verlassen hast, eine Illusion waren. Wir erinnern dich daran, dass du Teil der Quelle bist. Ebenso ist das Paradies ein Teil davon. Es ist wie der Vorhof, der zur Quelle gehört und dazu dient, die Quelle erfahren, spüren und verkörpern zu können. So, wie du Quelle niemals verlassen hast, niemals verlassen konntest, da du ein Teil von ihr bist, hast du auch das Paradies niemals verlassen, verlassen können. Doch es wurde dir gesagt, und du hast es geglaubt. Erlaube dir, wieder ganz bewusst mit deiner männlichen und weiblichen Energie in diesem Vorhof der Quelle zu sein. Jetzt.

Wisse, dass die Engel, die um dich sind, dich, deinen Adam und deine Eva hüten. Was nun geschieht ist, dass Adam und Eva sich endlich begegnen können. Nimm wahr, dass sie sich gegenüberstehen. Sie sind gleichwertig. Beide wissen und fühlen es. Beide sind kraftvoll und möchten ihre Kraft miteinander teilen. Sie brauchen sich nicht. Sie möchten sich verschenken. Nimm wahr, dass sie sich mit unendlicher Liebe betrachten. Über ihre Blicke, die sie sich zuwerfen, fließt reine Liebe, bedingungslose Liebe. Es ist ein tiefes Sich-im-anderen-Erkennen – ein Annehmen des anderen so, wie er ist. Ihre Hände fassen sich. Über diese Berührung fließt Liebe. Ihre Herzen dehnen sich aus und werden so groß wie der Garten, in dem sie sich befinden. Ihre Herzen beginnen sich zu vereinen. Dann folgt die weitere Vereinigung, die alle ihre Körper, Zellen und Ebenen mit einschließt. Wisse, dass es eine heilige Vereinigung ist. Lass sie in dir stattfinden. Jetzt.

Da Adam und Eva in und mit dir sind, bist du mit der Gesamtheit, die du bist, ebenso im Paradies. Jetzt. Fühle, dass Frieden in dir ist. Es ist ein Moment, in dem keine Einteilungen in und Definitionen von Männlich oder Weiblich mehr stattfinden können. Es kann nicht mehr voneinander getrennt werden. Die Vereinigung durchdringt alles. Das ist Alchemie.

Während der Verschmelzung von Adam und Eva, von Feuer und Wasser, was sie auch ist, beginnt neben ihnen ein Lebensbaum, ein Weltenbaum, zu wachsen. Aus dem heiligen Vereinigungsakt formt sich die Schlangenkraft. Sie bewegt sich in Adams und Evas Wirbelsäule, und somit in deiner, auf und ab. Je mehr sie sich schlängelt, umso breiter wird der Stamm des Lebens- und Weltenbaums, der entsteht. Sie windet sich zu seinen Wurzeln hin und fängt an, zu einer Kundalinienergie des Baums zu werden, zu einer Lebenskraft, die im Gleichgewicht von Feuer und Wasser ist. Erkenne, dass es von nun an nicht mehr zu unterscheiden ist, ob sich deine Schlangenkraft dem Weltenbaum zuwendet oder die des Weltenbaums überfließt und deine aktiviert. Auch die schöpfenden Kundaliniflüsse sind letztendlich alle eins. Jedes Lebewesen ist damit verbunden und nutzt diese Energie. Nimm wahr, wie groß dein Lebensbaum wird und wie machtvoll seine Krone ist. Wenn du möchtest, kannst du ihm als Ausdruck seiner Fruchtbarkeit Früchte wachsen lassen.

Nun beginnt die Schwingungsqualität, die du als Lilith bezeichnest, in diesen Weltenbaum hineinzusinken. Sie zieht wieder ein. Auch sie kehrt ins Paradies zurück, wodurch sich alle ihre dämonischen Zuordnungen, die sie in der nicht-geheilten Dualität erhalten hat, auflösen. Sie nimmt ihren Platz ein. Sie beseelt den Weltenbaum, segnet die Schlangenkraft und vereint sich mit ihr. Atme bewusst ein und aus. Lass die Energien fließen. Lege deine Hände auf dein Herz. Fühle die bedingungslose Liebe, die zwischen Adam und Eva ist. Diese verankere in dir. Jetzt. Trage sie hinaus in die Welt. Lass sie in dir, in deinem unmittelbaren Umfeld und innerhalb des Großen Ganzen sichtbar werden. Verweile in der Energie, so lange du möchtest. Wisse, dass du gemeinsam mit Adam, Eva und Lilith im Paradies bist, immer warst und sein wirst. Erkenne und begreife.

Wir danken dir. Der Segen der Shekaina erfüllt dich. Dann kehre mit deiner Aufmerksamkeit zurück in deinen Körper, in deinen Raum und in deine Zeit. Fühle den Berührungen nach und integriere die Schwingungen in der Gesamtheit, die du bist. Jetzt. Sei geerdet. Sei zentriert. Sei präsent im Hier und Jetzt. Wir segnen dich. Sei gesegnet.

Erschaffe das Dreieck von Adam, Eva und Lilith

Atme tief ein und aus. Erde und zentriere dich. Sei präsent. Dann dehne dein Bewusstsein aus, berühre die Dunkelheit der Nacht. Erlaube dir, im Paradies zu sein. Jetzt. Adam und Eva sind eins. Der Weltenbaum ist groß und mächtig. Fühle seine Vibration. Er ist beseelt. Fühle Lilith in ihm. Sie ist voller Freude über die Vereinigung von Adam und Eva. Sie segnet sie, denn beide sind ihre Kinder. Lilith ist stolz auf Adam und Eva.

Nun lösen Adam und Eva jeweils eine Hand voneinander, um sie auf den Stamm des Lebensbaums zu legen. Die Schlangenkraft erfährt dadurch eine Ausdehnung in allen Ebenen und Bereichen, die nicht in Worte gefasst werden kann. Ein kraftvolles Schwingungsfeld baut sich auf. Lilith sagt, dass dies ein Moment der Gerechtigkeit ist, denn Gerechtigkeit bedeutet, dass alles wieder an dem Platz ist, an ihn zurückkehrt, an ihm platziert wird, wo es hingehört, um göttlicher Ordnung Ausdruck zu geben und zu sein. Nimm wahr, wie sich das Paradies erweitert. Der Garten wird größer, und unzählige Menschen treten ein. Die Menschheit kehrt in den Garten Eden zurück. Adam, Eva und Lilith, Adam, Eva und der Weltenbaum bilden das Kraftfeld, das Dreieck. Wir bitten dich, es in deinen Meditationen immer wieder wahrzunehmen und zu fühlen, um dein Sein und das der einen Menschheit im Paradies zu bestätigen.

Atme bewusst ein und aus. Wisse, dass du dich gleichzeitig in dieser Triangulation befindest und sie in dir ist. Lilith breitet sich in dir aus. Sie kehrt als große Kraft der Weisheit, als Qualität, die aus der Formlosigkeit heraus Form erschaffen kann, als Tochter der Shekaina, zurück in dein Leben. Sie berührt dein Drittes Auge und fließt über deine rechte und linke Gehirnhälf-

te, über dein Stammhirn, in deinen Wirbelsäulenkanal ein. Wir sagten bereits, dass deine Wirbelsäule ein Symbol des Welten- und Lebensbaums ist. Sie wird Lilith Heimat geben.

Lilith strömt sanft und behutsam über deinen Wirbelsäulenkanal in die Materie, die du bist. Ihre Energie nimmt in dir Raum. Jetzt. Erlaube dir, dich diesem Energiefluss hinzugeben. Fühle, wie sich deine Wirbelsäule ausdehnt, wie der Stamm, der deine Wirbelsäule ist, immer kräftiger wird. Erinnere dich daran, dass dein Rückenmark und die Flüssigkeit darin eine heilige Substanz ist. In ihm sind so viele Informationen –auch über die alten Wurzelrassen dieser Erde und die Sternenebenen dieses Universums – gespeichert. Es ist mit der Milchstraße verbunden. Deshalb ist es von so großer Wichtigkeit, dass die Essenz deiner Wirbelsäule, wenn du so möchtest, mit der Weisheit des Weltenbaums erneut vernetzt wird.

Lilith zieht in dir ein. Sie verankert sich auf der Ebene deines Kreuzbeins über deine Schlangenkraft. Diese erfährt eine Erweiterung, und über sie wird sich Lilith über deinen Körper ausdrücken. So kann ihre Botschaft, dass sie zurückgekehrt ist, in dein Leben und in das Kollektiv der Menschen ausstrahlen, um die urweibliche Schöpferkraft Raum nehmen zu lassen und gemeinsam weiter in das fünfdimensionale Bewusstsein hineinzuwachsen. Wisse, dass du als Gefäß, als Träger der Energie, ausgewählt wurdest, weil du darauf vorbereitet wurdest, sie zu kanalisieren. Nun kannst du anderen Menschen dabei behilflich sein, ihre Ängste vor der Dunkelheit und vor der Schwarzen Sonne zu verlieren, um sie über ihre heilige Substanz, ihr Rückenmark und ihre Rückenmarksflüssigkeit, über ihren Weltenbaum, ihre Wirbelsäule, mit dem Zentrum des Paradieses, dem Lebensbaum der Fünften Dimension, der goldene Früchte trägt, zu verbinden.

Wisse, dass sich die Pyramide von Poseidonis neu ordnet. Es kommt zu Veränderungen der energetischen Felder der Erde. Wir vollziehen diese Verschiebung jetzt. Es ist von Wichtigkeit, dass sich die Pyramide von Poseidonis neu ausrichtet, sodass sie von nun an den Garten Eden, das Paradies, mit einschließt. Der Lebensbaum, der Weltenbaum, vereint sich mit dem Obelisken der Pyramide. So kehrt Atlantis in seine Verbindung mit der urweiblichen Kraft zurück. Jetzt. Atlantis erblüht weiter in diesen Zeiten und wird letztendlich für die gesamte Menschheit ein Segen sein. Erkenne, dass du dich, wenn du im Paradies bist, auch in der Pyramide von Poseidonis befindest. Atlantis löst dadurch seine Begrenzungen auf, die dazu führten, dass es sich über die vorhergegangen Rassen stellte. Es wird wieder an seinem rechtmäßigen Platz eingegliedert. Das fördert das Zusammenwirken aller Ur-Rassen, was für den weiteren Aufbau des Neuen Zeitalters von großer Wichtigkeit ist.

Atme bewusst ein und aus. Verweile in diesem Energiefluss, so lange du möchtest. Die Kraft der Dunkelheit durchdringt dich, und ihr Licht segnet dich. Dann kehre mit deiner Aufmerksamkeit zurück in deinen Körper, in deinen Raum, in deine Zeit. Halt inne, um dich zu fühlen. Erde und zentriere dich, um ganz präsent zu sein im Hier und Jetzt. Wir danken dir. Sei gesegnet.

Nephthys erzählt über das Weltenei

„Wir sind Nephthys. Wir segnen und grüßen euch. Wir kommen über die Ebene der Schwesternschaft der Schilde. Wir sind fließendes Bewusstsein und vernetzen euer System mit den Urwassern dieser Erde, die tief in ihrem Inneren sind. So könnt ihr euch an den Ursprung der Evolution dieses Planeten erinnern. Wir stehen mit den sogenannten Mutterschlangen aus den verschiedenen Kulturen, die mit den Schöpfungsmythen von Gaia verwoben sind, in Verbindung. Wenn ihr so möchtet, sind wir die Mutter all dieser Schlangenenergien, dieser gebärenden Drachenwesen, die so viel Leben auf der Erde erschaffen haben.

Wir sind gekommen, um euch über das Weltenei zu berichten. Wisset, dass es so etwas wie eine Essenz des Lebens ist. So lange es das Ei gibt und es gehütet wird, sind irdisches Leben und Erdevolution möglich. Das Weltenei repräsentiert den Ursamen und die Stammzelle der Erde. Es ist so alt wie die Erde. Die Drachen und die Schlangengeschwister hüteten das Ei. Sie brachten es auch hierher. Sie betteten den kosmischen Samen in Gaia ein, und seither waren sie nicht nur Hüter dieses Welteneis, sondern auch der Erde. Dieser Lebenskeim stammt aus der Zentralsonne und wird auch von ihr und über sie genährt. In Lemurien beispielsweise wurde über die Essenz des Welteneis vieles geformt und erschaffen. Es war der Schatz und das Kostbarste des Tempels von MU. Lemurianische Wesen nutzten seine Kraft, um die Erde und ihre mannigfaltigen Lebensformen weiter zu gestalten.

Das Ei ist und war ein Ausdruck der Fülle der Möglichkeiten. Vor Lemurien lebten bereits andere Völker und Rassen auf der Erde. Das Weltenei diente ihnen, um Zugänge ins Innere der

Erde zu schaffen. Es lag geborgen in Gaia, und hier wurde Leben kreiert. Über Lichtkanäle fanden die geschaffenen Lebensformen ihren Weg an die Oberfläche, um sich dort anzusiedeln und zu leben. Später dann, in der Phase der Verdichtung, in der Erweiterung der nicht-geheilten Dualität, wurde es erneut sehr dringlich, das Weltenei zu hüten. Wir brachten es tiefer in die inneren Schichten der Erde als je zuvor. Der Zugang zu ihm blieb nur noch wenigen Auserwählten offen. Sie waren dazu in einer friedlichen Kommunikation mit den Schlangen- und Drachenkräften. Einige dieser Eingeweihten waren jene, die ihr heute als Priesterschaft von Avalon bezeichnet. Deshalb wird in der Verbindung mit der Mythologie von Avalon immer wieder von den Mutterschlangen gesprochen, die das Weltenei bewahrten.

Jetzt, da es für den Kosmischen Menschen selbstverständlich ist, über das Wirken mit der eigenen Schlangenkraft, mit den Mutterschlangen und den Drachenwesen zu kommunizieren und sie zu begreifen, ist es Zeit, dass die Obhut dieses kostbaren Schatzes in eure Hände gelegt wird. Wisset, dass es in der Verbindung mit dem Weltenei viel leichter ist, den Neuen Morgen Raum nehmen zu lassen. Es beflügelt euch, um das, was ihr als Einzelne und als Menschheit im Moment noch für unmöglich haltet, umzusetzen.

Das Weltenei ist wie ein Jungbrunnen. Es heilt und schenkt Ewigkeit. Jede einzelne Zelle, die auf der Erde existiert und noch kreiert wird, kommt aus dem Weltenei. In der Zusammenarbeit mit der Schwesternschaft der Schilde formen wir euch zu einem heiligen Kreis. Ihr werdet zu einem Abbild des Schoßes der Shekaina. Wir legen nun das Weltenei in eure Mitte. Wir verlassen unsere Heimat und legen uns um das Ei. Dadurch unterstützen wir euch bei der Nutzung dieser Kräfte, die ihr beginnt, freizusetzen. Jetzt. Ihr tretet nun euer Erbe an. Ihr werdet befähigt, selbst Hüter und Hüterin dieses Welteneis zu sein. Wir lassen unser Bewusstsein in eurem Schwingungsfeld Raum nehmen. Alles fließt. Wir sind Nephthys. Wir segnen eure Schlangenkraft. Seid gesegnet.“

☼☼☼

Die Bitte der dunklen Göttinnen

Atme bewusst ein und aus. Erlaube dir, in schwarzes Licht eingehüllt zu sein. Lege deine Hände auf dein Herz, und fühle die Leere, die in dir ist. Fühle die Bedingungslosigkeit, die in dir ist. Wir integrieren in dir das Prinzip der Schwarzen Sonne. Die dunklen Göttinnen sagen:

„Wir segnen dich, geliebtes Kind des Lichts, das du uns bist. Wir flüstern dir unsere Weisheiten zu, wann immer du möchtest. Wir stärken dein In-dir-zu-Hause-Sein. Wir sind lebendig. Das bedeutet, dass wir dich offen und neugierig sein lassen auf das, was das Leben dir bringt und schenkt. Wir lassen dich spontan sein und neuen Impulsen folgen. Wir planen und strukturieren nicht. Deshalb erfassen wir die Welt und das, was du Leben nennst, nicht über das Mentalfeld, sondern über den physischen Körper, über das Fühlen der und in der Materie. Dein Körper ist ein Instrument. Höre auf ihn, denn so können wir mit dir kommunizieren.

Wir kennen keinen Anfang und kein Ende. In unseren Armen sind Leben und Sterben eins, das eine hört niemals auf, das andere fängt niemals an. In unserem Bewusstseinsfeld existiert auch keine Trennung der Dimensionen. So kannst du dich mit jedem zu jeder Zeit austauschen, egal, ob dieses Wesen in einem fernen Land lebt oder es sich außerhalb der Linearität ohne physischen Körper bewegt, egal, ob es sich um ein Tierbewusstsein oder ein Pflanzenwesen handelt. In unserer Energie findet Begegnung statt. Denn wir sind mit allem, was lebt, im ständigen Austausch. Es ist immer in uns und aus uns heraus. Deshalb bringe die Botschaft der dunklen Göttinnen zu den Menschen, um ihnen Trost zu spenden. Mache ihre Kraft für sie wieder erleb- und erfahrbar. Durch dein Sein im Paradies wirst du nicht nur zum Hüter der Erde, sondern auch zum Hüter deiner selbst. Du hütest das Leben, das du bist. Dein Leben ist unendlich, selbst wenn du die Form wechselst.

Wisse, dass in uns alles Platz und Raum hat. Jede deiner Facetten, die du von dir kennst, als auch jene, die du nicht für möglich hältst, die dir nicht bewusst sind, die du verdrängt hast, sind willkommen. Die dunklen Göttinnen dienen Shekaina, um sich auszudrücken und zu vermitteln. Die Menschheit ist für diese Qualitäten der Urweiblichkeit wieder empfänglich geworden. Gehe den Weg der Schwarzen Sonne, der Shekaina. Wisse, dass es der linke Weg der Zentralsonne ist.

Die Engelkraft, die mit uns verbunden ist, ist Metatron, der Engel der Rezeptivität und der bedingungslosen Liebe. Der Engel, der die ElShaddai-Kraft lenkt, ist Melchisedek. Er ist der Engel der Weisheit, der aus den Büchern lehrt. Metatron, der den Fokus der Urweiblichkeit hält, und Melchisedek, der den Fokus der Urmännlichkeit hält, bilden gemeinsam mit Erzengel Ariel, dem Glanz der Quelle, der Zentralsonne von Vater-Mutter-Gott, ein solares Schöpfungsdreieck. Ariel ist der integrative Punkt. Die kosmischen Strahlen sind aus diesem Gleichgewicht des schwarzen und weißen Schöpfer- und Schöpferinnenstrahls der Zentralsonne geboren. So strebt nicht nur die Erde, sondern dieses gesamte Universum der Vollendung zu. Du bist ein Teil davon, ein Teil dieser Vollendung. Wir sind in dir und um dich. Fühle deinen Weltenbaum. Wir hüten und wir wirken. Wir segnen deine Schlangenkraft. Atme bewusst ein und aus. Wir sind zurückgekehrt. Wir sind da. Sei gesegnet.“

☼☼☼

Noch einmal ein wenig vorkeltische Geschichte(n)

Wenn wir uns mit dem weiblichen Weg beschäftigen, kommen wir nicht umhin, uns vermehrt mit dem Wesen des Emotionalkörpers auseinanderzusetzen. Auf einer Schottlandreise erklärte uns die Geistige Welt dazu einige sehr interessante Aspekte. Für ihre diesbezüglichen Unterweisungen wählten sie ein Land, in dem die Durchdringung der Dimensionen besonders fühl- und erlebbar ist. Dabei begegneten wir natürlich auch wieder keltischen Wurzeln und den Túatha Dé Danann, einem unserer Urvölker, die Kinder der Dana und Ana, der Großen Mutter, waren. Ana, oder auch Anu, war die Mutter allen Lebens und wurde als eine Wassergöttin verehrt. Dieses Volk kam über Irland nach Schottland und breitete sich dann weiter aus, beispielsweise bis in die Bretagne. In der irischen Geschichte wird von diesen alten Völkern erzählt. Lange Zeit wurde es als Märchen und Legende abgetan. Heute verstehen wir es mehr und erkennen das verborgene Wissen, das darin ruht und zu unserem Erbe gehört.

Einst gab es in Irland vier Städte (Falias, Gorias, Finias und Murias), die die Eckpfeiler des Reichs der Túatha waren. Jede von ihnen war auf eine der vier Himmelsrichtungen ausgerichtet und bewahrte eins der magischen, von Göttern und Göttinnen empfangenen, Geschenke: einen Stein, einen Speer, eine Lanze und einen Kessel. So lange diese heiligen Gegenstände in ihren Tempeln lagen, erblühte das Reich der Túatha Dé Danann und blieb bestehen. Die Túatha selbst werden als ein Volk großer Magier beschrieben. Sie heilten jede Krankheit, waren unsterblich, konnten sich unsichtbar machen, reisten durch Zeit und Raum und beherrschten die Elemente, sodass es ihnen beispielsweise möglich war, das Wetter zu bestimmen. Man glaubt, dass sie von 1897 bis 1700 v. Chr. in Irland lebten und herrschten.

Die Túatha waren als Dichter und Musiker bekannt sowie für ihre einmalige Fähigkeit, Metall zu bearbeiten. Früher waren jene, die Schmuck und Waffen erzeugten, große Eingeweihte und PriesterInnen des Feuers. Es bedurfte einer besonderen Kunst und Magie, um mit dem Feuer zu kommunizieren und die erschaffenen Werke mit Energien aufzuladen, sodass sie den jeweiligen Träger unterstützten, seine Aufgabe zu erfüllen. Die Túatha lösten die Firbolg ab, und sie selbst wurden von den Milesiern, die über Spanien kamen, besiegt und abgesetzt. Durch die Ausbreitung der Milesier vermählten sich einige Túatha Dé Danann mit den Menschen und blieben in unserer Welt, während sich die anderen in die sogenannte Anderswelt zurückzogen, wo sie immer noch leben und wirken. Hier zeigen sie sich nur, wenn sie möchten.

Die späteren Kelten verehrten die Túatha als „kleines Volk", als Feen und Elfen. Bei den keltischen Stämmen gab es die Druiden und die Barden, beides waren Eingeweihte, die nebeneinander standen und zusammenwirkten. Die Druiden waren die Aktiven, die HeilerInnen, und die Barden die Passiven, die SeherInnen. Die Barden bewahrten das alte Wissen in ihren Geschichten und Balladen, während die Druiden auch die Macht hatten, über einen Krieg zu entscheiden und ihn zu beenden. Die Römer jagten die Druiden, um die dynamische, spirituelle Kraft zu zerstören, die das Herz des Keltentums war und es zusammenhielt. Die Barden wurden ursprünglich verschont. Deshalb versteckten sich in dieser Zeit viele Druiden, indem sie sich als Barden ausgaben. Erst viel später wurden auch diese gejagt und getötet. Doch die alte Weisheit unserer Vorfahren überlebte bis in die heutige Zeit. Wir tragen sie in uns. Sei gesegnet.

Die Dimensionen

In Barbara Hand Clow's Buch „Plejadisches Kursbuch", das im Goldmann Verlag erschienen ist, gibt es eine Übersicht über die Dimensionen. Sie geht von einem Modell mit neun Dimensionsebenen aus. So differenziert brauchen wir es hier gar nicht zu betrachten, um den engen Zusammenhang zwischen der Vierten Dimension und unserem Emotionalkörper zu verstehen, den uns die Geistige Welt nahelegt. Die erste Dimension entspricht, laut Barbara Hand Clow, dem Eisenkern im Inneren der Erde, im solaren Kern. Das ist die Schwerkraft. Die zweite Dimension ist das erdmagnetische Feld zwischen dem Eisenkern und der Erdoberfläche. Ihr sind die elementaren Kräfte und ihre Wesen zugeordnet. In den verschiedenen Kontexten baten uns unsere feinstofflichen Geschwister in den letzten Jahren, uns vermehrt dieser Ebene zuzuwenden und mit den Elementarkräften (die Wesen, die zu unserem Periodensystem gehören) zu kommunizieren. Es ist für den Aufbau des Neuen Morgens wichtig. Beispielsweise hilft es uns, die Elemente zu reinigen und die bestehenden Umweltbelastungen aufzulösen, was für die Gesundheit unseres Planeten und von uns Menschen, Tieren und Pflanzen nötig ist. Vor allen Dingen jene LichtarbeiterInnen, die mit der Raumbruder- und -schwesternschaft als auch mit der Lichtkriegerschaft von Mars eng verbunden sind, erhielten und erhalten dazu regelmäßig ihren Aufruf.

Die Dritte Dimension ist unsere physische Ebene, unsere grobstoffliche Körperlichkeit. Während unserer „schottischen Anderswelt- und Dimensionsreise" setzte die Geistige Welt die Vierte Dimension mit unserem Emotionalkörper gleich beziehungsweise meinte sie damit, dass unser emotionales Schwingungsfeld Teil der Vierten Dimension ist. Die fünfte Dimensionsebene ist ein Schwingungsband der allumfassenden Liebe und des Einheitsbewusstseins. Die Sechste Dimension ist (hier in unserem Modell) das unendliche, formlose Sein. So lange wir uns in einem fünfdimensionalen Raum bewegen, erfahren wir uns noch über eine Form, sonst könnten wir uns in der Fünften Dimension nicht ausdrücken und sie nicht gestalten und erleben. Die Sechste Dimension steht für das, was hinter der Form ist. Es kann nicht mehr definiert und deshalb auch nur ansatzweise wahrgenommen werden.

Jetzt wenden wir uns der Vierten Dimension zu. Wir kennen sie als die Traumebene. Es ist unsere Durchgangsstation. Wir durchwandern sie, wenn sich unsere Seele entschließt, auf die Erde zu kommen, und durch sie reisen wir, nachdem wir unseren physischen Körper abgelegt haben, um von dort aus zu entscheiden, wie wir den Weg unserer Seele weiter gestalten möchten. In und über die Vierte Dimension kreieren wir gemeinsam mit den Kumaras von der spirituellen Venus unser emotionales Kleid für die jeweilig bevorstehende Inkarnation, und nachdem wir sie vollendet haben, geben wir dieses Gewebe wieder zurück. Es verbleibt in der Vierten Dimension. In der nicht-geheilten Dualität wurde sie in die untere, die nicht-lichte Ebene und in die obere, die lichte Ebene eingeteilt. In ihrem dunklen Bereich befinden sich die erdgebundenen Seelen und in ihrem hellen die Geistführer und -führerinnen. Die Geistführer und -führerinnen sind nicht identisch mit den Aufgestiegenen Meistern und Meisterinnen. Als Geistführer und -führerinnen bezeichnet man Seelen, die ihren physischen Körper abgestreift haben und in der lichten Ebene der Vierten Dimension sind, um hier weiterhin andere Menschen zu lehren, zu unterstützen und zu begleiten. Sie haben ihre neue Aufgabe frei gewählt und könnten sie jederzeit verändern, indem sie die Vierte Dimension verlassen, um erneut auf der Erde zu inkarnieren oder innerhalb des Universums in einer entsprechenden Seinsform zu leben.

Unsere Geistführer und -führerinnen erscheinen uns oft wie Schutzengel. Sie arbeiten eng mit den anderen feinstofflichen Bruder- und Schwesternschaften zusammen, die dazu in der lichten Ebene der Vierten Dimension ein und ausgehen. Im Vergleich dazu haben erdgebundene Seelen im unteren Schwingungsbereich der Vierten Dimension keine freie Wahl, zu kommen und zu gehen, wie sie möchten. Sie können sich nicht alleine über dieses Frequenzband hinausbewegen. Es ist so, als würden sie in einem Raum eingesperrt sein und hätten den Schlüssel verloren. Jetzt müssen sie auf den Schlüsseldienst warten. Deshalb brauchen erdgebunden Seelen Unterstützung, um ins Licht (= die obere Ebene der Vierten Dimension und darüber hinaus) reisen zu können.

Die Geistige Welt sagt, dass das, was eine Seele im dunklen Bereich der Vierten Dimension festhalten kann, wie auch die Fähigkeit, sich in ihrem lichten Bereich frei zu bewegen, ihr Emotionalkörper ist. Das ist möglich, weil das Gewebe unseres emotionalen Felds quasi aus dem gleichen Material wie das Frequenzband der Vierten Dimension ist. Deshalb nennen wir das vierdimensionale Sein auch die Ebene des Fühlens, des Visualisierens und des Träumens. Je tiefer wir uns in der Fünften Dimension verwurzeln, umso einheitlicher schwingt die Vierte. Das heißt, dass sich ihr Spannungsfeld zwischen Hell und Dunkel mehr und mehr auflöst.

Bis jetzt spürten wir die Vierte Dimension meistens über die Anwesenheit und die Wahrnehmung erdgebundener Seelen, zum Beispiel wenn wir an vorbelastete oder geschichtsträchtige Orte kamen. Häufig bewerteten wir dieses auch noch, indem wir sagten, dass das ein unangenehmer Platz sei und ihn möglicherweise als „schlimm“ oder „negativ“ empfanden. Die Geistige Welt versucht uns deshalb seit geraumer Zeit zu vermitteln, dass auch die Vierte Dimension mit all ihren Ausdrücken ein Teil von uns ist und letztendlich auch unser Inneres widerspiegelt. Das, was wir im Außen als gebunden erleben, selbst wenn es sich dabei um eine Seele handelt, ist etwas, das in uns unfrei ist. Unsere feinstofflichen Geschwister möchten, dass wir, wenn wir die untere Ebene der Vierten Dimension durchlichten, uns unserem Emotionalfeld zuwenden und hier etwas in die Weite führen. Der Emotionalkörper ist ein Geschenk der spirituellen Venus an uns Menschen. Würden wir jetzt auf den Plejaden leben, hätten wir keinen. Unser emotionales Sein verbindet uns mit der irdischen Materie und Form, und dadurch entstanden, bezogen auf die alte Matrix, nicht nur lebens- und energieflussfördernde Vernetzungen, sondern auch Verengungen, Belastungen, Verstrickungen, Abhängigkeiten und Bindungen.

Unser Emotionalkörper wird häufig mit einem Kleid verglichen, und das Gewebe können wir verändern. In der Neuen Zeit und auch auf dem Weg der Shekaina geht es darum, das venusische Präsent anzunehmen und es zum Wohl aller so zu nutzen, dass sich darüber ein liebevolles Miteinander mit Allem-was-ist entwickelt. Deshalb beschäftigen wir uns noch ein wenig mit unserem emotionalen Sein. Sei gesegnet.

Sanat Kumara und der lunare See

Sanat Kumara berührt dein Sein, nimmt Raum und segnet dich. Er spricht:

„Wir sind das Licht der spirituellen Venus. Nimm wahr, dass wir dich an einen heiligen, venusischen Platz führen, der außerhalb der Linearität existiert. Wir bringen dich an einen silberfunkelnden See. Erkenne seine besondere Konsistenz. Er sieht so aus, als würden in ihm reine Silberfäden sein, die sich bewegen und dabei schimmern und schillern. Wisse, dass es ein lunarer See ist. Er ist von Mondinnenkraft erfüllt. Jeder einzelne dieser Silberfäden ist eigentlich ein Mondfaden. Wir haben dich hierher geführt, weil dein Emotionalkleid aus diesen Fäden gewoben ist.

Das Mondlicht hat die Fähigkeit, sehr aufnehmend und bewahrend zu sein. Das sind wichtige Qualitäten, die wir für deinen Emotionalkörper benötigen. Aus dem Tempel der spirituellen Venus lenken wir Energien in diese Mondkraft, in dieses Mondwasser. Die Kumaras formen dann aus der Vereinigung von lunaren und venusischen Schwingungen dein emotionales Gewebe. Wir haben dich hierher gebracht, um dich einzuladen, dein Emotionalkleid mit der Schwingung des Sees zu verbinden. Dadurch können wir beginnen, es zu verändern und ein neues Emotionalmuster zu erschaffen, das sowohl für dich als auch für das Kollektiv der Menschheit in der Neuen Zeit von Wichtigkeit ist. Wir erweitern dabei deine Intuition und deine Fähigkeit, wahrzunehmen.

Wisse, dass dein Emotionalkörper und seine Beschaffenheit bestimmend dafür ist, was, wie und wie viel du von den einzelnen Ebenen, die um und durch dich sind, erkennen kannst. Über die Verbindung deines emotionalen Felds mit der Vierten Dimension ist diese darin eingebunden und daran mit beteiligt.

Die Schwingung deines Emotionalkleids ist für die Offenheit und die Klarheit deiner Wahrnehmungskanäle zuständig. Sind diese klar und ausgerichtet, bewegst du dich dabei im sogenannten lichten Bereich der Vierten Dimension und hast die Wahl, auch darüber hinaus zu reisen. Wenn deine Wahrnehmungskanäle und somit dein emotionales Gewebe beispielsweise verwellt, verschroben und unklar sind, bist du als Resonanzfeld auf die untere Ebene der Vierten Dimension eingestellt. Das, was du wahrnimmst, die Botschaften, die du empfängst, stammen dann von dort.

Wir bitten dich zu begreifen, wie alles miteinander vernetzt ist. Wenn du diesen Zusammenhang zwischen deinem Emotionalkörper und der Vierten Dimension verstehst, findet automatisch eine Durchlichtung dieses Frequenzbands statt. Das bedeutet, dass gebundene Seelen befreit werden, einfach ins Licht gehen können und sich, wie bereits erwähnt wurde, das Spannungsfeld zwischen Hell und Dunkel, zwischen Unten und Oben innerhalb der Vierten Dimension auflöst. Lege deine Angst vor unerlösten Energien im Allgemeinen und im Speziellen vor der Vierten Dimension ab. Hab keine Angst vor verengenden, blockierenden Energien und Wesen. Hab keine Angst vor Manipulation und Fremdbestimmung. Hab keine Angst vor Besetzungen. Wir möchten mit dir gemeinsam an den genannten Themen wirken, damit du frei sein kannst. Heilung, in welcher Form auch immer, ist nur möglich, wenn Freiheit da ist. Freiheit wächst aus Vertrauen.

Deshalb bitten wir dich, jetzt gemeinsam mit uns in dir Vertrauen Raum nehmen zu lassen. Das Vertrauen, dass du die Fähigkeit hast, durch dein Sein, durch die Liebe, die du bist, alles, ausnahmslos alles, zu erlösen. Erkenne, dass du dadurch zu einem Segen wirst. Du wirst zu einem Ausdruck der Gnade, die spürbar ist, wo immer und mit wem du bist. Du weißt, dass eine Neue Zeit neue Wege ermöglicht und ebenso erfordert. Wir haben dich hierher geführt, um dich zu bitten, die Vierte Dimension neu zu betrachten und anders als bisher mit ihr umzugehen. Es wurde bereits mehrfach erwähnt, dass du jetzt für deine und die Entwicklung des Kollektivs keine tiefen und leidvollen Prozesse mehr benötigst. Du brauchst die alten Schmerzen nicht erneut und weiterhin zu erleben, um sie zu erlösen. Es ist nicht mehr die Zeit, jede frühere Inkarnation, in der möglicherweise noch etwas blockiert ist, einzeln aufzulösen. Heute kannst du das, was du in vielen Leben erschaffen hast und dir nicht mehr dienlich ist, im Hier und Jetzt mit einem Wimpernschlag befreien.

Wenn wir dich nun erneut darauf aufmerksam machen, dass die Vierte Dimension mit deinem Emotionalkörper verbunden ist und sie als Traumebene bezeichnen, dann erkenne, wie wichtig sie ist, um Visionen zu verwirklichen und zu manifestieren. Die Vierte Dimension ist eine Zone des Übergangs, die großen Einfluss auf die Morphogenetischen Felder der Erde und somit der Menschheit hat. Wenn Frieden, und dieses ist nur ein Beispiel, auf Gaia Raum nehmen soll, ist es wichtig, dass die Morphogenetik die entsprechenden Voraussetzungen schafft. Wir weben dieses weiter: Dann ist es wichtig, dass die Vierte Dimension und dein emotionales Gewebe die nötigen Voraussetzungen schaffen. Erkenne und begreife.

Jetzt nehmen wir dich in unsere Arme. Wir tragen dich empor, und wir sagen zu dir: Lass dich fallen. Gib dich hin. Wir tragen dich. Wir danken dir und bringen dich zurück in dein Sein im Hier und Jetzt. Wir segnen dich in der Liebe und der Weisheit der lunaren und venusischen Kräfte. Wir sind Sanat Kumara. Sei gesegnet.“

Hyperborea

Die Wurzelrassen erwähnten wir schon am Anfang des Buches. Sie heißen Polarier, Hyperboreaner, Lemurianer, Atlanter, Arianni, Meruvianer und Paradisier. Diese Völker prägten unsere Menschheit, und wir tragen ihr Erbe in unseren Genen. Die Geistige Welt bat uns, einen Kreis zu zeichnen und darauf die Namen der Rassen einzutragen. Da die Hüter unserer Erde vor den Wurzelvölkern Drachengeschwister waren, können wir sie im Kreis mit anführen. Dann sollten wir uns in das Runde stellen und fühlen, dass von jedem Volk eine Verbindung zu unserer DNS führt. Wir sind in ihre Qualitäten eingebettet. Über diesen Wurzelrassenkreis können wir auch erkennen, dass ihre Energien ineinanderfließen und zusammengehören. Sie sind wie verschiedene Stationen eines gemeinsamen Ausdrucks, eines gemeinsamen Seins. Unsere Kundalini ist also nicht nur unsere Schlangen-, sondern auch unsere Drachenkraft. Wenn wir sie als unsere SchöpferInnenenergie in der Materie wahrnehmen, schließt sich die Verbindung zur Theorie der ursprünglichen Drachenhüter unserer Erde wieder. Sie stellten damals ihre Urkräfte der jungen Gaia zur Verfügung, und diese Urkraft lebt in uns nach wie vor weiter.

Jetzt wenden wir uns den Hyperboreanern zu. Sie prägten die Lemurianer intensiv, genauso wie die vorkeltischen Stämme, die Kelten, die sogenannten Naturvölker der Erde und die früheren und heutigen Schamanen und Schamaninnen. Bereits die Griechen kannten und erzählten vom Volk der Hyperboräer. Man geht davon aus, dass wichtige griechische Heiligtümer und Stätten, wie beispielsweise die Orakelstätte von Delphi, regelmäßig mit ihm in Kontakt waren. Sie erhielten von ihm auch Geschenke, die die spirituellen Kräfte des Ortes mit aufbauten.

Hier werden sie als das Volk aus dem Norden beschrieben. In griechischen Texten wurde Hyperborea als Land der ewigen Jugend bezeichnet. Das heißt, dass die hyperboreanischen Wesen als alterslos gelten. Sie kennen keine Krankheiten, sind sehr friedliebend und friedvoll und singen und tanzen gerne. Manchmal werden sie im wahrsten Sinne des Wortes als riesengroß erwähnt. Im hohen Norden, wo Hyperborea angesiedelt wird, bewegen wir uns in einem Bereich, wo die Energien der Innererde stark spürbar sind. Auch unsere Túatha Dé Danann hatten ihre Verbindungen zu den Hyperboreanern, genauso wie der Mythos und die Mysterienschule von Avalon.

Dunkelgrün, flaschengrün könnten wir sagen, ist die Farbe von Hyperborea. Der dunkelgrüne Turmalin ist die verdichtete Form der Heilschwingung von Hyperborea. Deshalb ist er auch ein so großer Heilstein. Das Wasser der zweiten Welt ist das zähflüssige, heilsame Wasser von Hyperborea. Es hat die Fähigkeit, alles zu heilen, was es berührt. Als das Volk der Hyperborea auf der Erde weit verbreitet lebte, gab es viele dieser Quellen des Wassers der zweiten Welt. Wesen aus den unterschiedlichen Ebenen unseres Universums kamen auf die junge Erde, um sich darin zu regenerieren und zu erneuern. Als sich die Hyperboräer zum Teil in die Innererde zurückzogen, versiegten diese Heilwasser, und ihre Zugänge schlossen sich. Im Erdinneren flossen und fließen sie weiter. Manchmal wird es als Urwasser bezeichnet und auch mit der Ursuppe gleichgesetzt, denn seine Konsistenz war wie eine intensive Nährlösung, fast „schlammig“. Unsere Sternengeschichte sagt, dass unser Brüder und Schwestern, die Og Min, ihre DNS-Sequenz in dieses Wasser der zweiten Welt hineingegeben haben. Daraus formte sich unser irdisches, physisches Leben.

Innerhalb des Universums ist alles aus dem Schoß der Shekaina entstanden. Dieser ist schwarz – ein schwarzes Licht, eine schwarze Sonne, ein schwarzes Loch, egal, wie wir es nennen. Auf der Erde entspricht der schwarze Turmalin dieser Energiequalität. Wenn wir uns die Turmalinschichten betrachten, können wir uns die dunkelgrüne Ebene, aufbauend auf und entstehend aus der schwarzen, vorstellen. Das beschreibt auch die Verbindung zwischen der Urweiblichkeit und Hyperborea. Deshalb ist die Grundenergie von Hyperborea genauso ursprünglich, lebenserschaffend, aufnehmend, urweiblich und heilsam wie die Schwärze der Shekaina, wie Muttergott. Sei gesegnet.

☼☼☼

Aquala Awala berührt dich

Aquala Awala, als Hüterin aller Gewässer dieser Erde, nimmt Raum. Sie segnet dich und spricht:

„Wir sind wie du aus Sternenlicht geboren. Wir berühren die Urgründe des Lebens und sind dennoch allezeit mit unseren Sternenheimaten vereint. Wir lenken über unser fließendes Prinzip plejadisches Licht in die Materie hinein. Während wir zu dir sprechen, strahlt unsere plejadische Energie in dich, um dich an deine Fähigkeit zu erinnern, zu fließen, im Fluss des Lebens und der Hingabe zu sein. Eingebettet in die Schwingungsqualität der Plejaden lässt du ständig los und hältst nichts fest. Du fließt einfach mit. So entsteht Weite in dir.

Wisse, dass unser plejadischer Energiestrom die Möglichkeit hat, alles, was du als Vergangenheit bezeichnest, mitzunehmen. Wir tragen es fort. Wir spülen es hinweg, damit du frei, unbelastet und unvoreingenommen sein kannst. Frei wie ein weißes Blatt Papier, um diesen einen Moment, der ist, mit deinen Sinnen und deiner Gesamtheit zu erfahren. Wir schenken dir also Freiheit. Die Freiheit, jeden Augenblick neu zu wählen, wie und was du erleben und wer und was du sein möchtest. Wir fließen mit dir und durch dich. Wir bitten dich, dich unserer Energie hinzugeben. So strömen jegliche Formen der Erstarrung – auch längst überholte Gewohnheiten gehören dazu – aus deinem System. Wir schenken dir Beweglichkeit und Flexibilität. Erlaube dir, dich so berühren zu lassen, um dich dadurch vollkommen auf deine Seele einzuschwingen, sodass sie die Führung in deinem Leben übernehmen kann. Jetzt.

Nun verbinden wir dich mit den Wassergitternetzen der Erde und gleichzeitig mit der Ebene von Alcyone, wo eine große Bibliothek ist. Deine Seele beginnt, die Zeichen daraus zu lesen, die mit deinem Weg und deiner Bestimmung zusammenhängen, um sie in deine Körper zu lenken. Das fördert dein Erwachen und ein bewusstes Sein in der Materie im Hier und Jetzt. Erkenne dich selbst. Über deine Verbundenheit mit den Wassergitternetzen kommen Wasserwesen zu dir. Es sind Meerjungfrauen. Sie tanzen um und für dich. Sie öffnen dich, damit du die Schönheit und die Vollkommenheit in Allem-was-ist sehen und fühlen kannst, und sie lassen dein Herz kraftvoll, mutig und weit sein. Du bist fließendes Bewusstsein.

Stell dir vor, du würdest in einem für dich angenehmen Wasser eines Meeres stehen und dich immer tiefer darauf einlassen. Werde mit jedem Atemzug selbst zum Wasser. Löse deine Form auf. Deine Körperlichkeit ist eins mit jedem Wassertropfen und letztendlich mit dem gesamten Ozean. Gib dich dem Kreislauf des Wassers hin. Steige als winziges Wasserteilchen hinauf in den Himmel. Nimm dich in Form von Wolkenverbänden wahr. Beginne, als Regentropfen auf die Erde zu fallen und tief in die Erde zu dringen. Sei Rinnsal, Quelle und ein Fluss, der in das Meer mündet. Dann sei wieder eins mit dem Ozean.

In diesem Zusammenhang erlaube dir nun, ganz Meerjungfrau oder Wassermann zu sein. Bewege dich frei im Wasser und nimm die perlmuttschimmernden, mit Muscheln besetzten Unterwasserstädte wahr. Höre und fühle die Klänge, die sie erfüllen. Spiele, tanze, feiere, singe und musiziere mit den anderen Meerjungfrauen und Wassermännern, die hier und mit dir sind. Verweile in diesem Seinsausdruck so lange du möchtest. Im Anschluss daran beginne, dich auch von dort wieder zu lösen, um dich aus dem Meer zu erheben, um erneut deine menschliche Form zu gestalten, um Mensch zu sein. Jetzt. Spüre die Erneuerung und die Regeneration, die in dir Raum genommen haben. Wir sind mit dir, wann immer du möchtest.

Deine Verbindung zu den Wassergitternetzen bleibt aufrecht. Die Bibliothek von Alcyone steht dir offen. Hier bist du willkommen. Wir führen dich zurück in dein Sein im Hier und Jetzt. Wir danken dir. Unser plejadisches Licht segnet dich. Alles fließt. Jetzt und allezeit. Wir sind Aquala Awala. Sei gesegnet."

☼☼☼

Botschaft aus dem Feenreich

Die Feen und die Elfen heißen dich in ihrem Reich willkommen. Eine von ihnen beginnt mit dir zu sprechen:

„Wir grüßen dich, Menschenkind, das du uns bist. Wir breiten unseren Feenstaub über dich aus, damit er alles, was du bist, berühren kann. Jetzt. Es ist ein goldener Feenstaub, den wir von unseren Flügeln gesammelt haben. Er entsteht dort immer wieder, wenn wir mit den Strahlen der Sonne spielen, ihr Glitzern einfangen und sich dieses wundervolle, solare Bewusstsein in Form von Sternenstaub auf unsere Flügel setzt. Deshalb ist es eigentlich Sonnenstaub, den wir nun in dein System lenken. Er öffnet deine Zellen, damit sie neue Schwingungsqualitäten aufnehmen können.

Wir geben die Farben unserer Wirklichkeit genauso in deine Zellen hinein wie die Leichtigkeit des Lebens, die Freude am Sein, Inspiration, Kreativität, miteinander Feiern, die Gleichwertigkeit des Lebens, kindliche Magie und die Fähigkeit, uns, wo auch immer du bist, wahrzunehmen und zu fühlen. Wir lenken diesen Feenstaub tief in dein System. Mögen dir dadurch die verborgenen Reiche nicht länger verborgen sein. Mögest du durch dein Herz und mit deinem Herzen all die Wahrheiten erkennen, die für dich und mit dir und Allem-was-ist in Harmonie zu sein, von Wichtigkeit sind. Wenn du Feenpfaden folgst, verbindest du die Reiche. Deshalb bitten wir dich, dass du auch an den Orten, an denen du lebst, vermehrt darauf achtest, wo Feenpfade sind, und sie bewusst beschreitest. So verbindest du, wie wir sagten, die Welten.

Einst war es selbstverständlich für dich, uns zu sehen. Erlaube, dass es wieder so sein kann und ist. Lass uns ein bewusster, ein offensichtlicher Teil deines Lebens und in deinem

Leben sein. Beziehe uns mit ein. Achte darauf, ob in deinem Wohnbereich, in deinem Garten, in deinem Arbeitsumfeld eine parallele Wirklichkeit existiert, wodurch es möglich ist, dass es hier ein Feenschloss, eine Elfensiedlung, ein Zwergenheim oder Ähnliches gibt. Wir sind bereit, dich tiefer in unser Königreich einzulassen. Wir segnen dich erneut mit unserem Feenstaub. Jetzt. Wir grüßen dich. Sei gesegnet."

☼☼☼

Sanat Kumara und die Vierte Dimension

Wenn wir in der Fünften Dimension sind, hören die anderen Ebenen nicht auf, zu sein. Das Eintreten in die Fünfte Dimension ist eine Erweiterung. Es ist, als ob sich ein Raum geöffnet hätte, der bisher versperrt oder verborgen war und den wir jetzt wieder betreten können. Dadurch verändert sich unsere Wahrnehmung von den anderen Dimensionen mit. Dennoch existieren sie weiter – allerdings in der Form, die wir als geheilte Dualität bezeichnen. Das ist der Unterschied zwischen der alten und der Neuen Zeit. So tritt Sanat Kumara ein und spricht zu dir:

„Wir segnen und grüßen dich, geliebtes Kind des Lichts, das du uns bist. Wir laden dich ein, gemeinsam mit uns bewusst in die Vierte Dimension zu reisen. Jede Dimension ist wie ein Frequenzband, ein Schwingungsband. Über deine mentale Ausrichtung kannst du dich darauf ausrichten. Auf diese Art fokussiere dich jetzt auf die Schwingungsschicht, die wir als vierdimensionale bezeichnen. Tauche und tritt darin ein. Wenn du dich auf die Frequenzbänder einlässt, ist es erneut vergleichbar mit dem Betreten eines energetischen Raums, eines Bewusstseinsraums, eines Bewusstseinsfelds. Wenn du nun gemeinsam mit uns in diesem vierdimensionalen Schwingungsraum bist, nimm seine Konsistenz, seine Substanz, sein Gewebe wahr. Atme bewusst ein und aus und werde selbst ein Teil davon.

Wisse, dass die Vierte Dimension ursprünglich eine Übersetzungsebene war. Sie war eine Brücke zwischen den feinstofflichen und den grobstofflichen Welten. Sie ist wie eine Adaptionsebene, wodurch es möglich ist, Schwingungen anzupassen und anzugleichen. Sie ermöglicht beispielsweise, dass du in der Dritten Dimension und nach ihren Gesetzmäßigkeiten leben kannst und dich gleichzeitig mit all deinen Seinsformen, die sich außerhalb des dreidimensionalen Raums befinden, und mit deinen Sternenheimaten verbunden fühlen kannst. Das bedeutet, dass es eine ihrer Aufgaben ist, Erinnerungen aufrechtzuerhalten.

Du weißt, dass durch den Untergang von Atlantis die größtmögliche Art der Trennung in der Materie manifestiert wurde. Auch das Gewebe, wir benutzen diesen Begriff, weil er uns so treffend erscheint, der Vierten Dimension wurde dabei verzerrt, sodass sich innerhalb des Schwingungsraums ebenso eine Trennung vollzog. Dadurch wurde die Einteilung geschaffen, die heute als untere und obere Ebene der Vierten Dimension bezeichnet wird. Erst durch diesen Einschnitt war es möglich, in weiterer Folge Emotionen, losgelöst von der Seelenqualität, erfahren zu können. Erst seither konnten emotionale Energien fehlgeleitet werden, wodurch Gebundenheit entstehen konnte. So wurde das scheinbar geschlossene Feld der unteren Ebene der Vierten Dimension geformt. Im irdischen Sein drückte es sich zum Beispiel darüber aus, dass Erdenkinder begannen, besitzen oder mehr als andere haben zu wollen. Deshalb ist es in dieser Zeit so wichtig, die Vierte Dimension neu zu definieren, um sie wieder in ihrer ursprünglichen Art wahrzunehmen. So kann eure persönliche als auch eure globale und kollektive Evolution voranschreiten.

Wir bitten dich, diese Worte in deinem Herzen zu bewegen und zu integrieren. Jetzt treten wir mit dir gemeinsam wieder aus dem Frequenzband der Vierten Dimension heraus. Venusische Energien erfüllen dein Sein. Wir sind so voller Dankbarkeit für deine Bereitschaft des Hierseins und des Zuhörens, dass wir keine Worte dafür finden. Wir danken dir. Wir sind Sanat Kumara. Sei geliebt, bedingungslos. Jetzt und allezeit. Sei gesegnet.“

Das goldene Licht der Og Min löst Spannungsfelder auf

Goldenes Licht fließt ein und berührt dein Drittes Auge. Die Og Min nehmen Raum und sprechen zu dir:

„Wir sind Og Min. Wir danken dir für deine Bereitschaft, jetzt unser goldenes Licht zu empfangen. Wir lenken es über dein Drittes Auge in deine linke und rechte Gehirnhälfte, und darüber hinaus verteilen wir es in der Gesamtheit, die du bist. Wisse, dass es dazu dient, Gegensätze in dir zu vereinen und Widerstände aufzulösen, um deine Angst mit dem Vertrauen zu verbinden, sodass darüber in dir ein Schwingungsfeld der Gleichmäßigkeit entsteht. Du wirst mehr und mehr darauf vorbereitet, Altes mit Neuem über und durch dein System und in dir zu vereinen.

Wisse, dass die Vereinigung von Alt und Neu bedeutet, dass du alles, was du als Geschichte bezeichnest, unabhängig davon, ob es deine persönliche, eine kollektive, eine aus diesem Leben oder eine aus längst vergangenen Zeiten ist, so annimmst, wie sie war und ist, ohne etwas daran verändern zu wollen. Dadurch ermöglichst du, dass eine Wandlung beginnen kann, sich umzusetzen, und zwar wie von selbst, nach ihrem eigenen Plan, nach ihrem ureigenen Rhythmus. Das ist in dieser Zeit von großer Wichtigkeit. Lehre die Menschen, in der Gleichgültigkeit zu sein.

Wir sind gekommen, um dich erneut darum zu bitten, darauf zu achten, worauf du deine Aufmerksamkeit lenkst. Achte darauf, womit du dich wahrlich beschäftigen und was du nähren möchtest. Schenke ihm dementsprechend deine Energie. Allem anderen entziehe sie. Höre auf, es zu nähren. Wir sind hier, um zu vernetzen. Deshalb sei nun ganz in deinem Herzen. Erlaube dir, an Situationen, Eigenschaften und Menschen zu denken, die für dich Herausforderungen darstellen, egal, in welchem Zusammenhang. Erlaube des Weiteren, dass wir die Themen, Situationen, Menschen und dich in deiner Gesamtheit durchströmen. Wir lassen in alles, was damit in Verbindung steht, unser goldenes Licht einstrahlen.

Wir bitten dich, bewusst zu atmen. Lass einfach geschehen, nimm an und fühle, dass das goldene Licht fließt. Verweile in diesem Energiestrom, in dieser goldenen Durchdringung, bis eine Veränderung der Grundenergie, der Ausgangsposition beginnt, Raum zu nehmen. Eine Schwingungsqualität des Verbindens baut sich auf. Sie durchwirkt dich und deine jetzt versammelten Herausforderungen, die du gewählt hast. Eine Integration der Annahme von Allem-was-ist, Frieden und Einheit, bezugnehmend auf das, was präsent ist, findet über und in deinem Herzen statt. Jetzt. Wir lassen das goldene Licht so lange durch dich fließen, bis eine Wandlung deiner Wahrnehmung der Themen, Situationen und Menschen eingetreten ist. Wir danken dir. Wir sind mit dir. Wir sind Og Min. Atme tief ein und aus. Sei geerdet. Sei zentriert. Jetzt und allezeit. Sei gesegnet.“

Die Plejaden und das Drachennetz der Erde

Die Plejaden sind stark mit unserem Wasserelement verbunden. Aquala Awala, ein plejadisches Sternenwesen, ist die Hüterin allen Wassers dieser Erde. Viele Wasserdrachen, die hier leben, stammen aus dem plejadischen System, wie beispielsweise auch Nessie. Die Plejaden liegen im Sternenfeld Stier. Viele Ureinwohner und alte Völker der Erde, wie beispielsweise die Hopi-Indianer, sagen, dass sie von den Plejaden kommen. Sie sind uns Menschen schon sehr lange bekannt und vertraut. So finden wir sie auch in den Höhlenmalereien von Lascaux in Frankreich wieder. Die hellsten Sterne der Plejaden werden als sieben Schwestern bezeichnet und tragen Namen aus der griechischen Mythologie: Alkyone, Asterope, Kelaino, Elektra, Maia, Merope und Taygete. Die Geschichte sagt, dass sie ursprünglich Nymphen waren, denen Orion immer wieder nachstellte. Zeus erbarmte sich ihrer und brachte sie in den Himmel.

Auf, um und in der Erde gibt es viele verschiedene Gitternetze, die letztendlich alle miteinander verwoben sind. Dadurch entstehen Grundmuster und heilige Formen, die den Aufbau und die Entwicklung von Erdenleben ermöglichen. Eins dieser Netzwerke ist das sogenannte Drachennetz. In den letzten Jahren war es unsere Aufgabe (vor allem die der Drachenreiter), an der Aktivierung des Drachennetzes zu wirken, damit wir seine schöpfenden Energien wieder nutzen können. Wir benötigen sie in der Neuen Zeit. Dabei erweckten wir an den unterschiedlichsten Orten der Erde schlafende Drachenwesen und gliederten ihre Kräfte in das Drachennetz ein, um es erstarken zu lassen. Es bildet sich aus Landschaftsdrachen, Sternendrachen, Erddrachen und Wasserdrachen. Die Erdrachen sind die roten Schlangen- und Mutterdrachen, die tief im Inneren der

Erde leben. Sie bilden das Schlangen- und Kundalininetz der Erde.

Jeder Ort und jedes Land hat seine Kundalinienergie, die seine Schöpferkraft in der Materie und seine Lebenskraft ist. Die Landschaftsdrachen sind grün. Sie wohnen in oberflächennahen Höhlen und Hohlräumen. Die Sternendrachen sind blau, manchmal auch weiß oder gelb. Sie leben nicht auf der Erde, sondern kommen immer wieder von den Sternen zu Besuch oder kommunizieren von dort aus mit uns. Sie stellen ihre Energien zur Erfüllung spezieller Aufgaben zur Verfügung. Sie stammen häufig aus den Sternenfeldern Herkules, Zwilling oder Drache. Die Wasserdrachen schillern grün, blau und violett. Sie stehen, wie bereits erwähnt, in enger Verbindung mit den Plejaden. Den Erddrachen wird das Element Feuer zugeordnet, den Landschaftsdrachen die Erde, den Sternendrachen die Luft und den Wasserdrachen das Wasserelement. Aus diesen Drachenebenen ist das Drachennetz geformt. Es umspannt die Erde in ihrem Inneren, auf ihrer Oberfläche und in ihrem aurischen Feld. Es ist erfüllt von nährenden, bewahrenden, verbindenden, ausgleichenden, aufbauenden und hütenden Energien. Wir werden in der Neuen Zeit vermehrt damit wirken und es noch besser verstehen lernen. So, wie einst die Drachenwesen die Hüter der noch jungen Gaia waren, liegt die Verantwortung für sie nun in unseren Händen als Kosmischer Mensch, der wir sind. Die Drachenwesen unterstützen uns dabei mit ihrem Wissen, ihrer Weisheit und ihrer Liebe. Sei gesegnet.

☼☼☼

Unsere Ahnen und Ahninnen

Raphael sagte uns bei einem Seminar, dass das Heidekraut, das er als sehr heilsam und regenerierend beschrieb, ein Ahnenkraut ist. Es fördert die Verbindung und die Kommunikation mit ihnen. Es wurde uns bewusst, warum wir es hier in unseren Regionen so häufig auf Gräbern sehen können. Bis dorthin hatte ich keinen Bezug zu dieser Pflanze, geschweige denn, dass sie mir gefallen hätte. Das hat sich seither verändert – ich bin ein richtiger Fan von Heidekraut geworden.

Die Geistige Welt bittet uns, unsere Ahnen und Ahninnen, unabhängig davon, wie unsere persönliche Geschichte gewesen sein mag, in der Neuen Zeit als etwas uns Aufbauendes und Nährendes anzunehmen. Über sie fließt uns Kraft zu. Sie sagen uns, dass sie unsere Wege, die wir gegangen sind und noch beschreiten werden, segnen. Jetzt geht es darum, eins zu sein und mit unserer Seele und den Seelen unserer Ahnen und Ahninnen zu kommunizieren. Dadurch können wir sie so erleben, wie sie in ihrem innersten Wesen sind.

Wenn wir von Seele zu Seele kommunizieren, fließen Frieden, Liebe, Anerkennung, Wertschätzung und Respekt. Auf dieser allumfassenden und gleichzeitig übergeordneten Ebene gibt es nichts zu heilen, weil schon alles heil ist. Von hier aus strahlt dieses heile Sein in die Gesamtheit, die wir sind, aus, und dadurch löst sich auch in unserer Persönlichkeit das auf, was möglicherweise noch zu transformieren ist. Wenn wir in dieser Seelenbegegnung und Seelenkommunikation sind, brauchen wir auch nichts zurückzugeben, weil wir hier nichts übernommen haben, und umgekehrt. Wir erhalten nichts zurück, weil uns niemand etwas nehmen konnte. Hier sind wir wie unsere Ahnen und Ahninnen nur Licht und Liebe, vollkommene, göttliche Wesen. Wenn wir unseren Ahnen und Ahninnen auf diese Art und Weise begegnen, sind sie nicht länger für unser Wohlbefinden im Hier und Jetzt verantwortlich zu machen. Sie sind frei, und wir sind es auch. Es liegt nur in unseren Händen, darauf zu achten, was wir benötigen, um uns wohl und glücklich zu fühlen.

In der Neuen Zeit sind unsere Ahnen und Ahninnen unser Boden, auf dem wir wachsen und uns entwickeln können. Er nährt uns und gibt uns alles, was wir im Hier und Jetzt benötigen, um uns wohlzufühlen. Wir verlernen gerade, uns weiterhin mit den alten Verwicklungen aus der nicht-geheilten Dualität zu beschäftigen. Wir lenken den Fokus auf die Potenziale und nutzen diese. Wenn wir von unseren Ahnen und Ahninnen sprechen, schließt das auch die alten Völker der Erde und die Wurzelrassen mit ein. Sie bilden mit allem, was sie repräsentierten, und mit ihren Fähigkeiten unser Lebensfundament mit. Das ist eine wunderbare Vorstellung. Vor zehn oder zwanzig Jahren hatten wir noch ein ganz anderes Verständnis von dem, worüber wir hier sprechen. In einigen Jahrzehnten werden wir es noch viel tiefer, bewusster, ganzheitlicher und vereinender wahrnehmen können. Das ist unsere Evolution. Das ist unsere unendliche Entdeckungsreise, die wir Leben nennen. Sei gesegnet.

Ergänzungen zur Vierten Dimension

Die Geistige Welt beschreibt die Vierte Dimension als ein Gedächtnis der Erdgeschichte. Sie sagt, dass hier die Erfahrungen aller Erdinkarnationen gespeichert sind. Man könnte sie als eine Erdenchronik bezeichnen. Als wir vor langer, urlanger Zeit (linear betrachtet) begonnen haben, unsere Erfahrungen zu bewerten, formten wir darüber die nicht-geheilte Dualität. Wenn wir sagen, dass wir etwas nicht mehr erleben möchten, findet eine Wertung statt. Da wir dabei die Energie auf das lenken, was wir nicht wollen, ziehen wir es an und manifestieren es. Das ist ein kosmisches Gesetz. So wiederholten wir leidvolle Erfahrungen immer und immer wieder. Dadurch kreierten wir, laut der Geistigen Welt, auch die Trennung in die obere und untere Ebene der Vierten Dimension, denn ursprünglich war sie ein einheitliches Frequenzband von rezeptiven und dynamischen Energiequalitäten, die benötigt wurden, um Realitäten zu formen.

Die Erde, die wir greifen können, ist unsere Dritte Dimension, die Vierte liegt wie eine energetische Schicht um sie herum. (Auch dieses Bild ist linear, um es für uns verständlicher zu machen.) Die Vierte Dimension durchdringt die Morphogenetischen Felder, die gefüllt sind mit Informationen, die uns und unsere Erfahrungen prägen. Die Geistige Welt bittet uns, den engen Zusammenhang zwischen der Morphogenetischen Schicht und dem vierdimensionalen Sein zu erkennen. Die Morphogenetik wirkt wie eine große Computerfestplatte. Sie dient uns, damit wir uns als Menschheit unterstützen, austauschen und miteinander kommunizieren können. Das war ihre ursprüngliche Aufgabe. Dass diese Speichermembran blockierende Energien aufnahm und bewahrte, ist eine Folge des Untergangs von Atlantis. Die

Trennung innerhalb der Vierten Dimension, von der wir sprachen, und die damit verbundenen Bewertungen sind ebenso auf die Zerstörung von Atlantis zurückzuführen.

In der Neuen Zeit lernen wir mehr und mehr, dass die Erfahrung eines einzelnen Menschen das Erleben von uns allen ist. Über die Vierte Dimension und das Morphogenetische Feld sind wir beispielsweise alle miteinander verwoben (und natürlich auch über andere Schwingungsfelder, die wir im Moment nicht weiter betrachten). Jetzt beginnen wir, die Vierte Dimension neu zu sehen. Nicht primär in der Verbindung mit gebundenen Energien, sondern in ihrer bunten, lichten und leichten Form. Dadurch wird das Arbeiten mit erdverhafteten Seelen weniger, bis es nicht mehr nötig sein wird. Gleichzeitig verliert es die Schwere, die Anstrengung und die Last, mit der es manchmal empfunden wurde, und wandelt sich zu etwas Freudvollem, Spielerischem, Berührendem und unendlich Liebevollem.

Wenn wir als Seele auf die Erde reisen, bekommen wir von den Wesen der spirituellen Venus einen „emotionalen Kode“. Damit ausgerüstet, wandern wir durch das Band der Vierten Dimension und durch die Morphogenetik. Wir füllen es mit Bildern, Energien und Informationen auf. Daraus formt sich unser Emotionalkleid. Über das emotionale Gewebe bleibt die Seele während ihres irdischen Lebens mit der spirituellen Venus, der Vierten Dimension und dem Morphogenetischen Feld verbunden. Diesen Weg wählen auch die sogenannten Kinder der Neuen Zeit. Sie kommen ebenso mit einem „Sack von Schwingungen“ auf der Erde an. Sie haben, wie jede andere Seele auch, die Aufgabe, damit umzugehen, um dadurch sich und dem Großen Ganzen zu dienen.

Die Geistige Welt sagt, dass es eigentlich keine persönlichen Emotionalkörper gibt. Sie sind nur ein kleiner Teil eines kollektiven emotionalen Seins, das zur Erde und allen ihren Lebensformen gehört und mit der Vierten Dimension und den Morphogenetischen Schichten schwingt. Durch den Venus-Kode, den wir von den venusischen Wesen beim Erdlandeanflug unsere Seele erhalten, sammeln wir uns aus der Fülle an Möglichkeiten einfach etwas in unsere Reisetasche ein. Doch es sind nur Ausschnitte und Facetten, die mit dieser Ausdrucksfülle verbunden bleiben und sind. Unsere Aufgabe in der Neuen Zeit ist es, dieses mehr und mehr zu begreifen und dabei über unseren Emotionalkörper den bewussten Austausch mit den Venusenergien zu vertiefen. Über unser System breitet sich das venusische Licht dann in weiterer Folge im Erdemotionalkörper, in der Vierten Dimension und in der Morphogenetik aus. So kommen alle diese Schwingungsfelder in ein harmonisches Gleichgewicht des Verbindens, Vereinens und der Liebe. Blockierte und trennende Energien lösen sich auf.

Erneut erinnern uns unsere feinstofflichen Begleiter daran, dass Liebe kein Gefühl ist. Liebe ist Bewusstsein und bewusstes Sein. Sie ist wie ein übergeordnetes Prinzip. Unser Emotionalkörper war in seiner ursprünglichen Form, vor der Zerstörung von Atlantis, nicht darauf ausgerichtet, so zu fühlen, wie es uns heute vertraut geworden ist. Dabei wird er über unsere Persönlichkeit gelenkt, die sich an den Erfahrungen der Trennung orientiert. So entstehen Empfindungen von Zweifel, Angst, Unsicherheit, Trauer, Wut, Schwere usw.

Einst spiegelte unser emotionaler Körper die Regungen unserer Seele wider. Dadurch konnten wir unendliche Liebe, Einheit mit Allem-was-ist, Güte, Mitgefühl und tiefen Frieden fühlen. Es waren Bewusstseinsqualitäten. Über das Wirken mit der venusischen Energie in der Verbindung mit unserem Emotionalfeld kommen wir wieder dorthin zurück, und unser emotionales

Gewebe leuchtet licht und hell. Es darf wieder das sein, was es immer schon war. Das ist Teil des Wegs des Kosmischen Menschen. Das ist Teil des Wegs der Shekaina: unsere emotionale Kraft zu befreien. Sie ist eine große, verbindende, heilsame, nährende, aufbauende, allumfassende Liebesschwingung. Dadurch befreien wir die Vierte Dimension und Teile unseres Morphogenetischen Feldes mit. Lassen wir uns gemeinsam darauf ein. Sei gesegnet.

Sanat Kumara und dein Emotionalkleid

Sanat Kumara nimmt Raum und segnet dich mit dem spirituellen Licht der Venus. Er sagt:

„Wir sind Sanat Kumara. Sei gesegnet. Erinnere dich an dein fünfdimensionales Sein. Erinnere dich daran, dass der Kosmische Mensch, der du bist, bereits geboren ist. Als Kosmischer Mensch trägst du ein durchlichtetes emotionales Kleid. Das bedeutet, dass es so strahlt und pulsiert, wie es seinem ursprünglichen Potenzial entspricht. Du trägst dabei keine Resonanzfelder mehr in dir, die auf die nicht-geheilte Dualität ausgerichtet sind. Dein Emotionalkleid spiegelt nur noch dein Kosmisches Menschsein wider. Atme bewusst ein und aus. Nimm als Kosmischer Mensch, der du bist, dein wundervolles emotionales Kleid wahr. Jetzt. Fühle, dass es von Liebe erfüllt ist, von Bedingungslosigkeit, Mitgefühl, Güte, Barmherzigkeit, Frieden und Freude. Von einer Freude, die sich auf nichts bezieht, sondern die einfach ist, weil sie Freude ist.

Wenn du als Kosmischer Mensch nun dieses Emotionalkleid spürst, werde dir gewahr, dass dein Kleid so weit und groß ist, dass es die gesamte Erde umfasst. Sei dir bewusst, dass es das Kleid eines jeden Menschen ist. Und wir gehen noch einen Schritt weiter, denn wir sagen, dass auch die Tiere ein Emotionalkleid tragen, das aus dem gleichen Stoff ist. Somit ist das Emotionalfeld der Tiere auch Teil des einen Emotionalkleids der Menschheit. Wir bitten dich, dass du, wenn du von nun an mit deinem emotionalen Kleid wirkst, wahrnimmst und auf deine eigene Art und Weise fühlst, dass es dein und das Kleid aller Menschen und Tiere ist. Wenn du beispielsweise Nachrichten hörst, richte dich auf dein Kosmisches Menschsein aus und somit auf deine Neutralität. Über das eine Emotionalfeld, das ist, klärst du so die Ebenen und unterstützt, dass Frieden Raum nehmen kann. Wenn du mit dem Emotionalkleid eines anderen Menschen arbeitest, tue dieses von nun an ebenso in der Ausrichtung, dass du dabei am emotionalen Sein der gesamten Menschheit wirkst. Die Tiere sind erneut mit eingeschlossen, auch wenn wir sie nicht explizit erwähnen. Erkenne, dass es mehr und mehr darum geht, die Form der Individualität abzulegen, die Trennung erschafft. Unabhängig davon darfst und sollst du deine Besonderheit empfinden.

Wisse, dass wir dich einladen, aufzuhören, von DEINEM Emotionalkleid zu sprechen, sondern als Kosmischer Mensch, der du bist, UNSER Emotionalkleid zu sagen, das Emotionalkleid der einen Menschheit. Lass in der Verbindung mit deinem Kosmischen Menschsein dein emotionales Sein so oft wie möglich entsprechend leuchten und strahlen. Über seine Vernetzung mit der Vierten Dimension lösen sich darüber automatisch gebundene Energien und gehen in die Freiheit. Wann immer du Erdheilung vollziehst, tue dieses von jetzt an in der Wahrnehmung und Ausrichtung auf dein Kosmisches Menschsein und erlaube, dass dein Menschheits-Emotionalkleid vibriert. Dadurch lösen sich Belastungen auf und wandeln sich um in Leichtigkeit. So finden auch erdgebundene Seelen sanft ihren Weg ins Licht und gleiten hinein, um dort willkommen geheißen zu werden und anzukommen. Es bedarf keiner Anstrengung mehr. Transformation und Wandlung finden über dein bewusstes Sein statt. Erkenne die große Kraft, die du über das emotionale Kleid in dir trägst. Wenn du dir erlaubst, die ursprüngliche Schwingung des Emotionalfelds anzunehmen, kann auch die Vierte Dimension wieder das Schwingungsfeld der Liebe sein, das es einst in seiner Ausgewogenheit und in seinem Gleichgewicht vor der bewertenden Trennung war.

Lege deine Hände jetzt auf dein Herz und wiederhole für dich einige Male: „Ich bin der Kosmische Mensch!" Fühle, wie sich die Energie dieser Worte über deine Zellen ausbreitet und die Gesamtheit, die du bist, erfüllt. Richte deine Aufmerksamkeit auf das emotionale Sein. Es ist vom Licht der spirituellen Venus durchströmt. Es ist Liebe. Erinnere dich daran, dass der Kosmische Mensch keine Ängste kennt. Wenn Angst in dir ist, bist du aus deinem Kosmischen Menschsein herausgetreten. In diesem Fall fokussiere dich wieder darauf. Des Weiteren ist es so, dass das Emotionalkleid des Kosmischen Menschen in seiner Ursprünglichkeit schwingt. Dabei kann es weder etwas verlieren noch etwas aufnehmen, was nicht zu seinem Wesen gehört. Atme bewusst ein und aus und bewege unsere Worte in deinem Herzen. Begreife sie.

Wisse, dass du dein fünfdimensionales Sein, was ein anderer Ausdruck für dein Kosmisches Menschsein ist, benötigst, um die Vierte Dimension zu durchlichten. Werde dir von nun an immer wieder gewahr, dass es nur ein großes WIR gibt. Wenn du das verinnerlicht hast, werden sich die Herzen aller Menschen auf einer noch tieferen Ebene vereinen. Dann fängt das Herz der einen Menschheit, wie es bezeichnet wird, zu pochen an, und zwar im Rhythmus der Liebe, im Rhythmus der Großen Göttin. Es ist von großer Wichtigkeit, dass sich die Menschen als Einheit erleben, ohne sich gegenseitig zu bewerten, und zwar, indem sie sich so sein lassen, wie sie sind. Das Licht der spirituellen Venus durchdringt dich und segnet dich. Sei geliebt, unendlich geliebt. Wir sind Sanat Kumara. Sei gesegnet."

Muriel ergänzt Sanat Kumaras Worte

„Wir sind Muriel. Wir berühren dein Sein und öffnen dein Herz, um es mit Vertrauen zu füllen. Wir segnen dich. Wir sagen, dass die Energien von Lemurien als auch von Hyperborea mit dir und durch dich sind. Jetzt. Wir setzen fort, was Sanat Kumara bereits erwähnte. Deshalb bitten wir dich erneut, davon auszugehen, dass die Menschheit ein gemeinsames emotionales Kleid trägt. Wisse, dass das auch bedeutet, dass alle Menschen, die dir vorausgegangen sind, egal, wo sie auf dieser Erde lebten, deine Ahnen und Ahninnen sind. Die Annahme, dass die Menschheit ein Emotionalkleid miteinander teilt, erweitert dein Verständnis von deinen Ahnen und Ahninnen. Jede Seele, die jemals auf der Erde inkarniert war, ist also dein Vorfahre, deine Vorfahrin. Wann immer du mit Seelen, die ihren physischen Körper abgelegt haben, kommunizierst, sprichst du mit deinen Ahnen und Ahninnen. Wir bitten dich, deine Ahnen und Ahninnen zu ehren. Es sind Seelen, die dir vorausgegangen sind, unabhängig davon, was oder wie sie lebten.

Wir kehren noch einmal zu den erdgebundenen Seelen zurück. Auch sie gehören demnach alle zu deinen Ahnen und Ahninnen. Wir erinnern dich daran, dass du in der Neuen Zeit und als Kosmischer Mensch davon ausgehst, dass dir alle deine Ahnen und Ahninnen wohlwollend gegenüberstehen. Deshalb begegne auch du ihnen mit dem gleichen Wohlwollen. Erlaube jeder Seele, ihren eigenen Weg zu gehen. Wir bitten dich, im Umgang mit den gebundenen Seelen eine andere Wahrnehmung zu entwickeln. Erlaube einer Seele, dass sie gebunden sein darf. Bewerte es nicht. Daraus entsteht Liebe. Eine Liebe, die zwischen dir und dieser Seele fließt. So verkörperst du dein fünfdimensionales Menschsein, so pulsiert dein Emotio-

nalkleid in seiner ursprünglichen Form. Es ist dann wieder ein Liebeskleid. Ein Liebeskleid der Menschheit. Es überträgt seine Liebesfrequenz auf die Vierte Dimension, und die Seele ist frei. Die Lösung von gebundenen Energien geht über die Erweiterung deines Bewusstseins und über die Schwingung der Liebe, die du bist. Verstehe, dass es in dieser Zeit deine Aufgabe ist, tiefer in diese Frequenz der Liebe hineinzuwachsen. Wir unterstützen dich dabei. Atme bewusst ein und aus. Empfange den Segen von Lemurien als auch von Hyperborea. Wir sind Muriel. Sei gesegnet.“

Lass deine Kommunikation wesentlich sein

„Wir sind Og Min. Wir grüßen euch, geliebte Kinder des Lichts, die ihr uns seid. Wir speisen unsere goldene Energie in eure Systeme ein. Erkennt, dass euer emotionales Feld eine Kraft des Vereinens ist. Eine Kraft, die die Menschheit eint. Deshalb erlaubt euch, euch immer wieder Zeiten der Stille zu geben, um innezuhalten. So könnt ihr euch als fünfdimensionales Wesen und als Kosmischer Mensch wahrnehmen. Erlaubt euch, mehr in der Stille zu sein. Das bedeutet auch, weniger zu sprechen, mehr wahrzunehmen und zu sein. Zentriert eure Kommunikation auf das Wesentliche. Reduziert eure Kommunikation auf das Wesentliche. Unter dem Wesentlichen verstehen wir das, was euch darin unterstützt, Kosmischer Mensch zu sein. Also reduziert eure Kommunikation auf das Wesentliche. Wir werden euch dabei unterstützen. Atmet bewusst ein und aus. Lasst goldenes Licht fließen. Wir sind Og Min. Seid gesegnet."

☼☼☼

Die Bedeutsamkeit des Emotionalkörpers

Venusisches Licht fließt über deinen Thymus in dich ein. Sanat Kumara nimmt Raum und bittet dich, seine Energien in der Gesamtheit, die du bist, wirken zu lassen. Das pfirsichrosa-goldene Licht durchdringt deine Erfahrungen. Sie werden in „venusische Watte" eingehüllt, wodurch sie ganz weich werden. Ihre Weichheit schenkt dir Geborgenheit. Sanat Kumara sagt:

„Erinnere dich daran, dass einst die Drachenwesen die Hüter der Erde waren. Erinnere dich daran, dass wir als Wesen der spirituellen Venus, als Kumaras, Hüter der Erde waren und es immer noch sind. Doch nun bist du als Kosmischer Mensch ebenso auserwählt, Hüter und Hüterin der Erde zu sein. Deshalb gibt es zwischen den Drachengeschwistern, der Kosmischen Menschheit und uns eine besondere Verbindung und Zusammenarbeit, die sehr wichtig ist. Wann immer du mit dem Reich der Natur kommunizieren möchtest, sei dir unserer Unterstützung gewahr. Wir sind dir auch behilflich, wenn du dich mit den Tiergeschwistern austauschen möchtest, was in dieser Zeit von großer Wichtigkeit ist. Wir lehren dich, sie zu verstehen. Wir lehren dich, ihnen deine Botschaften so zu übermitteln, dass sie verständlich bei ihnen ankommen.

Wisse, dass wir alles, was wir durchströmen, auf die Liebe und die Bedingungslosigkeit der Quelle ausrichten. Wir sagen, dass dir dein Emotionalkörper gegeben wurde, damit er feinstoffliche Ebenen, Sterneninformationen, übersetzt und du sie in deinem materiellen und über dein materielles Wesen ausdrücken, verstehen, integrieren und umsetzen kannst. Wenn du diesen Schwingungsebenen oder den Sternen antwortest, geschieht dieses ebenso über und durch die Übersetzung und Vermittlung deines Emotionalkörpers. Die Vorstellungen, die du beispielsweise hast, wie sich ein Lichtkanal von der Erde zu den Sternen aufbaut, ist ein Bild, das möglich ist, weil du einen Emotionalkörper hast. Wisse, dass über dieses wahrgenommene Bild die Energien gelenkt werden, um dort anzukommen, worauf sie ausgerichtet sind. Dein emotionales Sein weiß so viel, weil es mit den Morphogenetischen Feldern im ständigen Austausch ist. Es ist wie ein großer Nachrichtensender, der immer auf dem aktuellsten Stand ist. So wäre es eigentlich nicht erforderlich, Nachrichten zu hören oder Zeitungen zu lesen. Dein Emotionalkörper kennt die Informationen schon, bevor du sie hörst, liest oder siehst.

Das Emotionalkleid ist ein wichtiges Instrument. Wir bitten dich, ihn zu würdigen. Auch dafür steht dir die Energie der spirituellen Venus zur Verfügung. Lass sie einfließen. Erlaube, dass sie dich durchdringt und besonders deinen Emotionalkörper berühren darf. Wisse, dass sich Tiere aufgrund ihres emotionalen Felds als Kollektiv wahrnehmen und kein individuelles Verständnis von sich haben. Sie denken nicht, dass sie ein Wir sind, sie fühlen es. Da sie keinen Mentalkörper besitzen, bleiben sie in ständigem und direktem Kontakt zu ihrer Sternenheimat. Sie zerdenken diese Verbindung nicht, so, wie es Menschen können und tun. Dadurch gibt es für sie keine Unterbrechungen im Energiefluss. So erfüllen die Tiere immer ihre Aufgabe, Sternenlicht in die Materie einfließen zu lassen, Sternentore offenzuhalten und Impulse in den Kosmos zurückzusenden. Erkenne, dass sich Tiergeschwister keine Fragen stellen. Sie zweifeln nicht, ob sie ihren Plan erfüllen oder nicht. Sie verkörpern und leben ihn einfach. Sie sind die Erfüllung ihres Seelenplans.

Wir bitten dich, das Wesen des emotionalen Felds zu verstehen. Dadurch wirst du dir deines Plans auch gewahr, lebst ihn und wirst zu ihm. Dabei lenkst auch du Sternenenergien in die Materie, denn du bist ebenso ein Übermittler von Sternenlicht, Sternenbotschaften und Sterneninformationen.

Atme bewusst ein und aus. Nimm wahr, dass du auf deine Sternenheimaten ausgerichtet bist. Jetzt. Dein Mentalfeld braucht jetzt keinen Namen zu denken. Fühle, dass Sternenlicht durch dich fließt. Fühle, dass es das Sternenlicht ist, das du bist. Wisse, dass, je mehr du die Energie der spirituellen Venus annimmst und strömen lässt, umso mehr Liebe ist. Und dort, wo Liebe ist, ist Liebe. Neben Liebe hat nichts anderes Bestand. Atme einige Male bewusst ein und aus. Das Licht der Venus segnet dich. Liebe einfach, und alles löst sich in Liebe auf. Wir sind Sanat Kumara. Wir danken dir. Sei gesegnet.“

Sei Licht und manifestiere Licht

„Wir sind Nada. Segen und willkommen, geliebte Kinder des Lichts, die ihr uns seid. Wir nehmen Raum und bitten euch, uns die Möglichkeit zu geben, euch daran zu erinnern, welch wundervolle Lichtwesen ihr seid. Wir bitten jeden Einzelnen von euch, sich als Lichtfunken wahrzunehmen. Fühlt das Licht in jeder eurer Zellen, sowohl in eurer Grob- als auch in eurer Feinstofflichkeit. Atmet Licht ein und aus. Seid Licht. Erkennt, dass ihr als Lichtwesen, die ihr seid, hier seid, um eine Welt des Lichts zu erschaffen und zu manifestieren. Wenn wir von einer Welt des Lichts sprechen, meinen wir eine Welt der Liebe und des Friedens. Als Lichtwesen, das ihr seid, nehmt wahr, dass in allem, was um euch ist, ebenso Licht ist. So formt ihr das Lichtzeitalter, das Zeitalter der Liebe und des Friedens. Lasst in euren Gedanken Situationen und Begegnungen der letzten Tage aufsteigen und erlebt sie noch einmal. Doch dieses Mal so, dass ihr euch dabei als Lichtwesen fühlt und seht. Dadurch breitet sich euer göttliches Licht aus. Es erfüllt die Erfahrungen, Situationen, Begegnungen und die Beteiligten und aktiviert in allem und in allen ihr eigenes göttliches Licht. So dehnt sich das Licht unaufhaltsam aus. Es zieht Kreise und berührt alles, was auf, um und in der Erde ist. Alles beginnt zu leuchten und zu strahlen. Das Zeitalter des Lichts entsteht, wächst und ist. Auf diese Art und Weise lasst das Lichtzeitalter immer wieder Raum nehmen und bestätigt es.

Jetzt erlaubt als Lichtfunken, die ihr seid, dass auch Situationen und Begegnungen kommender Tage aufsteigen. Nehmt sie wahr. Euer Licht fließt in sie ein. Sie erhellen sich. Ihr Lichtbewusstsein aktiviert sich. Licht breitet sich aus. Licht ist. Auch so erschafft ihr das Zeitalter des Lichts. Zuerst habt ihr es in der

Vergangenheit geformt, weil ihr euch der Vergangenheit zugewandt habt. Jetzt ist euer Fokus auf die Zukunft ausgerichtet, und ihr manifestiert es in der Zukunft. Wenn ihr nun mit eurer Aufmerksamkeit ganz zu eurem Lichtfunken, zu eurem Lichtwesen, das ihr im Hier und Jetzt seid, zurückkehrt und ihr im Jetzt alles, was ihr gerade denkt, tut und fühlt, mit eurem Licht berührt, erschafft ihr das Zeitalter des Lichts in der Gegenwart. Euer Licht erstrahlt dabei und erfüllt den Raum, in dem ihr seid, und alles und alle, das und die in ihm sind.

Erkennt, dass ihr mit den Zeitebenen spielen könnt und dadurch in der Zeit hin und her reist. Erlaubt euch, bezugnehmend auf Vergangenes, Licht erstrahlen zu lassen, Licht, das eins ist mit Liebe und Frieden. Erlaubt euch, bezogen auf die Zukunft, Licht, das eins ist mit Liebe und Frieden, erstrahlen zu lassen und tut dieses auch in der Gegenwart. So findet eine Gleichschaltung, so möchten wir es bezeichnen, der Vergangenheit mit der Gegenwart und der Zukunft mit der Gegenwart statt. Die Zeitlinie wird einheitlich. Dadurch fällt es euch leichter, im Hier und Jetzt präsent zu sein. Ihr pendelt nicht mehr so intensiv zwischen Vergangenheit und Zukunft hin und her, was ein Spannungsfeld erzeugt, das sich jetzt auflöst. Ein Gleichklang entsteht, der einem großen Zeitstrom entspricht, in dem sich Vergangenheit, Zukunft und Gegenwart einen. Diesem folgt. So bitten wir euch, einfach Licht, Lichtfunken, Lichtwesen zu sein. Erfahrt die Vergangenheit über dieses Sein und eure Zukunft ebenso, wodurch sich das Lichtpotenzial in beiden Zeitebenen erweitert. Das lässt euch in weiterer Folge in der Gegenwart lichtvoll erstrahlen. So seid ihr Licht. Geht den Weg des Lichts und nehmt Licht in allem, was um euch ist, wahr.

Atmet bewusst ein und aus. Als Lichtfunken, die ihr seid, habt ihr das Zeitalter des Lichts bereits geboren, werdet es er-

neut gebären und gebiert es im Hier und Jetzt immer wieder. Fühlt, wie es sich in und um euch ausdrückt. Wir sagen, dass ihr wundervolle Lichtwesen seid. Erfahrt euch sooft wie möglich als Lichtfunken, der ihr seid, und eure Sorgen und Herausforderungen lösen sich auf und sind gemeistert. Nehmt euch in eurem Lichtbewusstsein wahr. Der rubinrotgoldene Strahl dient euch in diesem Kontext und unterstützt euch dabei. Wir streuen unsere Rosenblütenblätter in euer Lichtsein, damit sie euch den Weg bereiten, sodass es ein Weg der Liebe, der Schönheit und des Friedens ist, den ihr von nun an beschreitet. Wir sind Nada. Seid gesegnet.“

Maria Magadalena und Jesus

Auf unserem Shekaina-Weg wenden wir uns einem für uns in diesem Kulturkreis vertrauten Thema zu: Maria Magdalena verkörpert einen Teil des urweiblichen Prinzips. Sie gehört auch zu unseren Wurzeln und ist uns eine Ahnin. Ich bin Essenerin und wurde entsprechend geschult. Innerhalb des Essenertums gab und gibt es immer noch verschiedene Gruppierungen. Sie sind alle wie einzelne Äste des einen gemeinsamen Baums. Je nachdem, worauf in den Gemeinschaften bezugnehmend auf die essenitische Lehre das besondere Augenmerk gelegt wurde, formten sich daraus mitunter eigene Kreise, die sehr unterschiedlich wirkten und lebten. Einige von ihnen sind eher ruhig und zurückgezogen, andere konfliktfreudiger und kämpferischer unterwegs (gewesen). Doch alle waren und sind sie Kinder eines Stamms, einer Wurzel, einer Essenz.

Eigentlich können wir alle Glaubensgemeinschaften, Weisheitslehren und Religionen betrachten und dabei erkennen, dass sie einen gemeinsamen Ursprung haben. Auf dem Weg fanden nur immer wieder Abzweigungen statt. Wenn wir diese zurückverfolgen, einen sie sich immer mehr, bis sie zu einem Ursprungspunkt zurückkommen, dem sie alle entsprungen sind. Wir können also statt „alle Wege führen nach Rom" sagen: „Alle Wege führen zur Quelle, zu Vater-Mutter-Gott." Wenn wir nun den Lebensbaum oder den Weltenbaum als die erste Manifestation oder als Ausdruck der Manifestationskraft beschreiben, die in der Quelle mündet, die aus ihr geboren ist und das Formlose in der Form darstellt, sind alle Glaubensrichtungen wie ein weiterer Baum, der aus einem Ast des Lebensbaums wächst. Wenn wir diese Bäume oder ihre einzelnen Äste benennen und erfassen möchten, sprechen wir erneut oft in Geschichten,

Gleichnissen und Bildern. Sie zu verstehen und was sie für uns im Hier und Jetzt bedeuten, ist etwas, das mit der Zeit immer tiefer geht und somit umfassender wird. Es ist nicht abgeschlossen oder begrenzt. Wir können versuchen, die alten Texte mental einzuordnen, oder wir fühlen sie mit unserem Herzen und erahnen ihre Weisheit. Mein Hauptzugang ist der zweite, der weibliche Zugang und Teil des Shekaina-Wegs.

Jetzt kommen wir zurück zu Maria Magdalena. In der essenitischen Tradition war sie eine Essener-Priesterin und die Partnerin von Jesus. Darüber gibt es keine Zweifel oder Diskussionen. Es geht bei den Essenern immer um das Wahrnehmen und das Wiederherstellen des Gleichgewichts der Kräfte. In diesem Zusammenhang repräsentiert Maria Magdalena das weiblich-göttliche und Jesus das männlich-göttliche Prinzip. Sie hatten gemeinsame Kinder, und Jesus starb nicht am Kreuz, sondern lebte danach weiter. Als Priesterin wurde Maria Magdalena auch von den ägyptischen Mysterienschulen geprägt, genauso wie Maria von Nazareth, die essenitische Priesterin und Isis-Eingeweihte war. Die zwei Frauen arbeiteten oft zusammen, waren sehr kraftvoll, eigenständig, selbstbewusst und Teil einer größeren Gemeinschaft. Im Essener-Kontext ist es so, dass die Aufgabe, die Jesus erfüllen durfte, von einer Gruppe von Menschen getragen war. Diese hat in vielen Inkarnationen darauf hingearbeitet, dass Jesus die Christusenergie kanalisieren und auf die Erde bringen konnte. Jesus stand und wirkte so im Vordergrund, weil es einen Boden gab, der ihn verwurzelte, nährte und unterstützte. Er war darin eingebettet. Das war der essenitische Kreis, die Essener-Gemeinschaft. Maria Magdalena und Jesus standen dabei immer gleichwertig nebeneinander.

Die Geistige Welt erklärte uns, dass wir Nada als das Hohe Selbst von Maria Magdalena und Sananda als das Hohe Selbst von Jesus beschreiben können. Vor vielen Jahren schickten uns unsere feinstofflichen Geschwister mit einer Gruppe nach Lanzarote. Bei dieser Reise ging es auch um die Verbindung zwischen Maria Magdalena und Jesus und, auf einer übergeordneteren Ebene, zwischen Nada und Sananda. In Lanzarote schwingt sehr stark das rubinrotgoldene Licht. Es ist eine Uriel-Insel mit großer Transformationskraft. Eins der zentralen Themen des rubinrotgoldenen Strahls ist Hingabe und Dienen. Dienen bedeutet in der heutigen Zeit, den Mut zu haben, sich ganz der Führung der Seele zu übergeben.

Während unseres Aufenthalts auf Lanzarote lud uns die Geistige Welt ein, unsere Feuerkraft anzunehmen, um darüber mit der Feuerenergie der Insel in Kontakt treten zu können. Daraus baute sich ein rubinrotgoldener Lichtkanal auf, der tief aus dem Inneren der Erde um uns herum bis hinauf zur Muttersonne und darüber hinaus zur Zentralsonne führte. Innerhalb dieser rubinrotgoldenen Lichtsäule kam beziehungsweise kommt es zu diesen erwähnten Vereinigungen von Maria Magdalena und Jesus und auf der anderen Ebene von Nada und Sananda. Die unterschiedlichen „Ebenen“ sind verschiedene Frequenzbereiche, die nötig sind, um den rubinrotgoldenen und in seiner Erweiterung den magentafarbenen Energiestrahl tief in die Materie und weit hinaus in den Kosmos lenken zu können. Durch ihr Menschsein, durch ihre Inkarnation, sind Maria Magdalena und Jesus eine Energiebrücke, die in die physische Welt einstrahlt und in ihr wirkt. Nada und Sananda schwingen anders und bringen die Energien in feinstofflichere Bereiche hinein. Wir benötigen beide Energieströme. Sie gehören zusammen und sind zwei wesentliche Facetten des rubinrotgoldenen Strahls.

Bereits in den Meisterjahren, die wir 2012 abgeschlossen haben, hat sich die Wahrnehmung des Christusbewusstseins allgemein verändert. Wurde es vorher eher als sehr männlich wahrgenommen und mit Jesus assoziiert, begann Maria Magdalena, auch außerhalb essenitischer Kreise sichtbar zu werden und ihren Platz einzunehmen. Sie repräsentiert den weiblichen Chris-tusaspekt, das weibliche Christusbewusstsein. Dieses Erkennen gehörte mit zu unserem Weg durch die Meisterjahre und wird uns auch in der Neuen Zeit weiter begleiten.

Der rubinrotgoldene Strahl steht auch für Christusbewusstsein, und zwar für die ICH BIN-Präsenz in der Materie. Die Christuspräsenz besteht aus Christuskraft und Christusliebe. Maria Magdalena bringt die Christusliebe auf die Erde und Jesus die Christuskraft. Aus beidem, aus dem Gleichgewicht dieser Aspekte, ergibt sich das Geschenk und die Botschaft des rubinrotgoldenen Strahls: Liebe im tätigen Tun. Das sollen wir als Kosmischer Mensch sein, wenn wir den rubinrotgoldenen Strahl integriert und verinnerlicht haben: Liebe im Tun. So verkörpern wir unsere Christuspräsenz hier auf der Erde. Das ist unsere Aufgabe. Diese Christuspräsenz ist eins mit unserer Schöpfer- und Schöpferinnenkraft in der Materie.

Für uns sind Maria Magdalena und Jesus wie Archetypen, die in jedem von uns leben. (Spiritualität und Psychologie sind wie Schwestern oder Brüder, die Hand in Hand gehen.) Wenn wir Maria Magdalena und Jesus in uns im Gleichgewicht sein lassen, was sie sind, wenn wir es uns erlauben, bedeutet das für uns wieder einmal mehr, dass sich unsere weiblich-göttlichen und männlich-göttlichen Energien vereinen, worüber sich unsere Kundalinikraft (= Schöpfer- und Schöpferinnenkraft in der Materie) aktiviert. Diese Botschaften werden sich sooft wiederholen, bis sie keine Theorien mehr sind und wir begonnen haben, sie auf allen Ebenen zu leben. Sowohl Maria Magdalena, Jesus, Nada als auch Sananda sind Aufgestiegene Meister und Meisterinnen und somit Teil der Weißen Bruder- und Schwesternschaft. Darüber können wir mit ihnen kommunizieren. Jeder von ihnen hat sein eigenes Schwingungsmuster, und je nachdem, worauf wir uns einstellen, bringen wir uns damit in Resonanz, und darüber kann ein Austausch stattfinden.

Alle Wesenheiten der Weißen Bruder- und Schwesternschaft, egal, wie sie heißen, sind gleich-wertig. Es ist keiner von ihnen besser oder weiter als ein anderer. Sie würden gar nicht auf die Idee kommen, sich zu vergleichen, einzuteilen oder zu bewerten. Das ist ihnen fremd. Es ist unsere menschliche Tendenz, ein Überrest aus der nicht-geheilten Dualität. Deshalb ist es für uns wichtig, uns immer wieder daran zu erinnern, dass es beispielsweise innerhalb der Meister- und Meisterinnenebene keine wertende Hierarchie gibt. Die einzelnen Wesen stellen nur verschiedene Facetten eines Seins dar. Nicht mehr und nicht weniger.

Jeder der zwölf kosmischen Strahlen hat einen Lenker, eine Lenkerin beziehungsweise einen Hüter oder eine Hüterin. Früher lag der rubinrotgoldene Strahl in der Obhut von Jesus. Jetzt hütet ihn Nada, und Sananda führt den magentafarbenen Strahl. Wenn Wesen der Weißen Bruder- und Schwesternschaft ihren Strahl einem anderen übergeben, ist das ein Ausdruck ihrer eigenen Weiterentwicklung, denn Evolution findet in allen Dimensionen und Ebenen innerhalb des Universums statt. Deshalb trägt Sananda im Zusammenhang mit seiner Lenkeraufgabe für den magentafarbenen Strahl manchmal auch den Doppelnamen Jesus Sananda. Darüber wird das „persönliche Wachstum" von Jesus angedeutet, das die Übergabe des rubinrotgoldenen Strahls an Nada bestätigt.

Was wir bei jeglicher Kommunikation – auch mit den Aufgestiegenen Meistern und Meisterinnen – beachten und üben dürfen ist, so wenig wie möglich auf den Kommunikationspartner zu projizieren. Das ist eine Kunst, die es zu entwickeln und zu verfeinern gilt. Ganz ohne Projektion geht es nicht, denn ich muss (und in diesem Fall passt das Wort) das, was ich wahrnehme, ja irgendwie übersetzen und beschreiben. Sonst könnte ich es nicht verstehen oder begreifen. Wenn ich also etwas übermittle, fließen automatisch Teile von mir mit hinein. Wenn uns eine Energie berührt, vergleichen wir sie mit dem, was in uns gespeichert ist, und wählen das Passendste aus, um sie zu benennen und zuzuordnen. Das ist beim Channeln genauso. Jedes Channling trägt eine persönliche Note, nämlich die des jeweiligen Mediums. Als Channelmedium sind wir nichts anderes als ein kosmischer Dolmetscher und Übersetzer. Um uns selbst zu unterstützen, in Begegnungen möglichst leer und neutral zu sein und, wie wir sagten, so wenig wie möglich eigene Anteile auf das Gegenüber zu übertragen, gibt es einige Richtlinien. Sie sind Orientierungshilfen, die wir uns immer wieder bewusst machen sollten. Dazu zählt beispielsweise, dass ein Aufgestiegener Meister und eine Aufgestiegene Meisterin deshalb so genannt werden, weil sie etwas gemeistert haben. Sie lernten ihre Lektionen und erfüllten ihre Aufgaben. Dadurch wurden sie zu einem Prototyp des Kosmischen Menschen. Das heißt, dass alle Wesen, die wir als Teil der Weißen Bruder- und Schwesternschaft kennen, in ihren letzten irdischen Inkarnationen Kosmische Menschen waren. Deshalb dienen sie uns als Vorbilder und unterstützen uns, diesem Weg zu folgen. Durch ihre Lebenserfahrungen gaben sie die Qualitäten des Kosmischen Menschseins in die Morphogenetischen Felder und ankerten sie dort.

Dazu gehört zum Beispiel: Einverstanden-Sein mit Allem-was-ist, Wertfreiheit, allumfassender Frieden, bedingungslose Annahme, Verkörperung der göttlichen Essenz, Heraussteigen aus den Opfer- oder Täteridentifikationen usw. Das bedeutet für uns, dass uns die Aufgestiegenen Meister und Meisterinnen nicht von ihren Schmerzen und Leidensgeschichten erzählen werden. Maria Magdalena und Jesus würden uns nicht berichten, wie sehr sie litten oder wie viel Ungerechtigkeit herrschte und die weibliche Energie missachtet wurde und möglicherweise noch immer wird. Als Meister und Meisterin werten sie nicht. Wir Menschen brauchen keine Maria Magdalena oder Maria von Nazareth zu heilen, sie von ihrem Schmerz zu befreien und ihre Tränen zu trocknen. Ihnen geht es gut. Sie haben ihre Lektionen gelernt, sonst wären sie jetzt nicht in der Weißen Bruder- und Schwesternschaft zu Hause. Wenn ein Mensch solche Botschaften erhält, ist es seine eigene Sehnsucht nach Heilung. Maria Magdalena ist geheilt, sonst wäre sie uns kein Vorbild und kein Prototyp eines Kosmischen Menschen.

Jeder von uns ist einem Strahl zugeordnet. Wir nennen ihn den Seelenstrahl. Er beschreibt die Grundschwingung unserer Seele, die über viele Leben gleich ist. Der sogenannte Inkarnationsstrahl gibt an, auf welche Art wir unser Potenzial des Seelenstrahls umsetzen und auf die Erde bringen möchten. Über unseren Seelenstrahl haben wir zu allen Wesen, die den gleichen gewählt haben, eine besondere Verbindung. Wenn jemand beispielsweise Rubinrotgold als seinen Seelenstrahl aussuchte, hätte er allein durch diese Wahl eine große Resonanz zu Maria Magdalena, Jesus und auch Nada. Das kann manchmal so intensiv sein und sich vertraut anfühlen, dass sich dadurch die Grenzen auflösen und ein Einheitsgefühl entsteht. Das sind dann Menschen, die beispielsweise eine Qualität von

Maria Magdalena oder von Nada stark übermitteln und ausstrahlen. Man erkennt sie in ihnen wieder. Der rubinrotgoldene Strahl ist der Liebesstrahl in die beziehungsweise der Materie. Der magentafarbene Strahl ist wie eine Erweiterung des rubinrotgoldenen Lichts. Rubinrotgold steht für die irdische und materielle Liebe, Magenta für die göttliche.

Der rubinrotgoldene Strahl ist der sechste. In der Numerologie ist die Sechs die Zahl des Gleichgewichts und der Vereinigung von Himmel und Erde, von männlichen und weiblichen Kräften. Im Tarot heißt die Karte *Die Liebenden*, was passender nicht sein könnte. Der magentafarbene Strahl ist der neunte. Neun ist eine auf den Kopf gestellte Sechs und eine Zahl der Vollendung. Sie steht für die göttliche Liebe und die vollkommene Hingabe an die Seele. Im Tarot ist es die Karte des Eremiten. Er lässt uns das Wesentliche erkennen (= göttliche Liebe und die Hingabe an unsere Seele) und unser Licht ausstrahlen, sodass wir anderen leuchten können. Jetzt werden wir uns auf die Energien einlassen, damit du beginnen kannst, sie zu fühlen. Sei gesegnet.

☼☼☼

Der rubinrotgoldene Strahl berührt dich

Atme bewusst ein und aus, um ganz im Hier und Jetzt zu sein. Fühle dich in deinem Körper. Wie auch immer du ihn im Moment spürst, erlaube dir, ihn zu segnen. Dein Körper ist ein Gefäß. So gesehen, ist er ein heiliger Gral, der immer wieder die unterschiedlichen Energien aufnimmt, empfängt, in sich trägt, vereint und Transformationen ermöglicht und erfährt.

Atme bewusst ein und aus. Erkenne, dass du, wenn du deinen Körper segnest, dein Menschsein segnest. Wenn du dich als Mensch, der du bist, segnest, segnest du dadurch auch die Menschheit. Über diesen Segen, der sich in dir ausdehnt und überfließt, beginnt Liebe zu wachsen. Sie entsteht aus dem Segen. So öffnet sich dein Herz. Das rubinrotgoldene Licht berührt es. Aus ihm formt sich in deinem Herzen jetzt eine Rose. Es ist eine Rose der Selbstliebe. Eine Rose der bedingungslosen Liebe. Eine Rose der Hingabe. Lege deine Hände auf dein Herz, um diese Rose zu fühlen. Gleichzeitig bringt sie deine Berührung noch mehr zum Erblühen.

Nada nimmt Raum. Sie legt ihre Hand auf deinen Scheitel. Ihr rubinrotgoldenes Licht durchdringt alle deine Körper und jede deiner Zellen. Nada lächelt dir zu und spricht:

„Wir sind Nada. Wir segnen dich, geliebtes Kind des Lichts, das du uns bist. Wir bitten dich, jegliche Angst und Unsicherheit, bezogen auf dein Licht, deine Kraft, dein inneres Feuer und letztendlich deine unendliche Liebesfähigkeit, loszulassen. Es sind Begrenzungen, die du nicht mehr benötigst. Wir bitten dich, tief ein und auszuatmen und dir zu erlauben, dein wahres Wesen, deine Größe, dein Licht, deine Weisheit, deinen Frieden und deine Liebe anzunehmen. Jetzt.

Wir wenden uns erneut behutsam deinem Herzen zu. Es ist

so kostbar und wunderschön. Wir nehmen dein Herz in unsere Hände, damit alle Belastungen der alten Zeit aufgelöst werden. Dein Herz darf ganz leicht sein. Wir führen dich achtsam und dennoch, erlaube den Begriff, konsequent in die Annahme deines Liebespotenzials. Hab keine Furcht davor, zu lieben – zu lieben, wie es deinem wahren Wesen und somit deiner Bestimmung entspricht. Deshalb atme die Furcht vor der Kraft der Liebe, die in dir ist, aus und lass sie los. Wir lenken den rubinrotgoldenen Strahl tief in dein physisches und in dein energetisches Herz. Alle Erwartungen und sonstigen Prägungen, die hier vor deiner wirklichen Liebesfähigkeit aufgebaut sind, die dein Mentalfeld aus Selbstschutz errichtet hat, werden durch die Kraft des rubinrotgoldenen Lichts aufgelöst.

Wir erinnern dich daran, dass du zu der Zeit, als du dich als Kind im Bauch deiner Mutter befandest und in den ersten Wochen und Monate deines irdischen Seins reine Liebe warst, unabhängig davon, wie dein Außen auf dich reagierte und welche Energien von dort auf dich einwirkten. Dieses Wesen, das du warst, war im Schwingungsfeld der bedingungslosen Liebe verankert. Aus dieser Liebe heraus lenktest du deine Zeugung und gingst in die erste Form. Du entwickeltest dich aus Liebe – aus Liebe zu dir, deiner Seele, aus Liebe zu den Menschen deines damaligen Umfelds und aus Liebe zur Quelle. Erinnere dich daran, dass dein Grundwesen Liebe ist. Erst durch die verschiedenen Erfahrungen, die du in deinem weiteren Lebensverlauf gesammelt hast, begannst du, das mehr oder weniger zu vergessen. Wir berühren dein Herz und bringen dich mit diesem ursprünglichen, vertrauten Liebe-Sein wieder in Verbindung. Jetzt. Wir bitten dich, dich der Liebe, die durch und um dich, die in dir ist und die du bist, hinzugeben. Atme sie ein und aus. Wir bitten dich, sie zu fühlen. Vertraue der Liebe, die in dir ist. Vertraue der Liebe, die du bist.

Das rubinrotgoldene Licht fließt durch und um dich. Über die Rose deines Herzens nimm wahr, dass sich dir nun sowohl Maria Magdalena als auch Jesus nähern. Sie zeigen sich dir auf eine Art und Weise, die für dich stimmig ist und die du annehmen kannst. Maria Magdalena stellt sich an deine linke Seite und Jesus an deine rechte. Fühle, wie sich der Energiefluss innerhalb deines Systems dadurch verändert. Maria Magdalena und Jesus berühren auch dein Herz, damit die Liebe, die in deinem Herzen ist, die Liebe der Quelle, die du bist, Annahme und Ausdruck findet. Atme bewusst ein und aus. Lass, wenn du es möchtest, einen Austausch und eine Kommunikation zwischen Maria Magdalena, Jesus und dir entstehen. Verweile in diesem Fließen und in der Ausdehnung der Liebe, so lange du möchtest. Dann bedanke dich bei den Geschwistern des Lichts. Sie segnen dich und ziehen sich für den Moment zurück. Der rubinrotgoldene Strahl segnet dich und zieht sich zurück. Erde und zentriere dich, um Liebe zu sein. Jetzt. Wir, Nada, segnen dich und ziehen uns für den Moment zurück. Sei gesegnet.“

☼☼☼

Zwillingsflammen und der Heilige Gral

Die Geistige Welt vermittelte uns, dass Maria Magdalena und Jesus Zwillingsflammen sind. Unserem Grundwesen entsprechend, haben wir immer das Bedürfnis nach Verschmelzung, weil uns das ein Gefühl der Einheit schenkt. Deshalb sind Menschen eigentlich keine Singlewesen, sondern Familien-, Gemeinschafts- und Kollektivwesen. Unsere Seele versucht, in jeder Begegnung und Wahrnehmung Einheitsbewusstsein erfahrbar zu machen. In Partnerschaften ist es so, dass das, was unsere Seele als erfüllend bezeichnet, nicht immer das ist, was wir als Persönlichkeiten durch unseren Projektionsfilter auch so beschreiben würden. Wir setzen mit unseren hohen Erwartungen und unerfüllten Sehnsüchten unsere Partner und Partnerinnen manchmal ganz schön unter Druck.

Wenn wir mit der Zwillingsflammenenergie wirken, geht es um die Entwicklung eines Gefühls der Ganzheit in uns. Dieses entsteht aus dem inneren Gleichgewicht unserer weiblichen und männlichen Kräfte. Wenn wir „ganz“ sind, kann es sich im Außen widerspiegeln. Erst so ist eine erfüllte Begegnung mit dem Du möglich. Dann ist es allerdings auch nicht mehr entscheidend, wer dieses Du ist, ob wir es als Zwillingsflamme oder als Seelenpartner bezeichnen möchten. So können wir befreite und erlöste Partnerschaften leben. Auch die Energie der Zwillingsflammen ist eine Schwingungsqualität, die wir nutzen können, um unsere innere Evolution zu fördern.

Maria Magdalena und Jesus beschreibt die Geistige Welt als Zwillingsflammen in Form eines ursprünglichen Wassertropfens, der sich in zwei teilte. Beide Tropfen tragen dennoch alle Informationen des einen in sich, aus dem sie sich formten. Deshalb ist das Gefühl, wir könnten durch eine äußere Trennung etwas Inneres verlieren, eine Illusion. Genauso wie das Gefühl, dass mir etwas oder jemand fehlt, eine Illusion ist. Alles ist in uns. Jetzt und allezeit. Über das Wirken mit den Zwillingsflammen geht es darum, diese Illusion aufzuheben. Wenn wir das wirklich wahrnehmen können, ist es uns möglich, überall, wo wir sind, in Harmonie, im Gleichgewicht und glücklich zu sein. Egal, ob wir mit uns alleine sind oder in einer Partnerschaft leben.

Die rote Rose ist ein Symbol des rubinrotgoldenen Strahls, ein Symbol sowohl von Nada als auch von Maria Magdalena. Sie ist ein Zeichen der Liebe und der Energie der Zwillingsflammen. Sie entspricht der irdischen, materiellen und körperlichen Liebe. Der weiße Lotus steht für die göttliche Liebe, die Seelenliebe. Er erblüht aus der roten Rose und ist ein Symbol des Sternenfelds Schwan, in dem ein Tempel der wahren Liebe ist. In der keltischen Mythologie gibt es den Gott Aengus. Er ist der Gott der Liebe, der Seelenpartnerschaft, der Zwillingsflammen und der ewigen Jugend. Sein Zeichen ist der weiße Schwan.

Nun kommen wir zum Heiligen Gral. Auch darüber gibt es verschiedene Theorien. Für uns symbolisiert er hier die Vereinigung der Kräfte. Er ist ein Kelch. Seine Schale steht für das weibliche, aufnehmende Prinzip, sein Stiel für das männliche, lenkende. Seine Schale ist Maria Magdalena beziehungsweise weibliche Christuspräsenz und sein Stiel Jesus beziehungsweise männliches Christusbewusstsein. Je mehr wir über den rubinrotgoldenen Strahl diese beiden göttlichen Aspekte in uns vereinen, umso strahlender wird unsere Gralsenergie, umso mehr verkörpern wir sie und können sie weitergeben.

Die Geistige Welt vergleicht uns mit einem Hochhaus. Jede Etage stellt eine Schwingungsebene dar. Wann immer wir die weiblichen und männlichen Energien in uns vereinten und integrierten, schalteten wir in einem Stockwerk das Licht ein. Unser

Weg ist es, das ganze Hochhaus dauerhaft zu erleuchten. Je heller das Haus im Laufe der Zeit wird, desto strahlender und bewusster wird unsere Gralsenergie. Der Gral ist ein Ausdruck des Christusbewusstseins. Es erfüllt uns, drückt sich über uns aus und wird in der Materie sichtbar. Die Gralsenergie wird auch kristalline Diamantschwingung und kristalline Diamantfrequenz genannt. Wenn sich die rote Rose mit dem weißen Lotus vereint hat, erblüht die Diamantrose. Die Diamantrosenqualität ist beispielsweise an Kraftplätzen, an denen die Energie von Maria Magdalena verankert ist, spür- und sichtbar. Sie hat in den letzten Jahren begonnen, sich stark in Chartres aufzubauen und wird von dort zu allen vernetzten Magdalena-Plätzen weitergeleitet. Wenn wir uns auf kristalline Diamantrosenschwingung einlassen und sie übernehmen, entstehen Gottes- und Göttinnennähe. Wir treten darüber mit der sogenannten Thronebene in Verbindung. Weil Chartres ein entscheidender Dreh- und Angelpunkt ist, wenden wir uns ihm nun etwas detaillierter zu. Sei gesegnet.

☼☼☼

Chartres

Dort, wo heute die Kathedrale steht, war einst ein Quellheiligtum, eine heilige Stätte der Druiden. Es war ein Göttinnenplatz, an dem Ana, Dana beziehungsweise Danu verehrt wurden. Deshalb ist auch heute noch eine sehr starke Marienpräsenz an diesem Ort spürbar. Bevor dort eine gotische Kirche gebaut wurde, gab es bereits eine romanische. Vieles davon ist im Laufe der Zeit abgebrannt und immer wieder neu errichtet worden. Manche Menschen gehen davon aus, dass die Templer den gotischen Stil entwickelten und das Wissen um die Heilige Geometrie in diese Baukunst eingewoben haben.

Das heutige Chartres ist aus geomantischen Gründen sehr interessant. Für uns ist es spannend zu wissen, dass in der Krypta eine schwarze Madonna ist. Dabei handelt es sich um eine Nachahmung des Originals. Es gibt eine sehr starke energetische Verbindung zwischen Chartres und Saintes-Maries-de-la-Mer, dem Ort, an dem Maria Magdalena einst mit anderen essenitischen Priesterinnen in Frankreich angekommen war. Dort wird unter anderem eine ihrer damaligen Begleiterinnen – Sara, eine Nubierin – als schwarze Madonna verehrt. Früher war Chartres eine Einweihungsstätte und ist auch heute noch ein Ort der Erneuerung und der Auferstehung, was in Bildern, Skulpturen und Reliefs betont und sichtbar wird. Obwohl Frankreich im zweiten Weltkrieg bombardiert wurde, blieben Chartres und seine Umgebung davon verschont. Man wollte die Kathedrale nicht zerstören.

Dann gibt es dort natürlich das bekannte Labyrinth. Es repräsentiert die kristalline Diamantrose, deren Energie sich über das Wirken mit dem Labyrinth im Laufe der Zeit geöffnet hat und noch weiter entfaltet. Das Labyrinth ist ein Ursymbol der

Menschheit. Auch aus der Verbindung mit anderen Kulturen wissen wir, dass es immer ein Zeichen des Lebens, der Einweihung, der Initiation und der Transformation ist. Wer in die Mitte des Labyrinths geht, kommt als anderer Mensch heraus. Das Labyrinth von Chartres ist unter anderem mit dem von Knossos stark vernetzt.

(Das Labyrinth von Chartres aus dem Internet – Quelle unbekannt)

Das besondere Merkmal der gotischen Bauten ist, dass sie alle auf das Sternenfeld Jungfrau ausgerichtet sind, was man anhand der Baupläne erkennen kann. Da in Chartes ein Stück des Hemds, das Maria von Nazareth bei der Geburt von Jesus beziehungsweise bei Gabriels Verkündigung trug, als Reliquie eingebaut ist, hat es einen starken Bezug zu Maria und gilt als wichtige Marienstätte. Durch die Entwicklung, bei der Maria Magdalena präsenter wurde, um das weibliche Christusbewusstsein sichtbar werden zu lassen, aktivierte sich in Chartres zusätzlich immer mehr die Kraft des rubinrotgoldenen Lichts, das dort seit jeher verankert ist.

Chartes ist für sein einzigartiges, leuchtendes, Kobaltblau bekannt. Die göttliche Weisheit der Shekaina wird Sophia genannt. Sie schwingt blau und wird häufig als weiße Taube dargestellt. Diese überbringt die Weisheit der Sophia und somit der Shekaina. Das Chartres-Blau stellt Sophia dar. Das passt dazu, dass Chartres immer schon eine Stelle der Wissensvermittlung, der Lehre und der Einweihung war (bereits bei den Druiden). Später gab es auch eine sogenannte „Schule von Chartres“. Sie wurde mit einer Art „Universität“ verglichen, wo Lehrer im 12. Jahrhundert theologisches und philosophisches Wissen vermittelten. Hier wurde beispielsweise von der Ordnung und Schönheit des Kosmos und von verschiedenen Dimensionen gelehrt und dass der Mensch wieder lernen müsste, mit dem Herzen zu sehen. Die Heilige Geometrie von Chartres könnte ihm dabei helfen.

Chartres wird auch ein Weisheitsbuch aus Stein genannt. Es vereint kabbalistisches, vedisches und ägyptisches Wissen in sich. Chartres ist unter anderem energetisch auch mit den Externsteinen, den Azoren und mit den Pyramiden von Gizeh verbunden. Es ist ein besonderer, faszinierender Kraftort. Lass dich auf ihn ein und fühle, was er dir erzählen möchte. Sei gesegnet.

Maria Magdalena in dir

Nimm einige bewusste Atemzüge und sei mit deiner Aufmerksamkeit ganz in und bei dir. Fühle deinen Körper und segne ihn. Rubinrotgoldenes Licht durchströmt dich und hüllt dich ein. Erinnere dich daran, dass dein physischer Körper aus den Elementen der Erde geformt ist. Spüre in und über ihn die Kraft der Erde und lass dich darüber in einen tiefen Austausch mit Gaia ein. Sie zeigt sich dir dabei in einer Form, die für dich annehmbar und stimmig ist. Sie ist dir Schwester und Mutter. Sie umarmt dich und berührt deinen Körper, der dadurch Stärkung, Regeneration, Neuausrichtung, Stabilisierung und Erweiterung erfährt. Göttliche Ordnung nimmt in ihm Raum.

Unabhängig davon, welchen kosmischen Strahl deine Seele als Seelen- und Inkarnationsstrahl wählte, trägst du alle anderen Strahlenenergien ebenso in dir. Über die Berührung des rubinrotgoldenen Lichts aktivieren sie sich deshalb nun auch in dir. Atme tief ein und aus. Wisse, um Liebe in der Materie, Liebe zum Leben, Liebe zur irdischen Schöpfung erstrahlen zu lassen, ist es wichtig, die rubinrotgoldene Energie in der Gesamtheit, die du bist, zu entfalten. Gaia unterstützt dich dabei. Jetzt.

Nun kommt Maria Magdalena zu dir und reicht dir die Hand. Sie bittet dich, ihr zu folgen. Der rubinrotgoldene Strahl öffnet sich vor dir wie ein Weg, den ihr nun entlangschreitet. Maria Magdalena führt dich an einen geheimnisvollen Ort. Es ist ein Tempel der Liebe und der Einweihung. Sie bringt dich an ein Tor, durch das du in einen Rosengarten eintrittst. Maria Magdalena lädt dich ein, die Blüten bewusst wahrzunehmen. Berühre sie, rieche sie und erlaube dir, dich von ihrem Duft und ihrer Magie verzaubern zu lassen. Erkenne die Naturwesen, die diesen Garten hüten und voller Freude, Liebe und Dankbarkeit in ihm wirken. Die Rosenblüten flüstern dir zu: Lebe deine Bestimmung! Öffne dich für dein wahres Wesen! Lass Liebe wachsen und dein Herz erblühen! In der Mitte des Gartens fließt eine Quelle. Hier ist ein freier, runder Platz mit einem in die Erde gelegten Symbol. Wenn du dich mit ihm verbindest, verwurzelst du dich tief im Schoß von Gaia und öffnest dich gleichzeitig weit, um die Sterne zu erfassen. Lass das Symbol wirken. Es führt dich Atemzug für Atemzug mehr in deine Mitte.

Maria Magdalena beginnt, dich mit dem Wasser der heiligen Quelle zu benetzen. Sie berührt dein Drittes Auge und dein Herz und wäscht deine Hände und Füße. Dabei spricht sie:

„Erneuere dich. Lass alles los, was bisher zu deinem Weg gehörte. Lass los, was du gesehen, gefühlt, berührt, getan und erfahren hast. Lass alles los. Dieses Wasser, das den Quell des Lebens repräsentiert, reinigt alles, löst alles auf und bringt dich zurück in einen göttlichen Seinszustand der Unschuld und der Reinheit.“

Dann trocknet Maria Magdalena deine Stirn, dein Herz, deine Hände und deine Füße mit ihren Haaren. Sie stellt sich vor dich und reicht dir die Hände. Sie bittet dich, dir zu erlauben, dass ein energetischer Austausch zwischen ihr und dir stattfindet. Er wird durch den rubinrotgoldenen Strahl unterstützt. Verschmilz mit Maria Magdalena und mit allem, wofür sie steht. Erinnere dich daran, dass Trennung eine Illusion ist und keine Bedeutung hat. Sei eins mit Maria Magdalena. Jetzt. Erlaube, dass sie Teil deiner inneren Frau wird und ist. Dadurch erfährt dein System Transformation und Ausdehnung. Du wirst zu einem Gefäß der Liebe gewandelt und geweitet. Du lernst zu empfangen und bedingungslos anzunehmen. Du lernst, eins zu sein mit dem Fluss des Lebens. Jegliche Widerstände in diesem Kontext lösen sich auf, du kannst dich hingeben und dich ganz auf etwas oder jemanden einlassen. Du bist offen und hörst deutlich die Botschaften und Impulse deines Herzens.

Atme bewusst ein und aus. Sei vollkommene Hingabe. Jetzt. Fühle die Ausdehnung der Liebe in dir. Diese Liebe ist nicht auf etwas oder jemanden gerichtet. Sie ist einfach Liebe – große, weite, grenzenlose Liebe. Lege deine Hände auf dein Herz, um die Energien in dir zu verankern und zu integrieren. Atme tief ein und aus. Wenn du bereit dazu bist, führt dich der rubinrotgoldene Strahl sanft und liebevoll von der Quelle, aus dem Rosengarten, wieder zurück in dein Sein im Hier und Jetzt. Nimm dich und den Energiefluss in dir wahr. Fühle der Veränderung in dir nach. Dann erde und zentriere dich, um ganz da zu sein. Der rubinrotgoldene Strahl segnet dich. Gaia segnet dich. Maria Magdalena segnet dich. Sei gesegnet.

Jesus in dir

Atme bewusst ein und aus. Werde dir erneut der Berührung des rubinrotgoldenen Lichts bewusst. Es ist um und durch dich. Sprich für dich selbst: „Ich vertraue meiner Seele und ihrer Führung.“ Lass die Worte in dir schwingen.

Der rubinrotgoldene Strahl erschafft ein Bild vor dir. Es ist ein Hügel, auf dem viele Ölbäume wachsen. Lass dich auf diesen Ort ein. Jetzt. Nimm die Weisheit und die Kraft dieser Bäume und ihrer Devas in dich auf. Wisse, dass es ein Ort der Heilung ist. Gönne dir einige Augenblicke der Stille, um die Heilungsenergie der Bäume und ihrer Wesen zu spüren und in dich aufzunehmen.

Erkenne, dass am Fuße eines der mächtigen, alten und ehrwürdigen Ölbäume Jesus sitzt. Er lächelt dir zu und erwartet dich bereits. Nimm ihn auf eine dir vertraute und für dich stimmige Art wahr. Begrüße ihn und mache es dir neben ihm bequem. Jesus sagt zu dir: „Schön, dass du gekommen bist.“ Spüre die Ruhe und die Gelassenheit, die er ausstrahlt und die sich in seiner Gegenwart auf dich überträgt. Dadurch beantworten sich viele Fragen, die du bis jetzt noch in dir hattest und die dich bewegten, wie von selbst beziehungsweise verlieren an Bedeutung. Stattdessen breitet sich das bewusste Sein von „alles ist gut so, wie es ist“ in dir aus.

Atme tief ein und aus. Wisse und fühle, dass es im Moment nichts zu tun gibt. Alles ist so, wie es ist, und alles ist vollkommen so, wie es ist. Nimm die Stille wahr, die Jesus umgibt und die sich auch auf dich überträgt, wodurch auch du still wirst und beginnst, Stille auszustrahlen. Jesus sagt, dass es so, wie es manchmal wichtig ist, auszusprechen, was wahr und im Herzen ist, es manchmal genauso wichtig ist, zu schweigen. Wir bitten dich, die Gegenwart von Jesus zu genießen. Wenn du ihm in die Augen blickst, erkenne, wie viel Liebe, Güte, Weisheit und vor allen Dingen Freude und Humor aus ihnen strahlen.

Jesus legt dir eine Hand auf. Er bittet dich, die Schwere, die in deinen Zellen gespeichert ist, loszulassen. Er sagt, dass du alle Geschichten, die du über sein Leben gehört hast, außerhalb der Wertung betrachten sollst. Erinnere dich daran, dass die Seele nicht leidet, nicht leiden kann. Deshalb verbinde dich für einen Moment bewusst mit der Seele, die du bist. Sei eins mit ihr. Als Seele, die du bist, kannst du erfassen, dass alles, was geschehen ist, einem größeren Plan folgte. Wenn du das tust, bleiben in dir ein Ausdruck der Gelassenheit, des Friedens und des Einverstanden-Seins und eine tiefe Gewissheit, dass alles, was geschah und nach wie vor geschieht, in seiner göttlichen Ordnung ist.

Jesus sagt, dass er als Mensch darauf vorbereitet wurde, weit zu sein, sich auszudehnen und empfänglich zu werden, wobei ihm Maria Magdalena und andere Menschen behilflich waren. Diese Ausdehnung war wichtig, um eine Schwingungsqualität, die als Christusenergie bezeichnen wird, aufnehmen und verinnerlichen zu können. Dadurch konnte sie in die Materie gebracht werden und darüber ausstrahlen. Alle Seelen, die an diesem Projekt, so möchten wir es bezeichnen, mitwirkten, wussten um seine Bedeutung und die Notwendigkeit für die Evolution der Menschheit. Die Christusenergie tiefer in die materielle Ebene einfließen zu lassen, war für die Erweiterung des Bewusstseins der Menschheit erforderlich.

Stell dir vor, dass dieses gesamte Universum von Christusenergie, von Christusbewusstsein, durchdrungen ist, von Sohn-Tochter-Energien. Vater-Mutter-Gott, die Quelle allen Seins, lässt ihre Energie strömen. Sie strahlt aus ihrem Zen-

trum aus und wird als Sohn-Tochter-Qualität bezeichnet. Aus dieser Sohn-Tochter-Schwingung ist alles geformt. Sie wird auch Christusbewusstsein oder Christusenergie genannt. Gaia entschloss sich aus Liebe, aus tiefer Liebe heraus, gemeinsam mit den wundervollen Seelen, die diesem Erfahrungspool zustimmten, in die ausgedehnteste Form der Trennung, genauer gesagt, der Illusion der Trennung einzutreten. Deshalb hat sich die Energie der Erde und jene um sie herum so zusammengezogen, du nennst es verdichten, dass sie mit einer energetischen Käseglocke verglichen werden könnte. Obwohl Gaia weiterhin in die alldurchdringende Christusenergie eingebettet blieb, wirkte sie dennoch wie abgeschnitten von dieser Lebenskraft. Das ist ein Bild, das wir dir geben möchten, um es dir beschreiben zu können.

Diese „Käseglocke“ ist wie ein energetischer Schild, den du als Morphogenetik bezeichnest. Sie war einst nicht sehr durchlässig. Also entschieden wir uns vor langer Zeit gemeinsam dazu, quasi einen Lichtkanal durch diese dichte Membran zu bilden, um einen Entwicklungsimpuls zu setzen, wodurch es in weiterer Folge möglich wurde, mehr Christusenergie ein- und ausstrahlen zu lassen. Bereits damals wurde der sogenannte Aufstieg initiiert. Als die Zeit reif und der Boden bestellt war, war es unsere Aufgabe, zu inkarnieren. Bereits durch unsere Geburt begannen wir, diesen Lichtkanal zu formen, und unser Lebenslauf erweiterte ihn. All jene, die mit uns verbunden waren, halfen mit, das Christusbewusstsein auf der Erde zu verbreiten und den Lichtstrahl zu stabilisieren. Wir erfüllten unseren Auftrag, eingebettet in die Schwingungsqualität der damaligen Zeit, und diese prägte unsere Erfahrungen.

Es ist immer wieder von großer Wichtigkeit zu begreifen, wie sehr die Menschen mit den Zeitschwingungsfeldern verwoben sind. So bist du ein Kind deiner Zeit, wir waren Kinder unserer Zeit, und deine Kinder und Kindeskinder werden Kinder ihrer Zeit sein. Wir waren bei der Umsetzung unseres Plans Teil des Fischezeitalters. Es wurde in der noch vorherrschenden, nichtgeheilten Dualität in seiner unerlösten Form gelebt und war deshalb geprägt von Leiderfahrungen. Lernen, Wachstum, Heilung und Erkenntnis konnten nur über Leid stattfinden. Wenn du in der geheilten Dualität erneut das Fischezeitalter erleben wirst, wirst du es in seiner Erlöstheit, ohne Leid-Assoziationen, erfahren. Zu unserer Zeit wäre es nicht möglich gewesen, diesen Weg, den wir wählten, anders zu beschreiten. Der Höhepunkt des Ausdrucks von Leid zeigte sich in unserer Kreuzigung. Am Kreuz verloren wir unser Bewusstsein, und es schien, als wären wir gestorben. Das war der Moment der größten Transformation. In diesem Augenblick entfaltete sich der Lichtkanal zu seiner ganzen Größe, und das Einstrahlen der Christusenergie konnte von nun an nicht mehr rückgängig gemacht werden. Dafür war es nötig, unser eigenes Bewusstsein aus unserem Körper zu lösen, damit die reine Christusenergie unser System für einige Augenblicke ganz überschatten konnte. Wir waren ein vollkommenes Gefäß. Darüber ankerte sich die Christusenergie in der Materie. Im Anschluss daran kamen wir wieder zurück in unseren Körper, der durch die Christusenergie, die er gelenkt hatte, und mit der Unterstützung unserer Geschwister, die Kraft fand, weiterzuleben. Das war unsere Auferstehung.

Wir sagen, dass wir als Mensch, der wir waren, Zweifel, Ängste, Wut, Ohnmacht und andere Gefühlsregungen sehr gut kannten, denn wir waren ganz Mensch. Doch in dem Moment, in dem wir den Weg gingen, der zur Vollendung unserer Aufgabe führte, waren wir nicht Mensch. Wir waren Priester. Wir waren geschult. Deshalb laden wir dich ein, deinem Menschsein bewusst Ausdruck zu schenken, wann immer es wichtig und gefordert ist. Doch erinnere dich, wenn es vonnöten ist, auch daran, dass du eine Priesterin und ein Priester sein kannst. Bei Bedarf gehe in deinen priesterlichen Fokus. Wenn du ihn einnimmst, sind Stille, Gelassenheit und Frieden in dir. So kannst du jegliche Herausforderung meistern.

In der Verbindung mit dem rubinrotgoldenen Strahl lassen wir in dir das Bewusstsein Raum nehmen, dass in der jetzigen Zeitqualität Aufgaben, Bestimmungen und Einweihungen in Leichtigkeit und Freude erfahren und erfüllt werden können. Dieses anzunehmen, darum bitten wir dich. Das ist unsere Botschaft, und dafür lenken wir die Kräfte. Jetzt. Wir berühren dein Herz. Nimm dein Menschsein wahr, mit all deinen Ängsten, Unsicherheiten, Zweifeln und Gefühlen, die zu dir gehören. Wir segnen dieses Menschsein. Wir nehmen dieses Menschsein an. Wir lieben dieses dein Menschsein durch und durch. Erlaube dir, gemeinsam mit uns aus der Tiefe deines Herzens Ja zu dir zu sagen, Ja, zu dem, was du bist, Ja zu deinen Stärken, genauso wie zu deinen scheinbaren Schwächen und Unzulänglichkeiten. Erlaube dir aus tiefstem Herzen, Ja zu dir als Mensch, der du bist, zu sagen. Jetzt.

Wir berühren dich weiterhin und erinnern dich daran, dass du, unabhängig davon, welchen Mysterienschulen du dientest, Priesterin und Priester bist. Wir berühren dazu das göttliche Licht im Zentrum deines Herzens. Nimm wahr, wie sich das Bewusstsein deiner Priesterin, deines Priesters, mit jedem deiner Atemzüge mehr in dir zu entfalten beginnt. Du wirst selbstsicherer, selbstbewusster, lichtvoller, liebevoller, größer, mächtiger und vertrauensvoller.

Nun wendet sich dein Priesterinnensein, dein Priestersein, liebevoll deinem Menschsein zu. Die Priesterin, der Priester, schließt den Menschen in die Arme. Sie beziehungsweise er stellt sich vor und hinter ihn, um ihn zu lieben, zu führen, zu unterstützen, zu stärken und ihm die Möglichkeit zu geben, weiterzuwachsen und sich zu erkennen. Jetzt.

Wir reichen dir die Hände. Es ist nun Zeit, die Illusion des Getrenntseins aufzuheben und mit uns zu verschmelzen. Nimm wahr, wie sich unsere Schwingungsfelder einen, unsere Energien tanzen, um Einheit zu sein. Wir sind du, und du bist wir. Wir dehnen uns mit allem, wofür wir stehen, in dir aus. Dadurch erweitert sich dein Priesterinnen- und Priesterbewusstsein in dir. Du bist gelassen. Du bist einverstanden mit Allem-was-ist. Du bist Frieden. Fühle diesen Frieden in dir. Jetzt. Lege deine Hände auf dein Herz und integriere den Energiefluss in deinem System. Atme tief ein und aus.

Verweile in der Begegnung mit Jesus, so lange du möchtest. Dann löse dich vom Ölberg, um dich vom rubinrotgoldenen Lichtstrahl in dein Sein im Hier und Jetzt führen zu lassen. Fühle der Veränderung in dir nach und nimm auf deine eigene Art und Weise wahr, dass Jesus und alles, wofür er steht, nun ein Teil deiner männlichen Kraft ist. Im Anschluss daran erde und zentriere dich, um ganz da zu sein. Jesus segnet dich. Die Heilkraft des Ölbergs segnet dich. Der rubinrotgoldene Strahl segnet dich. Sei gesegnet.

☼☼☼

Reise in den Tempel der Zwillingsflammen

Atme bewusst ein und aus, um ganz im Hier und Jetzt anzukommen und zu sein. Rubinrotgoldenes Licht berührt dein Sein. Es umhüllt und durchströmt dich. Über die Begegnungen mit Maria Magdalena und Jesus haben sich deine weiblichen und männlichen Anteile ausgeglichen, und deine Kundalinienergie beginnt, sich behutsam und sanft in deiner Wirbelsäule emporzuschlängeln. Je mehr sie aufsteigt, desto weiter wird dein Herz. Es erschafft eine Lichtverbindung zum Sternenfeld Schwan. Stell es dir als einen Lichtraum vor, der mit der Lotusenergie der wahren Liebe gefüllt ist. Diese strömt über den Lichtkanal in dein Herz und weiter in die Gesamtheit deines Systems ein. Fühle die Lotusenergie und spüre, wie sich dein Energiefluss dadurch verändert. In alle deine Körper und Ebenen fließt der Impuls der wahren Liebe, der Herzensliebe, der göttlichen Liebe.

Sternenwesen aus dem Bewusstseinsraum Schwan kommen zu dir. Sie schweben wie ein Hauch um dich, berühren dich dabei, und ihre Energie ist erfüllt von Sanftmut. Die Lotusenergie verbindet sich mit dem rubinrotgoldenen Licht, das dich umgibt und durchdringt. Die Sternenwesen heben dich jetzt empor. Sie tragen dich direkt in ihr Schwingungsfeld, in ihren Schwingungsraum. Sie bringen dich in eine Landschaft, die einen silberopalisierenden Schimmer zeigt. Dort ist ein See, auf dem unendlich viele weiße Lotusblüten blühen und Schwäne paarweise schwimmen. Nimm das Bild in dich auf und lass es wirken.

Eins der Sternenwesen kommt zu dir, um dich willkommen zu heißen. Es berührt dein Herz und sagt, dass dieses noch viel weiter und größer sein kann, als du bisher angenommen hast. Dein Herz, das verbunden ist mit allen Herzen, die auf dieser Erde schlagen und das eine Herz der Menschheit ist, ist ebenso mit den verschiedenen Zentren des Universums als auch mit dem galaktischen Herzen vernetzt. Atme tief ein und aus und erlaube dir, weit zu sein. Wir sagen, dass wahre Liebe möglich und lebbar ist.

Erkenne, während du am Ufer des Sees stehst, auf seiner anderen Seite einen leuchtenden, strahlenden Tempel. Es ist der Tempel der Seelenliebe und der Zwillingsflammen. Spüre die Energie des rubinrotgoldenen Lichts in dir, die die Basis schafft, ein Wesen der Zwillingsflammen zu sein und Seelen zu vereinen. Sei bereit, deine Vollkommenheit und deine Ganzheit zu erfahren.

Die Schwäne auf dem See formieren sich nun so, dass daraus ein Schwanenboot entsteht. Es kommt zu dir. Einer der Schwäne bricht mit seinem Schnabel eine Lotusblüte ab, die er dir überreicht. Du bist eingeladen, in das Boot zu steigen. Halte die Blüte dabei in deinen Händen. Das Schwanenboot gleitet mit dir über den See, und der Lotus beginnt, sich mit deinem Herzen zu vereinen, bis er sich ganz darin aufgelöst hat. Das Schiff legt an der anderen Seite des Sees an. Die Schwäne segnen dich und bitten dich, auszusteigen. Weitere Sternenwesen erwarten dich und führen dich in den Tempel, dessen Licht und Einheitsenergie unbeschreiblich sind. Nimm wahr, wie du dich wandelst. Dein wahres Wesen, dein Seelensein, wird vollkommen sichtbar. Fühle, dass du Seele bist und sie mit jeder deiner Fasern verkörperst. Atme bewusst ein und aus.

Wir bringen dich nun zu einem Altar der Vereinigung und Verschmelzung. Er bündelt und ankert die Energien im Tempel. Bitte berühre ihn mit deinen Händen. Eine Welle der Verschmelzung, der Vereinigung, fließt darüber in dich als Seele, die du bist. Lass dir einige Atemzüge Zeit, um nachzuspüren. Dann fühle die Präsenz der Seelenenergie, die deine Zwillings-

flamme ist. Wisse, dass es nicht von Bedeutung ist, diese Seele einem Menschen zuzuordnen. Bleibe mit deiner Wahrnehmung auf der Seelenebene. Die Gegenwart des Wesens, das neben dir ist, bringt dich dazu, dich vom Altar zu lösen, um dich ihm zuzuwenden. Spüre die Anziehungskraft, die zwischen dir als Seele und dem Seelengegenüber ist. Dieser kannst du dich, selbst wenn du es wolltest, nicht entziehen. Wir bitten dich, jetzt auf Seelenebene zu verschmelzen. Ein Herz und ein Sein. Diese Verbindung ist mental nicht zu begreifen. Deshalb fühle sie einfach und spüre, welche Energien dadurch in dir frei werden und zu fließen beginnen.

Wir erschaffen mit und aus ihnen ein Bewusstsein sowie einen Bewusstseinsraum der Einheit, das und der von nun an aufrecht bleibt und mit, in und durch dich ist. Je mehr sich die Vereinigung mit deiner Zwillingsflamme in dir ausbreitet, umso androgyner werden die Schwingungsimpulse, die von deiner Seele durch alle deine Seinsebenen, durch alle Zeiten und Dimensionen hindurch, bis hinein in die Materie, die du jetzt bist, ausgehen. Darüber entsteht eine Expansion, eine Lichtexplosion in deinem Herzen.

Die weiße Lotusenergie dehnt sich aus und erstrahlt in einem überirdischen Licht. Nimm wahr, wie sich dein Bewusstsein weitet und du dich als Teil, der in diesem gesamten Universum überall zur gleichen Zeit präsent ist, erfährst. Nimm wahr, dass das ein Ausdruck von Ekstase ist, die sich in dir ausbreitet. Nimm die Vereinigung mit deinem Zwilling und die Allverbundenheit mit dem Universum wahr. Fühle die Bedingungslosigkeit und Grenzenlosigkeit. Jetzt. Eine Auflösung findet statt. Gib dich ihr hin, denn daraus einsteht eine neue Ordnung. Atme bewusst ein und aus.

Die Sternenwesen sagen, dass wahre Liebe immer ist und

niemals getrennt werden kann. Der Grund, warum du hierher geführt wurdest, ist, dich daran zu erinnern, dass diese scheinbare Trennung nicht existiert und niemals existiert hat. So kannst du, wenn du in deine Ebene, in deine Welt, in deine Dimension zurückkehrst, Einheit fühlen und leben, wo auch immer du bist. Durch diese Erweiterung erkenne, dass die Dimensionen und somit jegliches Sein innerhalb dieses ganzen Universums lediglich durch, wir bezeichnen es eine Membrane voneinander entfernt sind. Diese Membranen sind durchlässig. Du kannst durch sie hindurchgehen und heraustreten. Sie sind lediglich nötig, um die jeweiligen Schwingungsqualitäten der einzelnen Dimensionen und Ebenen aufrechtzuerhalten, damit das Gesamtgefüge des Universums so sein kann, wie es existiert. Diese Membranen sind keine Grenzen, keine Abgrenzungen, keine Begrenzungen, sie sind vielmehr wie Durchgangspforten, wie Tore, die, wenn du dieses verinnerlicht hast, allezeit offenstehen. Der Kosmische Mensch, der du bist, in der Wahrnehmung seiner Ganzheit bewegt sich frei zwischen diesen Membranen im gesamten Universum. Du beginnst, das gerade wieder zu entdecken und zu entwickeln. Wir als deine Sternengeschwister unterstützen dich dabei.

Nun fühle die reine, strahlende Lotusenergie in dir. Fühle ihre Existenz, ihre Ausstrahlung und ihren Duft. Spüre darüber die Einheit mit deiner wahren Liebe und mit deiner Zwillingsflamme. Jetzt und allezeit. Wisse, dass du in der Verschmelzung mit deiner Zwillingsflamme ein Sein bist.

Es ist Zeit, deinen Weg fortzusetzen. So erlaube dir, in der Einheit mit deiner Zwillingsflamme aus dem Tempel herauszutreten. Wir, als Hüter und Bewahrer der wahren Liebe, führen dich zu deinem Schwanenboot zurück. Bleibe in der Energie der Vereinigung mit deiner Zwillingsflamme, denn es gibt, wie du weißt, keine Trennung. So gleitest du mit den Schwänen erneut über den See. Erkenne, welch wundervolles und wunderschönes Wesen du in der Vereinigung mit deiner Zwillingsflamme bist. Wisse, dass auf der Erde die Sehnsucht nach Zwillingsinkarnationen deshalb so groß ist, weil darüber der Kontakt zur Energie der Zwillingsflammen aufgebaut werden kann. Deshalb gibt es so viele Zwillingsbefruchtungen, auch wenn dann letztendlich nur ein Kind heranreift und geboren wird. Du bist von nun an mit deiner Zwillingsflamme vereint.

Die Schwäne kommen am anderen Ufer an. Sie bitten dich, auszusteigen und lösen ihr Schwanenboot auf. Die Schwäne bewegen sich wieder frei und schwimmen hinaus in den See. Sie haben ihre Aufgabe erfüllt. Atme bewusst ein und aus. Lass dich als Einheit, die du mit deiner Zwillingsflamme bist, von den Sternenwesen zurücktragen aus dem Schwingungsfeld Schwan in deinen Körper, in deinen Raum, in deine Zeit. Jetzt. Sei mit deiner Aufmerksamkeit ganz in dir. Lege deine Hände auf dein Herz, um die wahre Liebe und das eine Sein mit deiner Zwillingsflamme zu fühlen. Erlaube, dass diese Einheitsenergie nun auf die Erde und in deinen Körper kommt. Auch wenn die Verbindung von deinem Herzen zum Sternenfeld wieder gelöst wird, erstrahlt die wahre Liebe in dir. Der Schwingungsraum Schwan steht dir jederzeit offen. Die Sternenwesen segnen dich mit all ihrer Sanftmut. Spüre der Veränderung in dir nach. Deine Zwillingsflamme ist mit dir, in dir und durch dich. Nimm es an und bestätige es auf deine eigene Art und Weise. Segne dich selbst. Segne deine Vollkommenheit. Erde und zentriere dich. Der rubinrotgoldene Strahl zieht sich zurück. Sei gesegnet. Jetzt und allezeit.

Im Labyrinth von Chartres – Die Diamantrose erblüht

Nimm deinen Herzschlag wahr. Erlaube dir, still zu werden und zu sein. Fühle die Liebe in deinem Herzen. Rubinrotgoldenes Licht berührt dich und hüllt dich ein. Es kommuniziert mit der rubinrotgoldenen Sequenz, die in dir ist.

Lass vor deinem geistigen Auge die Kathedrale von Chartres entstehen, unabhängig davon, ob du in dieser Inkarnation jemals physisch dort gewesen bist oder nicht. Tritt ein und entdecke das Labyrinth. An seinem Eingang erwarten dich Maria Magdalena und Jesus. Sie begrüßen und segnen dich. Sie öffnen die Kraft dieses heiligen Platzes, sodass du von ihm aufgenommen wirst und sich für dich die Geheimnisse entfalten, die dort gespeichert sind, die in der Verbindung mit der heiligen Geometrie eingearbeitet wurden und über die Steine und Gemäuer in die Materie fließen. Wisse, dass an diesem besonderen Ort die Lehren aus den verschiedenen Traditionen zusammenfließen und mit eingewoben wurden. Es ist ein Kraftort der Vereinigung, der Erweiterung, der Ausdehnung, der Erkenntnis, der Befreiung, der Heilung und der Initiation.

Maria Magdalena fragt dich, ob du für eine Veränderung bereit bist. Wenn du das mit Ja beantworten kannst, beginnen sie und Jesus, mit dir durch das Labyrinth zu schreiten. Dafür berührt Maria Magdalena den Boden und segnet ihn, wodurch das Labyrinth lebendig wird. Es fängt an zu vibrieren. Es öffnet sich für dich, und du kannst eintreten. Mit jedem Schritt, den du setzt, fällt ein alter Teil, ein Aspekt deiner Persönlichkeit, von dir ab. Mit jeder Wendung, die du machst, verändern sich deine Sichtweisen, und deine Kontrollmechanismen lösen sich auf. Du kannst nichts mehr festhalten, und deine Flexibilität wächst.

Der Energiefluss in deinem System wird immer freier, sodass mit jedem deiner Atemzüge dein wahres Wesen mehr und mehr zum Vorschein kommt. Es ist die Vereinigung der irdischen mit der spirituellen Liebe, und wenn du dich erinnerst, der Rose mit dem Lotus. 11 ist die heilige Zahl der Meisterschaft. 11 ist der Rhythmus, auf dem das Labyrinth aufgebaut ist. Es führt dich in deine Meisterschaft.

Maria Magdalena und Jesus halten mit dir immer wieder inne, damit du der Wandlung, die sich in dir vollzieht, und dem Vibrieren des Labyrinths nachfühlen kannst. Nimm wahr, dass du auf deinem Weg Portale und Dimensionstore durchschreitest. Dann komme mit Maria Magdalena und Jesus in der Mitte des Labyrinths an. Spüre den unendlichen Energiestrom aus den Tiefen der Erde aufsteigen. Er durchdringt dich und strahlt in die Weite des Kosmos aus. Gleichzeitig fließt von dort ein überwältigender Lichtstrom zurück. Er durchströmt dich und reicht bis in das Herz, bis in den Mittelpunkt der Erde.

Maria Magdalena sagt, dass dieses ein heiliger Ort ist, es immer gewesen ist und allezeit sein wird. Intuitiv spüren das viele Menschen, und so werden sie angezogen. Doch nur jene, die bereit sind, sich zu öffnen, die geschult sind, zu sehen, erfassen das wahre Ausmaß dieses Kraftplatzes. Hier im Zentrum verbinden sich alle Energien der Erde und des Kosmos. Es entsteht ein großer Energiewirbel, der vom Inneren von Gaia hinaus in das Universum strahlt und umgekehrt. Deshalb ist hier im Zentrum des Labyrinths ein Platz der vollkommenen Neuordnung. So können Initiationen und Einweihungen stattfinden. Wisse, dass an diesem Mittelpunkt abgespaltene Anteile integriert werden können. Hier kann alles aufgelöst werden, was jemals an Belastung war. Alles kann in diesem Schwingungsfeld verändert werden. Nimm wahr, dass aus den Weiten des Alls solares Bewusstsein einfließt und aus den Tiefen der Erde die Weisheit der Urmutter und der Großen Göttin aufsteigt, die dich permanent segnet.

Maria Magdalena steht jetzt vor und Jesus hinter dir. Maria Magdalena hebt ihre Hände und erstrahlt in ihrer priesterlichen Kraft. Sie vereint sich mit ihrem Volk, mit der Göttin und dem Vater. Mit ihren erhobenen Armen berührt sie die Sterne und das Sternenfeld Jungfrau. Sie bringt seine Energie in den Fluss, sodass seine Schwingungsqualität direkt zu dir strömt und dich einbettet. Maria Magdalena erinnert dich daran, dass aus dem Bewusstseinsraum Jungfrau ein gleichmäßiger Umgang mit der Materie, aufbauend auf dem Gleichgewicht der Kräfte, kommt. Er unterstützt dabei, materielle Energien zu bewegen, lässt Füllebewusstsein und Wohlstand entstehen und ein Gefühl des Genährt-Seins auf allen Ebenen Raum nehmen. Er fördert die Neuordnungen, die an diesem heiligen Ort stattfinden. Sein Licht wird nun in alle Ebenen deines Systems gelenkt. Sternenwesen aus dem Sternenfeld Jungfrau treten in das Zentrum des Labyrinths ein.

Nun erhebt Jesus seine Arme. Er wird zu einem Kelch und empfängt von den Sternengeschwistern jetzt den Heiligen Gral. Er nimmt ihn in seine Hände. Der Gral ist gefüllt mit dem Nektar der Quelle. Jesus beginnt, Aramäisch zu sprechen und lobpreist dabei die Einheit von Vater-Mutter-Gott und das Leben im Universum und auf der Erde. Er lädt die verschiedenen Energien ein, ihn zu unterstützen, um dienen zu dürfen. Dann hebt er den Gral über dein Haupt und lässt einen Tropfen der Essenz auf dein Kronenzentrum fallen. Sie fließt über dein Scheitelzentrum in dich hinein und gleichzeitig an dir herab. Nimm wahr, wie das Licht in dir und um dich expandiert, wie du Licht wirst und bist. Deine Lichtwerdung findet statt. Die Ausdehnung des Lichts ist unendlich. Erlaube dir, dich in diesem Lichtsein aufzulösen. Jetzt. Fühle die Gegenwart der Quelle. Atme bewusst ein und aus. Verweile in diesem Sein.

Dann nimmt Jesus den Gral und führt ihn zu seinem Herzen. Er verändert seine Position. Er geht nach vorne, und Maria Magdalena stellt sich hinter dich. Jesus bringt das heilige Gefäß zu deinem Herzen und lädt dich ein, es mit zu berühren. Dabei spricht er zu dir: „Du bist meine Schwester, du bist mein Bruder, beide sind wir fleischgewordenes Licht, und nun ist die Zeit gekommen, dieses Licht aus deinem tiefsten Inneren auszustrahlen, um es mit der Welt zu teilen." Gemeinsam mit Jesus halte den Gral nun empor, damit ihn Vater-Mutter-Gott segnen kann. Im Namen der Schöpferin und des Schöpfers, die und der du bist, ist alles möglich. Nimm wahr, dass ein neues Zeitalter angebrochen ist. Es benötigt deine Präsenz als ICH BIN. Zusammen mit Jesus führe den Gral zu deinen Lippen, um daraus zu trinken. Das gleicht einer inneren Salbung. Somit wirst du zu einer bewussten Tochter, einem bewussten Sohn von Vater-Mutter-Gott. Fühle, wie die göttliche Essenz des All-Einsseins sich in dir ausbreitet. Sie durchdringt deine Körper und fließt bis in deine Zellen hinein. Atme bewusst ein und aus.

Jesus nimmt den Kelch wieder zu sich und überreicht ihn den Sternenwesen des Sternenfelds Jungfrau, die ihn annehmen und in ihren Sternenraum zurücktragen. Erlaube dir, dich dem Licht der Quelle, das in dir ist, hinzugeben. Durch die Unterstützung von Maria Magdalena und Jesus beginnt sich in deinem Herzen aus deiner Rosen- und Lotusenergie eine kristallin strahlende Diamantrose zu formen. Wisse, dass dieses diamantschwingende Liebeslicht auf der Basis deines androgynen Seins erwächst. Atme tief ein und aus und lass die Kraft deiner Diamantrose wachsen. Spüre, dass sich deine diamantene Rose mit der Diamantfrequenz, die in und über Chartres geankert ist, verbindet. Das lässt nicht nur deine Diamantblüte heller erstrahlen, sondern darüber geht auch von Chartres ein Lichtimpuls aus, der alle Orte, die mit ihm vernetzt sind, berührt und diese aufleuchten lässt. Von jedem einzelnen dieser Kraftplätze strömt die Diamantschwingung nun direkt in die Morphogenetik aus. Herzberührungen, Herzöffnungen und Herzheilungen finden statt. Liebe breitet sich aus – Liebe im Tun, Liebe im irdischen, alltäglichen Sein, Liebe in den feinstofflichen und energetischen Ebenen, Liebe von Seele zu Seele. Durch dieses Schwingungsfeld der Liebe heilt die weibliche Kraft im kollektiven Kontext, sodass sie gleichwertig neben der männlichen stehen kann und ist. Das eine Herz der Menschheit beginnt zu schlagen. Es schlägt im Rhythmus der Erde und der Sterne. Atme bewusst ein und aus. Verweile in dem Energiefluss. Nimm dein Herz wahr und fühle, dass die Diamantrose in ihm erblüht ist und hier weiterblühen wird. Es bleibt allezeit mit der diamantenen Schwingung von Chartres verbunden und darüber mit dem einen Herz der Menschheit.

Jesus bittet dich wahrzunehmen, dass alle Menschen eine große Familie sind. Alle! Maria Magdalena segnet dich im Namen des Sternenfelds Jungfrau. Sie löst die Verbindung zu dem Sternenraum für den Moment auf. In dem Bewusstsein, dass du ein neugeborener Christus bist, führen dich Maria Magdalena und Jesus Schritt für Schritt aus dem Zentrum des Labyrinths hinaus. Auch dabei halten sie immer wieder inne, sodass du tief ein und ausatmen kannst, um die Diamantrose und das Diamantlicht in dir zu fühlen und um Christus zu sein. Maria Magdalena und Jesus schreiten mit dir durch die Energietore wieder zurück bis zum Eingang des Labyrinths. Gehe bewusst aus ihm heraus und stehe vor ihm. Der Kraftplatz segnet dich.

Maria Magdalena berührt das Labyrinth und schließt es wieder. Es wird still. Jesus fragt dich, ob du bereit bist, deinen Weg als Christus weiterzugehen. Er sagt erneut, dass die Zeit des Leids vorüber ist, dein Weg als Christus ist eingebettet in die Neue Zeit. Und so verkörpere Christus, der und die du bist. Dann bringen dich Maria Magdalena und Jesus von der Einweihungsstätte in deinen Körper, in deinen Raum, in deine Zeit. Wir bitten dich, ganz da zu sein. Spüre der Wandlung, die in dir geschehen ist, nach. Fühle die Diamantrose in deinem Herzen. Fühle dein Christus-Sein im Hier und Jetzt. Maria Magdalena und Jesus segnen dich und ziehen sich zurück. Der rubinrotgoldene Strahl segnet dich und löst sich von dir. Erde und zentriere dich, um ganz präsent zu sein. Sei gesegnet.

Sanandas Worte und der Tempel der Weisheit

Die Geistige Welt bittet dich, die Diamantrose sooft wie möglich in deinem Herzen wahrzunehmen und sie erstrahlen zu lassen. Sie ist ein Symbol des weiblichen und männlichen Christusbewusstseins. Die Diamantschwingung lässt die Christuspräsenz auf der Erde Raum nehmen, sodass sich alle Menschen der Verkörperung der Christusenergie gewahr und sie für die weitere Manifestation des goldenen Friedenszeitalters nutzen werden. Die Energie des Grals ist identisch mit der Diamantschwingung. Der Kosmische Mensch ist ein Christusmensch. Christus ist eine Schwingungsqualität, die Liebe, Kraft, Weisheit, Freude und Frieden in sich vereint.

Sananda lässt magentafarbenes Licht zu dir fließen. Es berührt dich, hüllt dich ein und segnet dich. Sananda sagt:

„Erlaube dir wahrzunehmen, dass allezeit Liebe um dich ist – in allem, was dir begegnet. Erkenne dadurch, dass es die Liebe ist, die alles und jeden Ausdruck miteinander verbindet. Über die Liebe findet die Annahme, dass alles eins ist, statt, genauso, wie sie es ist, die das Einverstanden-Sein mit Allem-was-ist ermöglicht. Über die Wahrnehmung dieser Liebe, die über die Diamantrose ausgedrückt wird, bringe den Frieden auf die Erde. Der magentafarbene Strahl unterstützt dich, um im Jetzt zu sein, um im Jetzt die Vollkommenheit, die ist, anzunehmen und zu fühlen. Denn jeder Augenblick ist vollkommen, da er von Liebe erfüllt ist. Erkenne auch hinter den Zerstörungen und Verletzungen, die Menschen anderen Wesen zufügen, die Liebe.

Wir benetzen deine Augen mit der Energie des Sternenfelds Kassiopeia, um darüber deine Fähigkeit, die Liebe in Allem-was-ist zu erkennen und zu erweitern. Wisse, dass all-

tägliche Erfahrungen und Handlungen mit den großen, weltbewegenden in Verbindung stehen. Sie gehören alle zusammen und sind wie Wassertropfen aus einem Ozean. Sie sind gleich bedeutsam und bedingen sich gegenseitig. Wir öffnen den Tempel der Weisheit, den Tempel Salomons, und wir segnen das Haus David und die Blutslinie, die als heilige Blutslinie bezeichnet wird und diesem Haus entstammt. Wir verbinden dich energetisch nun mit dieser Blutslinie, mit dem Haus Davids, dem Haus der Könige, der Weltenherrscher. Kassiopeia lässt die Energie der Weisheit in diesem Zusammenhang direkt in dich einströmen. Was bedeutet das für dich? Das heißt, dass du zum Löwen Gottes, zum Glanz Gottes, initiiert wirst. Halte dein Zepter der Macht, das mit Rubinen bestickt ist, um es von Kassiopeia segnen zu lassen. So nimm deinen Platz als Lehrer des Neuen Zeitalters ein und sei dir deiner Königlichkeit in allem, was du bist, gewahr. Wir bekräftigen dadurch, dass du Christus bist.

Jetzt führen wir dich zu deinem Thron. Von ihm aus kannst du die gesamte Erde überblicken. Die Engel haben ihn geformt und sind bei dir, um dir zu dienen. Du bist eingeladen, aus den Büchern der Weisheit zu lesen. So blicke von hier aus immer wieder in Liebe, im Bewusstsein der Allverbundenheit, auf die Erde und lenke deine Kräfte, damit sich das Neue Jerusalem erhebt, als Ausdruck der Goldenen Zeit, die ist. Wisse, dass zu deinen Füßen die Tiergeschwister ruhen, nicht nur das Lamm und der Löwe, sondern auch der Adler, der Stier, der Widder und alle anderen Boten der alten und der Neuen Zeit, die eng mit den Sternen verbunden sind. Sie alle repräsentieren Kräfte, die gelenkt werden möchten.

Wisse, dass die goldenen Engel aus der Thronebene zu dir gebracht werden und das, was wir als Bundeslade bezeichnen, mit sich bringen. Diese wird vor deine Füße gestellt und nun für dich geöffnet. Aus der Bundeslade steigen die Geheimnisse des Lebens und der Unsterblichkeit auf. Das Urwissen der Heiligen Geometrie und der Einheit mit der Quelle allen Seins, die sich als Vater-Mutter-Gott in diesem Universum offenbart, berührt dich dabei. Atme bewusst ein und aus. Nimm wahr, dass sich diese Schwingungen mit deiner Diamantrose vereinen und mit ihr verschmelzen. Erlaube dir, deine Allmacht anzunehmen. Erlaube dir, allmächtig zu sein. Der magentafarbene Strahl durchdringt dich. Wir verneigen uns vor deiner Größe. Du bist verbunden mit der Weisheit des Tempels von Salomon. Nutze deine Kraft weise und zum Wohl des Großen Ganzen. Wir unterstützen dich dabei. Wir danken dir. Das Licht von Kassiopeia segnet dich. Wir segnen dich. Liebe ist ewig. Gehe den Weg der Liebe. Gehe den Weg des Christus. Jetzt und allezeit. Sei gesegnet.“

☼☼☼

Abrundende Worte

Nach einer Fülle von unterschiedlichen Impulsen, Botschaften, geographischen, kulturellen und zeitlichen Vernetzungen schließen wir hier nun für den Moment einen Kreis. Er lädt uns ein, über alles, was wir gehört haben, nachzudenken und, was in diesem Zusammenhang noch viel wichtiger ist, nachzufühlen. Dann fangen wir einen neuen Kreis an, der, einer Spirale gleich, aus dem vorherigen entsteht und auf ihm aufbaut. Denn wir sind Forscher und Forscherinnen in der Neuen Zeit. Dabei entdecken wir immer tiefere Ebenen und Aspekte irdischer und kosmischer Geschichte und Geschichten und erkennen darüber mehr und mehr unser wahres Wesen. Das führt uns unweigerlich direkt zurück in den Schoß der Shekaina, in die Schwarze Sonne.

Alle Themen, die wir berührt haben, bringen uns ganz nahe zu ihr und schaffen ein Verständnis für ihr Sein. Wir werden noch weitere Mosaiksteine sammeln, bevor uns die Bedeutsamkeit unseres Kosmischen Menschseins in der Einheit mit der Urweiblichkeit vollkommen bewusst sein wird. Wir sind auf dem Weg – auf dem Weg der Shekaina, auf dem Weg der Schwarzen Sonne.

Unlängst las ich einen Witz: Der Religionslehrer fragt die Klasse: „Wer war der erste Mann auf der Welt?“ „Adam“, antwortet Paul. „Richtig, Paul. Und wer war die erste Frau?“ Paul überlegt nicht lange: „Seine Mutter“ ☺!

Eigentlich ist es kein Witz – denn es ist wahr. Adams Mutter, unser aller Mutter, ist die Shekaina. Sie begegnete Adam über den Fokus der Schwarzen Sonne, der Schwarzen Göttin, in Form der Lilith. Mögen wir eins mit ihr sein, um aus ihr und mit ihr zu schöpfen und zu kreieren – für unser und das Wohl des Großen Ganzen. Somit ist im Augenblick alles gesagt. Jetzt ist Stille. Sei gesegnet.

☼☼☼

Danke

Ein Buch würde nicht entstehen können, wenn es nicht viele unterstützende Geburtshelferinnen und -helfer hätte. Deshalb danke ich meinen SeminarteilnehmerInnen, WegbegleiterInnen, Freunden und Freundinnen für ihr Vertrauen und dass sie mit mir sind. Ich danke der Geistigen Welt für ihre Berührungen, Durchdringungen und Unterweisungen. Ich danke den Menschen, die mir auf verschiedene Art den Weg bereiteten und bereiten, den Ahnen und Ahninnen den Lehrern und Lehrerinnen, dass sie mich inspirieren, nähren, segnen und ich ihnen folgen kann.

Ich danke meinem Partner Elmar für seine Geduld, sein Verständnis und seine große Liebe. Ich danke meinen wunderbaren Kindern, dass sie da sind, so, wie sie da sind. Ich danke „meiner" Mara Ordemann, „meiner" Gaby Heuchemer und „meinem" Smaragd Dream-Angel-Team für ihr Vertrauen, ihre Freundschaft und ihren Feinschliff, den sie den Manuskripten bis zur Veröffentlichung geben, sodass sie überhaupt erst in die Welt gesetzt werden können. Ihr Einsatz, ihre Hingabe, ihre Liebe, ihr Idealismus und ihr Engagement dafür bedeutet sehr viel Arbeit, die letztendlich unbezahlbar ist. Ich danke in diesem Zusammenhang einmal mehr auch Jürgen Heuchemer, der bei der Umsetzung grafischer Details und Ähnlichem unkompliziert und kompetent zur Verfügung steht.

Ich danke nochmals Elmar und des Weiteren Barbara Ramann, Harm-Jürgen Reins und Friederike Grundmann, die viele Seminarmitschnitte getippt haben, sodass ich das Material hier nur noch zu verarbeiten brauchte.

Ich danke meiner Seele, dass ich das sein darf, was ich bin, und dass ich Botschaften aus den verschiedenen Ebenen und

Dimensionen vermitteln darf. Es ist meine Bestimmung.

Ich danke der Urmutter, der Shekaina und der Schwarzen Sonne, dass sie mich und Alles-was-ist geboren hat. Ich danke ihrer Schöpfung, ihrer Unendlichkeit und ihrer wunderbaren Fülle aller Möglichkeiten! Sie ist heilig – so, wie das Leben und jeder/jede Einzelne von uns. Mögen ihre Liebe, ihre Weisheit und ihre Bedingungslosigkeit uns allezeit segnen!

Von Herzen DANKE!
Ava

Weiterführende und ergänzende Literaturempfehlungen

Aliti, Angelika: *Die wilde Frau: Rückkehr zu den Quellen weiblicher Macht und Energie*, Edition Schlangenberg

Blavatsky, Helena P.: *Die Geheimlehre – 4 Bände*, Esoterische Philosophie

Byrd, Richard E.: *Das Tagebuch des Admiral Byrd*, Edition Neue Perspektiven

Eco, Umberto: *Die Geschichte der legendären Länder und Städte*, Hanser Verlag

Emerson, Willis George: *The Smokey God or a Voyage to the Inner World*, Inman Press

Estés, Clarissa Pinkola: *Die Wolfsfrau erzählt: Auf den Spuren der Wilden Frau*, Heyne Verlag

Francia, Luisa: *Die Göttin im Federkleid: Das weibliche Universum bei Kelten und Germanen*, Heyne Verlag

Francia, Luisa: *Der Rest deines Lebens beginnt jetzt: Rituale zur Verzauberung des Alltags*, Verlag Frauenoffensive

Francia, Luisa: *Die Schatzhüterin: Klassische Märchen neu erzählt*, Nymphenburger Verlag

Früh, Sigrid: *Märchen von Tod und neuem Leben: Märchen zum Erzählen und Vorlesen*, Königsfurt-Urania

Früh, Sigrid; Derungs, Kurt: *Die Schwarze Frau: Kraft und Mythos der schwarzen Madonna*, Unionsverlag

Gregory, Lady; MacCumhaill, Finn: *Gods and Fighting Men: The Story of Thuatha De Danann and of the Fianna of Ireland*, Ulan Press

Henze, Usch: *Osning – Die Externsteine*, Verlag Neue Erde

Henz, Usch: *Die Merowinger: Eine historische und spirituelle Spurensuche*, Verlag Neue Erde

Hope, Murry: *Im Zeichen des Sirius: Das Rätsel der ägyptischen Vorzeit*, Heyne Verlag
Krautwald, Ulja: *Die Karten der Kaiserin*, Krautwald Verlag
Langsdorf, Antonia: *Lilith: Die Weisheit der ungezähmten Frau*, Trinity Verlag
Lee, Scout Cloud: *Der Heilige Kreis: Ein Medizinbuch für Frauen*, Arun Verlag
Li, Christine; Krautwald, Ulja: *Der Weg der Kaiserin*, Scherz Verlag
Nauwald, Nana, Goodman, Felicitas D.: *Ekstatische Trance – Rituelle Körperhaltungen, Das Praxisbuch mit Begleit-CD*, AT Verlag
Petermann, Heiko: *Die Externsteine: Eine Wanderung durch Mythos und Geschichte*, Felicitas Hübner Verlag
Robbins, Dianne: *Botschaften aus der Innenerde*, Adama Verlag
Robbins, Dianne: *Telos: Der Ruf ergeht aus der Hohlen Erde und den unterirdischen Städten*, Adama Verlag
Steiner, Rudolf: *Theosophie: Einführung in übersinnliche Welterkenntnis und Menschenbestimmung*, Rudolf Steiner Verlag
Storl, Wolf-Dieter: *Der Bär: Krafttier der Schamanen und Heiler*, AT Verlag
Van Cronenburg, Petra: *Schwarze Madonnen – Das Mysterium einer Kultfigur,* Sphinx Verlag
Verne, Jules: *Reise zum Mittelpunkt der Erde,* Nikol VerlagsgesmbH
Voss, Jutta: *Das Schwarzmond-Tabu: Die kulturelle Bedeutung des weiblichen Zyklus*, Kreuz Verlag
Walker, Barbara G.: *Das geheime Wissen der Frauen*, Arun Verlag

Wex, Marianne: *Parthenogenese heute: Von der Urkraft der Frau, aus sich selbst heraus zu gebären, ohne Beteiligung eines zweiten Geschlechts*, Verlag Frauenwerkstatt Wiesbaden

Kontaktadressen

Ava Minatti
Rinnerstraße 233
A-6073 Sistrans
Tel./Fax: 0043-512-379204
info@ava-minatt.at
www.ava-minatti.at

Smaragd Verlag e. K. – Mara Ordemann
Neuwieder Straße 2
D-56269 Dierdorf (Ww.)
Tel.: 0049-2689-92259-10
Fax 0049-2684-92259-20
info@smaragd-verlag.de
www.smaragd-verlag.de

ausZeit Verlag – Jürgen Heuchemer
Schulstraße 8
D-56307 Dürrholz
Tel.: 0049-2684-978981
Fax 0049-2684-978991
info@auszeit-verlag.de
www.auszeit-verlag.de

Über Ava Minatti

Als Ava Minatti als Kind den Namen „Atlantis“ hörte und erfuhr, dass dieses eine versunkene Stadt im Meer sein sollte, war sie entschlossen, diese zu entdecken. Damals begann ihre Suche nach der Quelle allen Seins, der sie im Laufe der Zeit ein gutes Stück näher gekommen ist.

Nach verschiedenen Ausbildungen sieht sie heute ihre Hauptaufgabe darin, als Botschafterin der Geistigen Welt zu dienen. Unter der Führung von Erzengel Gabriel stellt sie sich der Weißen sowie der Solaren Bruderschaft, den Engelwelten und dem Kleinen Volk zur Verfügung, damit diese durch sie sprechen und ihre Energien übermitteln können.

Sie lebt in der Nähe von Innsbruck, wo sie in Seminaren und Einzelsitzungen anderen Menschen die Möglichkeit bietet, ihrerseits mit der Geistigen Welt in Kontakt zu treten. Sie ist Mutter von zwei Kindern der Neuen Zeit – Rowena und Jona.

Ava Minatti
Engel-Yoga
208 Seiten, A5, broschiert
ISBN 978-3-95531-036-3
Mit zahlreichen vierfarbigen Abbildungen

Die Kombination zwischen Yoga und den Berührungen der Engel ist einmalig und neu. Sie unterstützt uns, mit uns und unserem Körper im Kontakt zu sein, uns zu erden, unsere Mitte zu nähren, uns anzunehmen und zu lieben.
Es werden Basisübungen vorgestellt, um uns wahrzunehmen, wiederzufinden, Kraft zu schöpfen und Stress loszulassen sowie verschiedene Spür-, Dehnungs- und Wahrnehmungsübungen, die entspannen und den Atem vertiefen.
Des Weiteren sind 15 Engel-Yogaübungen enthalten, die den Körper auf sanfte Weise dehnen, ihn aufbauen, harmonisieren und die Organe, Meridiane und Energieströme ausgleichen. Ergänzend lassen die Engelwesen kurze Botschaften mit einfließen.

Ava Minatti
Sternenfelder der Heilung
208 Seiten, broschiert
ISBN 978-3-95531-003-5

Wir sind aus Sternenstaub geboren. Wir sind Sternenkinder. Deshalb ist die Sehnsucht nach den Sternenwelten tief in uns verwurzelt und das Betrachten des funkelnden Nachthimmels löst so viel Vertrautes in uns aus.
In der jetzigen, Neuen Zeit wird die Materie durchlässiger und der Austausch mit den Sternenebenen und Sternenwesen deutlicher, klarer und intensiver. Die Zellen kommunizieren mit und reagieren auf die kosmischen Kräfte.
Jeder Sternenraum beinhaltet eine einzigartige Energie, die jeder für sich nutzen darf, um das Heilsein im Hier und Jetzt zu erfahren und zu feiern.

Sylvia Morawe

Maria Magdalena – Der Gral bist du!

Selbstermächtigung und Heilung durch Christusbewusstsein

224 Seiten, A5, broschiert
ISBN 978-3-95531-086-8

Die Zeit der Selbstmeisterschaft und des bewussten Schöpfens und Manifestierens der Neuen Erde ist angebrochen. Nach der Herzöffnung und Gleichstellung von Gott und Göttin in uns ist nun die Verbindung zum Seelenselbst und die damit einhergehende bedingungslose Selbstliebe und ihr Ausdruck die Herausforderung auf unserer nächsten Entwicklungsstufe. Liebevoll leitet die Lichtmeisterin Maria Magdalena und Aufgestiegene Meisterin Lady Nada in die Verbindung zum Seelenselbst und in die göttliche Liebe – in Wahrheit, Heilung, Vertrauen und Ordnung.
Eine berührende und kraftvolle Inspiration für alle, die sich dem Christusbewusstsein verbunden fühlen und Yeshua und Mirjam mit ihrem Herzen lauschen möchten…

Sarinah Aurelia

Seelenverträge Band 9

Verliebt sein ist nicht schwer, beständig Liebe SEIN dagegen sehr

328 Seiten, A5, broschiert
ISBN 978-3-95531-089-9

Hohe Schwingung verändert alles, sodass nur noch das übrigbleibt, was die Tore der höchsten Schwingung passieren kann. Körper und Psyche haben viel zu tun, indem sie abstoßen, was nicht konform geht mit den höchsten Energien, um dann das Licht der Quelle zu integrieren. Hinzu kommt, dass wir uns seit Urzeiten unsere Realität selbst erschaffen. Was wir heute denken, fühlen und sagen, leben wir morgen. Die Erde trägt ihre Kinder in die Sphären der Himmelsdimensionen, sodass diese ihren Seelendienst erfüllen können: bewusst zu werden. Das vollkommene Bewusstsein erlangen! Das liest sich leicht, ist jedoch, wenn man es lebt, gekoppelt mit vielen Herausforderungen, die erkannt und bewältigt werden wollen.
Die Seelenverträge sind die Verbindung zu den Freunden im Himmel. Wer an der Hand der geistigen Mentoren durch dieses Leben gehen kann, ist klar im Vorteil.

Carolin Schade

Lebe göttlich!

Energetischer Begleiter durch den Aufstieg

248 Seiten, A5, broschiert
ISBN 978-3-95531-087-5
Ca. Euro (D) 17,80 / Euro (A) 18,30

Vermeintlich wird alles extremer. Wir Menschen entscheiden dabei, welche Realität an Präsenz gewinnt und welche dabei durch die Illusion sichtbar gemacht wird. Unsere Sonne und die Erde geben genügend Zeichen, damit wir verstehen, dass Realität durch uns und unseren emotionalen Körper entsteht.
Wir Menschen sind die Schlüsselfigur für die Entstehung von Leben auf unserem Planeten, und wir sind die Schlüsselfigur, falls Leben wieder verschwinden sollte. Wir wählen nun frei und nicht länger unmündig, welches Leben im Rahmen der Matrix existieren kann.
Nur auf der Grundlage des geöffneten Wahrnehmens werden wir verstehen, dass Gott in uns und in jedem Lebewesen ist.

Bettina Heiniger & Ralph Stief

Seth – Liebeskraft

Ihr seid nicht allein!

232 Seiten, A5, broschiert
ISBN 978-3-95531-088-2

Ich, der ich Seth genannt werde, habe mich lange zurückgehalten, mich in eure menschlichen Dinge einzubringen. Mein Entschluss, mich wieder zu melden, ist aus dem starken Wunsch von euch Menschen nach Erklärungen entstanden. Die Suche nach Erklärungen war so stark, dass es mir ein Anliegen war, bei euch zu sein und euch Zusammenhänge zu übermitteln, die für diesen Umbruch sehr dienlich sein können. Ich sage extra „können".
Mit diesem neuen Werk tritt Seth aus seiner bis dahin intellektuellen Seite heraus und bezieht die Gefühle mit ein. Er spricht alle Lebensbereiche an, um deutlich zu machen, was Liebe zu bewirken imstande ist
In den Durchsagen baut sich zunehmend Energie auf, die zuletzt so motivierend wirkt, dass jeder Leser voll neuer Leidenschaft die Kraft der Liebe fühlt und in sein Leben integriert.

Mit einem Vorwort von Jane Roberts

Karin & Gerold Voß

Die Meister und Meisterinnen der 12 göttlichen Strahlen

Ca. 200 Seiten, A5, broschiert
ISBN 978-3-95531-090-5

Der Wandel ist in vollem Gange. Wir haben uns alle auf Seelenebene dazu verabredet, und so fließen unendlich viele unterschiedliche Energien aus der Geistigen Welt in unser Sein und unterstützen den Prozess.
Die 12 Göttlichen Strahlen mit ihren Lenkern, Erzengeln und weiteren Heerscharen von Engeln wirken speziell auf die Chakren der Menschen, sodass eine Reinigung des Energiekanals möglich ist.
Lass dich berühren und von der göttlichen Kraft durchfluten, um selbst ein verlängerter Arm der Geistigen Welt zu werden. Dann ist eine klare Verbindung zum Himmel und zur Erde möglich, und die Menschheit kann gemeinsam mit allen Wesen des Himmels und der Erde den Planeten zu einem Paradies gestalten.

Grazia Marchese

Götter in der Pubertät

Der Mensch auf dem Spielfeld Erde

312 Seiten, A5, broschiert
ISBN 978-3-95531-084-4

Das Wissen darüber, warum wir dieses Universum und unsere Körper erschufen, ermöglicht es uns, das Leben so zu genießen, wie es ursprünglich gedacht war: ein kreatives Spiel voller Spaß, Abenteuer und Lebensfreude.
Während wir Leben für Leben unsere individuelle Perlenkette aneinanderreihen, entfaltet erst das Bewusstsein über unser wahres Sein das gesamte Spielfeld. Die unzähligen Leben sind so genial miteinander verwoben, dass jeder auf seiner Stufe spielt, ohne die anderen zu behindern. Mit der Erinnerung unseres wahren Potenzials und der Beherrschung der Spielregeln führt uns jeder Weg direkt ins gewünschte Ziel.
Lasst uns gemeinsam dieses wunderbare Spiel genießen!